# コスタリカ伝説集

エリアス・セレドン［編］
Elías Zeledón
山中和樹［訳］
Yamanaka Kazuki

国書刊行会

# コスタリカ伝説集　目次

## 第一部——土地の伝承

## 第二部──宗教伝説

## 第三部――怪異譚

# 訳者まえがき

コスタリカはグアテマラ、ホンジュラス、エルサルバドル、ニカラグアとともに中央アメリカ連邦共和国としてスペインから独立した。連邦共和国は一八二三年に成立したが、一八三九年に崩壊し、以上の五カ国に分裂した。その最南端に当たり、パナマと国境を接しているのがコスタリカである。

テレビ番組でよく美しい自然や珍しい生物が紹介される。政治の世界ではコスタリカ方式という用語もある。ただし、これはコスタリカの選挙制度を参考にして命名されたものであり、実際にコスタリカで用いられている選挙制度とは異なる。また、軍隊を持たない国としても知られている（ただし、非常時には国民は国防の義務がある）。

現代のコスタリカの政治、経済、観光などの事情についての書籍も出版されているので、中米諸国の中では知名度は高い方だろう。しかしながら、コスタリカの民話、昔話、伝説などはほとんど紹介されていないのではなかろうか。コスタリカの民話については岩波書店発行の『ラテンアメリカ民話集』（三原幸久編訳）の中で三編紹介されているが、伝説とは趣を大いに異にしている。

本書ではコスタリカの伝説を紹介する。本書はコスタリカ共和国ナショナル大学出版局発行の『コスタリカ伝説集（Leyendas costarricenses)』（エリアス・セレドン編、第三版、一九九五年）の全訳である。編者のエリアス・セレドン氏は一九五三年生まれで、二〇一四年に逝去している。コスタリカの伝説の収集・研究の権威ともいえる人物である。本書に採録されている伝説の多くは一九七〇年以前に雑誌や新聞で掲載されたものであるが、実際は文字になるずっと前から言い伝えられてきたものである（出典については、原著では各話の末尾に付されているが、本訳書では、巻末にまとめて掲載した）。

伝説の時代と二〇二〇年代とでは生活様式も町の様子もずいぶん変わってしまっている。それでも現在まで続いている習慣もあり、伝説や民話はコスタリカ人の血肉になっている。それは我が国でも桃太郎や金太郎などの昔話が脈々と現代に受け継がれているのと同様である。

周辺諸国の伝説にもコスタリカの伝説に似たような話はあることだろう。事実、ディズニー／ピクサーによる長編アニメ『リメンバー・ミー』（二〇一七年）はメキシコが舞台になっているが、挿入歌の一つに「哀しきジョローナ」という曲がある（ただし歌詞は伝説とは関係ないようである）。「ジョローナ」（泣き女）はメキシコの伝説の一つだが、コスタリカにも「ジョローナ」の伝説があり、本書にもいくつかのバリエーションが収録されている。

メキシコ以外の中米諸国の伝説にも同様のものが多数あると推測されるが、こちらも日本ではほとんど知られていないだろう。『グアテマラ伝説集』という書物が岩波書店から出版されているが、これはグアテマラのノーベル賞作家M・A・アストゥリアスがグアテマラの伝説を素材にした短編集である。

本訳書に収められている伝説の多くはラテンアメリカの作家にもなじみのあるものと思われる。それらの作家の文化的背景を知る一助となれば幸いである。

コスタリカ地図
ニカラグア
リバス
サンタ・ローサ
オロシ火山
サン・カルロス
（ケサダ市）
バルバ
リベリア
テノリオ火山
ポアス火山
エレディア
バガセス
サンタ・クルス
トレス・リオス
グレシア
イラス火山
ニコヤ
サン・ラモン
リモン
サンホセ
トゥリアルバ
アラフエラ
カルタゴ
ウハラス
アセリ
プンタレーナス
パライソ
オロシ
パナマ
首都
州都
その他の都市
山岳
コスタリカの周辺国
キューバ
ドミニカ
ベリーズ
メキシコ
ホンジュラス
ハイチ
ニカラグア
ジャマイカ
グアテマラ
エルサルバドル
パナマ
コスタリカ
ベネズエラ
コロンビア

# 第一部

# 土地の伝承

# スルキの伝説

サンホセ市から数キロのところにバルバ火山の谷がある。

ずいぶん昔のことだが、そこにトゥリ・ウアという名のお姫様がいた。

トゥリ・ウアは〔テラバ族の〕族長である父が治める村で静かに暮らしていた。

ある日、山のように高い額《ひたい》をもつ戦士が森を通って、テラバ族の村に向かっていた。

その戦士は谷間の花とも言えるトゥリ・ウアを愛し、彼女を探していたのである。

彼女もその戦士を愛していたが、自分たちの村を捨てて、遠くの土地へ逃げてゆかねばならなかった。というのも、二人の部族は敵同士で、到底結ばれることはかなわなかったからである。

争いの地では愛を育《はぐく》むことはできない。トゥリ・ウアは恋人である戦士といっしょに山を越えて逃げていった。

彼女には数人の女友達がついていった。

トゥリ・ウアの父である族長はそれに気づいたとき、烈火のごとく怒り狂い、兵士を連れて彼らを追った。

兵士たちは大きな足音を立てて走った。木の枝がボキボキ折れたが、その音は山じゅうに轟いた。そして、ついに追っ手によって、〔トゥリ・ウアの〕恋人である、山のように高い額の戦士は倒されてしまった。

彼の魂は山の頂上に上った。人々の信ずるところでは、そこはシブーという名の神の住まいで、死者たちが住んでいるという。

一方、姫と従者たちは森の中を逃げ続けた。トゥリ・ウアは恋人の死をひどく悲しみ、恋人の魂が住むはずの山の頂上に行きたいと思った。

追っ手から逃げているときに、奇跡が起こった。姫と従者らの肉体はすうっと軽くなり、肌は絹のような羽になった。……姫たちは蝶になり、天に向かって飛んで行ったのである。

それで、まるで魔法にかけられているかのようなスルキの山々には、しばしば蝶がたくさん見られるのである。

# タペスコ

で、タペスコって、どういう意味ですか？

タペスコというのは先住民のボト族、あるいはグエタル族の男の名だ。私が先住民の墓を調べたところによると、タペスコは権力も知恵もある族長であった。

その墓の中にはしゃれこうべが十個あり、足の骨もきれいに並べられていた。大理石の矢じりやハンマーもそこに添えられていた。また、トラの頭や琺瑯《ほうろう》びきの黄色い鍋もあり、鍋にはピンタオという小鳥が描かれていた。ピンタオという鳥は蛇と戦うハイタカ〔鷹の一種〕のようであった。思うに、タペスコの属する先住民族は勇敢で、リオ・サン・フアンに住むトリ族と争っていたようである。

墓から出てきた鍋に描かれた絵が物語るところでは、月が七回満ち欠けするごとに、タペスコはトリ族やヤリ族と争っていたが、それは女子供を奪うことが目的であったようである。あるとき、トリ族、クトリ族そしてヤリ族の三者とボト族との間で争いが起こった。

その日は薄暗かった。というのは、その日はまさに日食が起こっていたからである。

タペスコが不在の間の出来事である。彼はハイタカの祭りをどのように執り行うかをダバイバと相談するために、火山に登っていたのである。そこには悪を滅ぼし、もっと多くの植物を作るために天からダバイバが下ってきていた。

さて、相談を終えて、タペスコが村に戻ってきたとき、タペスコが見たものは荒れ果てた村と、多くの村人の死体であった。タペスコはすぐさま駆けだして、村の北にある丘に登った。そこからは引き上げていく敵の隊列が見えた。タペスコは獅子のように吠え、ダバイバを呼んだ。ダバイバは口から火を噴き、山々を揺るがし、エスピーノ川のあたりに湖を切り開いた。エスピーノ川は石と泥の激しい濁流となって、ラ・ビエハ、ロン・ロン、そして、サフィーノの流域を水浸しにしてしまった。ビリャ・ケサーダの近くにあるラ・ビエハの滝もめちゃくちゃになってしまったが、この滝には言い伝えが残されている。エスピーノ川はトレス・アミーゴス川の対岸にあるイスラ・デ・ラ・ルナ〔「月の島」の意〕の岩を転がし、グラン・サン・クトリス、さらにはロサリーアの川床をすっかり砂で満たしてしまい、無数の大木がまるで橋のように川にかかっていた。

水や岩や泥は天を衝くようであったが、リオ・サン・フアンの激流ほどではなかった。

ダバイバの怒りが収まるにしたがって、さすがの激流もやがて少しずつ鎮まり、河口に大きな三角州が残された。そこは今日《こんにち》サン・カルロスと呼ばれている。

これらはすべてダバイバの仕業だが、タペスコもまた死んでしまった。タペスコは身を犠牲にして、火と水でもってトリ族を滅ぼしたのである。

## バルバの伝説

スペインの征服者たちがわが国土を領していたころ、征服者が二人、山奥で道に迷い、バルバ山の頂にまで登ってしまった。空腹と疲れですっかり消耗した状態で歩いていると、先住民が征服者たちから逃れてこっそり隠しておいた莫大な財宝を発見した。

体はともかく、彼らの心はすっかり生き返った。しかしながら、そのうちの一人は宝を発見した喜びもつかの間、数時間後には病いと疲れに侵され、死んでしまったのである。彼は、死の直前に、見つけた黄金の財宝で、スペイン人の守護者であるピラールの処女を祀る礼拝堂を建てるように仲間に頼んだ。

仲間は建てることを誓ったが、欲にとりつかれて、財宝を全部自分のものにしようと思った。死んだ友を埋葬し、財宝を背負って、彼は狂ったように一晩中、山中を歩いた。やがて夜が明けて、少し眠ることにした。

目が覚めてみると、驚いたことに、そこは前日出発したはずの、友の墓のそばだったのである。呆然としていると、岩の上にこの世のものとは思えないほど美しい乙女が現れた。乙女は彼を見る

と、顔を隠して泣きだした。

男は乙女のほうへ駆け出して行って、どうして泣くのか尋ねた。

「私は信仰を持たない人、約束を果たさない人のために泣くのです」と乙女は言った。

男はさらに驚いて、「いったい、あなたはだれなんですか」と聞いた。

乙女は「ピラール」とだけ言って、泣き続けた。

男は友との約束を思い出し、財宝は礼拝堂を建てるために使うから、山から出られるようにしてほしいと頼んだが、乙女はその申し出を断り、さらにいつまでも泣き続けた。そのうちに山は乙女の泣き声に包まれ、乙女の姿は魔法にかかったように見えなくなってしまった。

男は絶望して、気も狂わんばかりに、乙女の名を呼び、湖の回りを探し回ったが、見つかることはなかった。

男は苦悩の叫び声をあげて、死んでしまった。

夜、山に入って眠る者は、湖の中からピラールの処女の礼拝堂が現れるのが見えるということである。

# ブタの王様

動物の中には王を戴いているものがあるが、ブタはそのうちの一つである。この王様は白くて美しい人間のようで、手に大きな黄金の杖を持ち、山々を歩き回っており、サンクラ・ウアの丘の上にある魔法の宮殿に住んでいる。宮殿の門はとても大きなトラが門番をしている。

このブタの王様は、家来のブタどもが矢で射たれて死ぬのは仕方がないとしても、それが致命傷にならずに苦しむのを見るのが嫌だった。

さて、ボルカというところに、弓を引くのが下手くそなことで有名で、動物を射ても、傷つけるだけで、仕留めることができない狩人がいた。

ある日、狩人が山へ行くと、ブタの大群がいた。狩人は追いかけていったが、追いつくことはできなかった。ふと気づくと、そこはかつて道に迷ったことがある場所だった。さらに進んでいくと、ブタの王様に出くわした。王は狩人を捕らえて、言った。

「どうしてお前はわしの家来のブタどもを傷つけるだけで、仕留めないのだ。家来どもの怪我を治すまではここからは出られんぞ」

狩人はそこに長いこととどまり、ブタどもに手当てをしてやったが、治療はなかなか捗らず、ブタは痛みで、のたうちまわったり、狩人に嚙みついたりした。狩人はとてもつらい目にあったが、ついにはブタも彼になつき、彼が行くところ、どこにでもついていくようになった。

ブタどもの傷がすっかり癒えたとき、ブタの王様は狩人を呼んで言った。

「もうここを去ってもよい。だが、ブタを射るときは必ずとどめを刺してやれ」

そして、殺してもよいブタどもを教えてやった。

狩人はこうして山から去っていった。そしてカマロナルという場所にたどり着いた。そこでは仲間の狩人たちがブタ狩りをしていた。

ブタどもは怪我の手当てをしてくれた狩人を見ると、たいそうおとなしくなり、その場を動かなくなったので、彼は殺してもよいとの許可を得たブタどもを殺すことができた。

その後、彼は仲間たちに、動物を射るときは傷つけたままにせず、必ず仕留めるようにと説くのであった。

# バクの王様

　ブタや鹿と同じく、バクも王を戴いている。ある時、二人の先住民がおのおの弓矢を持ち、森へ狩りに出かけたところ、白いバクに出くわした。射殺そうとしたが、うまくいかなかった。バクは逃げたので、二人は追いかけたが、足跡を見失ってしまった。どうしたことか、先住民の一人の姿が見えなくなった。仲間の先住民は彼をあちこち探しまわったが、どうしても見つからなかった。

　あきらめて、家に帰り、消えた仲間のことを聞いてみた。仲間は戻ってきていなかったので、仲間は罠にかかって命を落としたものと、みなは思った。

　ところが、消えたと思われた男はバクを追って走り回っていたのである。結局、バクを見失ってしまい、しかたなく、立ち止まって、休むことにした。そこへ雄鶏の鳴き声が聞こえてきた。男は近くに民家があるものと思い、そちらの方へ行ってみると、とても大きな柵があった。柵の中に入ってみると、見るからに逞しい男がいた。

「何だ。お前はだれだ」と先住民は言った。その逞しい男は答えた。「お前は何でここに来たのだ」先住民はバクを射かけたが、取り逃がしてしまった顛末を語ると、逞しい男は答えた。

「なぜ遊びで狩りをするのだ。矢を射るときは仕留めろ。獣が傷ついたあげく、蛆虫の餌になるような、かわいそうなことはするな」

「ときに、お前は疲れているようだな。中に入って、休んで行け」と言って、狩人にチチャ〔主にトウモロコシを発酵させて作った酒〕を持ってきて、バクの肉も食べさせてやった。その肉は狩人が射かけたバクの肉だったが、その家の主人がとどめを刺したものだった。

狩人は休憩し、飲み食いした後で、長居を謝すと、主人は言った。

「このサトウキビを持って行って、お前の家に植えろ。サトウキビが収穫できるぐらいの大きさになったら、お前はまた口を利くことができる。それまでは、一言も口を利けんぞ」

こうして、狩人は家に帰ったが、一言も口を利けなかった。そうして、言われたとおり、サトウキビを植えた。やがて、サトウキビは収穫できるぐらいに成長した。そうしてやっと口が利けるようになり、みなに事の顚末を語った。

狩人が出会った男はバクの王だったのである。

## マタサノの木と蛇とバルバの湖

昔々、スペイン人が我々の地にやってくる前のことである。コスタリカはアステカ人の支配下にあった。スペイン統治時代の文書から、そして、色黒でひげの薄い、おそらくはウエルタル族の末裔かと思われる、七十過ぎの老人から聞いた昔話からもアステカ人の支配が推測される。

その昔話によると、アブラ*の谷のあちこちにかなりの数の人々からなる先住民の集団が住んでいた。彼らの居住地の名前は、彼らの言語では何といったか、もはや忘れられているが、それは現在のサン・ホセシートのサン・フアン・デ・エレディアの近くにあった。

その地域には今でも先住民のグアカ〔墳墓〕が見つかるが、そのグアカから推理すると、彼ら先住民は手工芸に優れていたらしい。石で人頭像や全身像、それにスキア〔魔法使い〕の像、いろいろなサイズの石斧、さらには色とりどりに彩色された焼き物、その他多くのものが作られていたようである。

さて、ある日のこと、きらびやかな衣装を身に着けた他部族の先住民の一団が村にやってきた。中には武器を携えている者もいる。一団の中でとりわけ目を引いたのはマタサノ〔弱毒性の実がな

る」の木を持っている者で、その木には蛇が巻き付いていた。それは彼らの文化を象徴するもののように思われた。

彼ら一行はアステカ人支配下の土地の徴税人に他ならなかった。彼らの言葉では「カルピスキス」と呼ばれていた。彼らの要求する税はトウモロコシ、布、焼き物、女、奴隷などであった。村人たちは広場に集まり、通訳が徴税人のさらなる要求を伝えた。それは広場に蛇が巻き付いた木を残していくことであった。**

ところが、蛇を地面に下ろすや否や、そこから水が次から次へと噴き出してきた。これには村人たちも困りはて、徴税人たちに蛇を連れ帰り、マタサノの木だけを残していくように頼みこんだ。徴税人たちは村人の願いを聞き入れてやった。徴税人たちがやってきた方向、つまり北の方へ引き返す途中の最寄りの山に登り、その頂で蛇を放った。すると、地面から水がどんどん湧き出てきて、湖ができた。これが現在のバルバ火山の湖である。***

その後、月が十二回満ち欠けした後、先住民の村に不安が広がった。というのは、例の蛇が湖から出て村へ降りてきて、子供たちを食い殺しているというのである。村人たちはみなスキアのもとへ走り、魔法で蛇を食い止めてくれるように頼んだ。スキアが言うには、蛇が腹を空かせているのが原因で、蛇を鎮めるためには山の湖へ行って、生贄《いけにえ》を捧げなければならないとのことであった。

村人たちは言われたとおりにした。その後、何年も何年もその地の先住民たちは恐ろしい蛇のために子供たちを生贄として湖へ連れていった。生贄にされた子供たちの親は、その見返りとして、蛇が摩訶不思議な力によって湖の底に持っている荘園に入ることができた。そしてそこで収穫したものを家に持って帰ることができた。それは一年限りのことだったが、彼らが生きていくうえで十

分な食糧となった。生贄の子供を捧げていない人が湖に入って作物を持ち帰ろうとしても、だれにもできなかったのである。

＊　（原註）現在の中央盆地（サンホセ州、エレディア州、アラフエラ州の三州にまたがっている）の西部地域。

＊＊　（原註）アステカ人の最高神はケツァルコアトルで、その姿は羽毛の生えた蛇で象徴される。

＊＊＊　（原註）この伝説はバルバの湖が遠い昔から知られていて、北、つまりニカラグア方面への道、ひょっとすると石畳の道〔舗装道路〕があったことを示唆しているようである。

# 生贄《いけにえ》の泉

わが国の先住民の昔話はなんと美しく、想像力に富んでいることだろう。

せせらぎがまるで歌を歌っているような小川のそばに自然の土手が続いているが、一か所、ほとんど垂直の壁のようになっているところがある。まるで近代的な土木機械で人工的にえぐり取られているかのようである。

近くの住民が調べてみたところ、壁に何本もの線が引かれていた。それは若い先住民の娘の姿で、あおむけに寝ているように見えた。

ブエノスアイレス郡のサバナ・デ・ラ・コンセプシオンのお偉方はこれを見てたまげてしまった。スペイン人の征服者たちがやってきて、国を平定したころの、今ではほとんど忘れ去られてしまった言い伝えを思い出したからである。

土地の古老たちもその言い伝えは自分たちのご先祖様から聞いたことがあるとのことだった。その話の場所こそ、まさに土手がえぐり取られているようなところだったのである。そこは昔から「生贄《いけにえ》の泉」と呼ばれてきた。

あるとき、娘を持つ先住民の父親が、そのあたりを巡回中のファン・バスケス・デ・コロナド〔一五六二―六四　コスタリカ総督〕のお供をしていた兵士たちのうちの一人が自分の娘と一緒にいるのを見て、父親はびっくりした。というのは、兵士がたわむれに娘の胸を触っていたからである。父親は怒り狂って、その兵士を矢で射殺してしまった。さらに、娘の穢れを落とすために娘の乳房をえぐり取ってしまったのである。

しかし、話はこれで終わらない。バスケス・デ・コロナドは巡回中の兵士がいなくなったのに気付き、捜索を命じた。捜索隊は背中に矢が刺さった兵士の遺体を発見した。

調査が行われ、父親は殺人の容疑で逮捕された。父親は罪状の否認はしなかった。そして、ガローテ*による死刑が宣告された。

娘の方はとんでもない事態を引き起こしたことを後悔し、罪の意識にさいなまれた。数日間、身を隠していたが、事件のあった場所に戻り、死んでしまった。

しばらくの間、この事件は先住民の間の語り草であったが、月日が経つうちにだんだん人々から忘れられていき、今では思い出す者もほとんどいなくなった。ごくまれに古老がはるか昔のこの悲しい出来事を思い出すのみである。

＊　椅子に座らせた死刑囚の首に鉄の輪をはめ、後ろを捻ることで首を絞める絞首刑の一種。

## 魔法の岩の伝説

川*を三本渡ると、上方に大きな岩があるのが見える。川が三本あるので、この辺りはトレス・リオス〔「トレス」は三、「リオス」は川の意〕と呼ばれるようになったのだが、この辺の山の中腹はコーヒー園や荒れ地や森になっている。大きな岩はまるで巨人が面白がって一つ一つ積み重ねて作ったような趣である。岩が乱雑に積み重なっているところに洞窟が一つできている。そこに人の想像力によって不思議な力を持つ存在が作り出された。さらに、スペイン人の子孫の美しい娘と、先住民の王族の血をひく族長の息子との間の美しい愛の伝説がつむぎだされた。

　トレス・リオスまたはラ・ウニオン〔「合流」の意〕のラ・カルピンテラ〔「キツツキ」の意〕の丘の上にある魔法の岩について話そう。岩といっても一つではなく、いくつもの石が一塊になっているのである。今では草深い小道の突き当たり、およそラ・カルピンテラの丘を半分ほど登ったところにあり、高くも低くもない普通の高さの木によってそこは日陰になっていて、清らかな水を湛えた小川が流れている。

　ロマンチックな伝説は先住民と深い関わりがある。トレス・リオスは先住民の土地であったが、

諸般の事情で村の人口が減ったので、スペイン政府はタラマンカ地方〔コスタリカ南東部、パナマとの国境近く〕から先住民をそこへ移住させることにした。

さて、例の大きな岩の所へ行って、そこに腰かけて休むと、たちまち昔の話が頭の中を駆け巡ると言われている。この話によると、カルタゴ〔一五七四年から一八二四年の間コスタリカの首都〕の老人、パンフィロ・アギラルが妻と三人の子供たちと一緒に、よりよい土地を求めてトレス・リオスに向かっていた。当時はスペイン植民地時代で勇壮な気分にあふれていた。

ティリビの近くにパンフィロ・アギラルは居住地を作った。少しずつ畑の作物は育っていき、暮らしも豊かになっていった。三人の子供たちのうちの二人は男で、働き者で勇気もあった。一人娘のほうは絶世の美人であった。パンフィロ・アギラル一家は日曜日ごとにカルタゴへ出かけていったが、途中、コリスという村を通る。パンフィロ・アギラル一行が通り過ぎるときは、このトレス・リオスの天使のような娘、カタリーナを見て、みなうっとり見惚れてしまうものだった。セマナ・サンタ〔復活祭の週〕にはカタリーナ嬢は全く天使のようないでたちで現れた。

カルタゴの若者たちの目は娘にくぎ付けになり、心には炎が燃え盛った。このアギラルの娘の心臓の鼓動も高まっていたが、それは彼らカルタゴの若者たちのためではなかった。というのも、彼女にはウラタバのラ・カルピンテラの近くの土地に住む先住民の族長の息子たち、セベとメケチェという親友がいたからである。

カタリーナとメケチェは少しずつ、親密になっていった。メケチェが自分の部族の偉人たちの秘技をすべて自分のものにした時、カタリーナはメケチェの中に理想の男性を見たのである。

そうして、ついには愛しあうようになったのだが、これはパンフィロ・アギラル一家の心配の種

になった。家族の中から一つの案が提案され、それが実行に移されることになった。カタリーナを先住民の若者から引き離して、カルタゴに連れていってしまおうというのである。

そんな時、ある声が先住民の若者にささやいた。「愛する娘を奪ってしまえ」と。若者はその声に従った。カタリーナが喜んだことは言うまでもない。アギラル一家は娘がいなくなったことに気づいて、娘をくまなく探し回った。たぶん山のほうにいるのではないか、とセベは考えた。そうして、みなはラ・カルピンテラにある巨大な洞窟のほうへ向かった。ところが目にしたのは、洞窟ではあったが、とても小さく、小さな裂け目程度のものであった。メケチェとカタリーナを見つけようという望みは消え失せた。満月の夜、その大岩の所へ行く恋人たちには、岩の上に金髪の娘と色の浅黒い若者がいるのが見える。若者は上半身を腰まで裸になり、狩りの道具を携えている。娘はこの若者をやさしくなでているのだそうである。

＊　ティリビ川などは中央高原を流れる川である。高原は平坦ではなく、起伏に富んでいる。だいたい中央高原の川はV字型の谷底を流れていて、上からのぞき込むのは危険なうえ、のぞき込んでもよく見えない。

# イスタルの伝説

昔々、スペイン人がコスタリカへやってくる前、フアン・バスケス・デ・コロナド〔一五六二―六四　コスタリカ総督〕がカルタゴの街を築く前のことである。バジェ・デ・グアルコ〔「グアルコの谷」の意〕一帯の北と南に大きな柵が張り巡らされていた。

北の地方はコーという名の族長によって治められていた。コーは大きな権力を持ち、農業にも力を入れていた。南の地方はグアルコという名の族長が治めていたが、この族長は横暴で、しばしば近隣地域を侵していた。

グアルコとコーはバジェ・デ・グアルコの中央部の支配権をめぐって争いを続けていた。大戦争といってもいいぐらいだったが、だんだんグアルコ側が優勢になり、コーを追い詰めていった。やがてコーが亡くなり、アキタバが後を託された。アキタバはエネルギッシュで強い戦士だった。グアルコに打ち負かされそうになった時、アキタバは娘のイスタルを北にある一番高い山に連れていって、神々への生贄《いけにえ》として供え、神々の助力を願った。

グアルコとの厳しい戦いのさなか、アキタバは犠牲になったイスタルに助けてくれるよう願った。

すると、一番高い山から火と灰と岩が噴き出し、逃げ惑うグアルコの兵士たちに降りかかった。山の中腹からは水が小川になって流れ出した。水はたちまち熱湯に変わり、グアルコ側の柵を破壊してしまった。

その後、神々による呪いが広がっていった。グアルコの民は大地を耕し、その土で屋根〔瓦〕を作ることになると言われた。その村はテハール・デ・カルタゴ〔「瓦工場」の意〕と呼ばれるようになった。この村はイラス火山のノルテ・コット〔「北コット」〕地方にある。

# サン・ラモン郡サン・イシドロの岩

昔話に詳しい人の話によると、先住民のウエルタル族は「彼らの神である太陽は生贄《いけにえ》を望むこと、貪欲であった。生贄を捧げるために大きな岩の祭壇が作られた。三月に生まれたウエルタル族の者は太陽神に捧げられる運命にある」と信じていた。

さて、〔ウエルタル族の〕族長にはたいそう美しい娘がいたが、大きな問題を抱えていた。というのは、娘は三月生まれで、生贄になる運命だったのである。この娘は名をユンバルティといい、巫女、すなわち「太陽の処女」になるに十分な威厳も備えていた。

ウエルタル族の伝統にのっとり、娘は十五歳の誕生日を迎えた日に、太陽神のために踊らなければならなかった。踊りの舞台は円で描かれる。円の中央にはアーチが作られ、そこに木の葉と香料と松脂で満たされた容器が置かれる。その円の周りを回って踊るのである。踊りが終わると、容器の中身は燃え、太陽は沈まない。それは太陽神が満足したしるしである。生贄になるはずの者は許されて、生贄にならずにすむのである。

ユンバルティが十五歳の誕生日を迎える数か月前のことである。村に一人のハンサムな若者がや

ってきた。この村は今日ではサン・ラモンの町になっている。この若者はチョロテガ族の血をひき、名はトゥリチケといった。若者は娘に一目ぼれしてしまった。だが、ユンバルティのほうは若者を拒んだ。太陽神の怒りを恐れたのである。

　だが、トゥリチケは最も簡単な方法で問題を解決した。娘を略奪したのである。彼は娘をおぶって山へ入っていった。

　しかし、ついに太陽の踊りを踊るべく定められた日がやってきた。娘は約束を果たすために村に戻ってきた。娘は早朝から踊りを始めたが、娘が踊っている間中、暗いままであった。結局、一日中暗いままで、太陽は顔を現そうとしなかったのである。太陽が出なかったので、松脂も香料も枯葉も燃えなかった。

　ユンバルティは疲れて、気を失ってしまった。部族の魔法使いが言うには、娘は純潔ではなく、そのせいで太陽は出てくるのを拒んだのだということであった。こうなると、娘を縛って、太陽神の生贄にする以外に道はなかった。

　娘が生贄として捧げられる日も太陽は姿を現さなかった。娘を生贄の祭壇の岩に連れていき、娘の心臓に槍が刺された瞬間、霧雨が出た。さらに雷光が娘の遺体の上に落ち、岩は真っ二つに割れた。この出来事の後、百年ごとに大雨が降り、嵐もやってきて、閃光とともに雷が落ち、真昼間にもかかわらず、雄鶏がけたたましく鳴くのが聞こえるのである。おそらく、トゥリチケの魂が娘を探していまだにさまよっているのだろう。

# ムエラ族

ムエラ族はティララン山地、またはニカラグア湖に注ぐ川、リオ・フリオ〔「冷たい川」の意〕の上流から平地に下りてきた巨人族で、ニキラ族であったことは間違いない。彼らの痕跡はグラナダとオメテペとソレンティナメ諸島の間にある、サグラダ・サパテラ〔「聖なる靴工房」の意〕島に見られる。伝説によると、ムエラ族は他部族の男たちを殺し、女子供を連れ去っていた。その中にとびっきりの美女がいたが、サグラダ・サパテラ島から脱出することができた。その女は語った。「私は七角形の部屋に入れられていました。七つの壁それぞれに一つずつ偶像がありましたが、すべて違うものでした。偶像の口には鋭い鉤《かぎ》のような歯があり、そこに生贄《いけにえ》になった人間の心臓がくわえられていました。そこから祭壇に行くには千段以上の階段を上らなければなりません。彼らは生贄になる人間の足をつかんで、引きずって階段を上るのですが、階段を一段上るごとに生贄の頭が階段に打ちつけられるので、階段は血糊でべっとりしていました」

ある晩、女はヒカジという名の聖なる飲み物を持って、島から海に飛び込み、泳いだ。湖の岸沿いに南を目指した。そして、ウパラに着いた。そこには偶然、女の恋人がいて、ムエラ族との戦い

のための準備を兵士たちにさせていた。

女は五か月もの間、ナワティ族の極悪非道の行いによって心が蝕まれ、絶望の淵にいた。また自分を神としてあがめるために多くの人間が生贄にされたことにも身が引き裂かれる思いだった。

身も心もボロボロだったので、女はボトという名のハンサムな先住民の愛に応えることができなかった。ボトの苦悩は深かった。ボトは女が死んでいくのを見て、復讐を誓った。

すっかり希望を失った若者は女の遺体を埋葬せず、遺体に岩を結び付けて、夜陰に紛れて、サポテ川に放り込んだ。そして、山を越え、一日中走った。夜のとばりが下りるころ、リオ・フリオのカーニョ・デ・マンゴの河口に着いた。その川の岸辺には緑の豊かな熱帯の森が広がっていて、今でも水面は鏡のようである。水晶の鏡よりずっと美しいといってもいい。若者がこの川を泳いで渡ると、死んだはずの女が水の中に姿を現した。そして身振りで伝えた。「静かに眠りなさい。そして、目が覚めたら、体に鳥の羽がいくつかくっついているはずです。それを髪に飾ると、ムエラ族のように強くなっていると感じるでしょう。試しに、あとで川岸に生えている葦をとってごらんなさい。葦をとればとっただけ、それがあなたの手の中で木槌や斧や弓矢に変わるでしょう。その武器を持って、仲間たちと遠征しなさい。そこでムエラ族を殺すことになるでしょう」

これがその伝説だが、この話をしてくれた古老たちの先祖たちがムエラ族を皆殺しにしたのである。だが、その代償は大きかった。カーニョの河口で多くの負傷者の血を洗ったのだが、彼らはそこで死んでしまったのである。先祖たちはカーニョ・デ・ラ・ムエルテ〔「死の川」の意〕へ行って、足を洗うたびに、死んだ女の言葉を思い出したものである。その女の顔は夜の星明かりの中、今でも水の中に見えるという。

# セロ・デ・トレメダル（トレメダルの丘）の伝説

鬱蒼《うっそう》とした森に広大な平地がある。そこはウエルタル族が居住地として選んだところだが、小川の近くに広場がある。まさにその場所に何百年もあとになって、サン・ラモンの町ができることになるのだが、スペイン人がやってきた征服の時代にスペイン人と激闘を演じたウエルタル族の王ガラビート（「釣り鉤《かぎ》」の意）にちなんで、スペイン人はそこを「ガラビートの聖カタリーナ布教村」と名付けた。

さて、その広場は先住民が聖なる儀式を執り行ったり、戦士や弓兵を訓練したりするのに使われていた。

まさにそこで以下に述べる出来事が行われようとしている。

巨大なグアピノル（「ジャトバ」、日本名オオイナゴマメ）の木陰に据えられた壇上の王の椅子に族長のカブリが三人の家来、チュカルケ、クバイ、チャラを従えて座っている。彼らの近くにはコロビシ、アバカラ、バルバ、そしてヤルステが控えている。彼ら四人は三人の家来の後継者になる予定である。一同は現在サン・カルロス及びサラピキという名前で呼ばれている地域にまたがって住む

先住民のボト族に対する戦争について協議をするために集まっていた。

王のカブリは病身だったので、甥のガラビートに王位を譲る意向であった。ガラビートは強くて、たくましい男で、王は会議の前日、現在ではカルタゴと呼ばれる地域から彼を呼び寄せていた。カルタゴは兄弟のグアルコが治めていた。カブリの部族は二人の族長を同時に戴くことを認めていなかったので、カブリは後継者を決定すると同時に自らに死を宣告しなければならなくなった。

カブリの子供は一人だけだった。シュアラという十五歳の娘で、大いなる霊に仕える巫女になることが運命づけられていた。広場の真ん中には生贄《いけにえ》の岩と祭壇がある。そこでは神官のエウレカラが悪霊を追い払うためにあらゆる方向に煙を吐き散らしながら、タバコを吸っている。そこへスキア〔呪術師〕が、蛇を首に一匹、腕にもう一匹巻き付けて、やってきた。

儀式が終わると、盆に乗った料理を食べる。ペヒバジェ〔外見は柿に似ているが、味と食感は栗に近い果実〕、プラタノ〔調理用バナナ〕、ヤマイモ、ユカ、トウモロコシ、燻製にした鹿肉と豚肉、トウモロコシの重湯などが山盛りになっていた。飲み物は粉末にした蝉の入った苦いココアで、これは部族で貴賤を問わずよく飲まれている飲み物である。

カブリは甥のガラビートを後継ぎに指名したことを村のみなに知らせた後で、王の衣服を脱ぎ、ガラビートに渡す。この瞬間、耳をつんざくような太鼓の音が轟く。それが静まると、今度はオカリナの音と若きシュアラの甘く心地よい声が聞こえる。エウレカラはトカゲの顔の仮面をつけ、黄金の鷲の首飾りを掛ける。祭壇に行き、香を焚き、その煙をカブリとガラビートにくまなく浴びせる。シュアラは再び、踊り、歌うが、今度の歌は悲しい。最後に先住民たちは輪になる。輪の真ん中には新しい王子たちと一緒にガラビートがいる。その背後には槍兵と弓兵が控える。

四人の男がカブリを輿《こし》に乗せて連れてくる。カブリは輿を降り、頭から見事な羽毛の羽飾りを外し、それをガラビートの頭に載せる。太鼓の音が聞こえ、新たに踊りが始まる。カブリは生贄の岩に横たわる。スキアが出てきて、カブリの手に接吻したあと、カブリの身体に蛇をのせる。そして、蛇はカブリの身体に鋭い牙をたてるのである。スキアはカブリの口に鎮静剤を含ませた綿を入れる。先住民たちはみな跪き、王のために延々と泣き続ける。神官は遺体をビハグアの葉〔バナナの葉に似ている〕で覆い、腕の静脈の血管を開き、王の血を採り、トゥトゥマという壺に入れる。このようにして厳粛な儀式が執り行われるのである。

儀式の場から五十メートルぐらいのところで、他部族の捕虜の一団百人がカブリの墓を作る作業をしている。墓の土台の部分に近くの川からとってきた石を放り込んでいる。捕虜たちはこの苦役を終えると、自由が与えられるのである。

三か月後に、カブリは埋葬されたが、財宝とともに供の者、十二人の戦士たち、そして奴隷が一人、埋められた。墓の内部の壁に作られた穴には大量の武器、金細工と食糧が入れられた。墓の表面は大量の土で覆われて、丘ができあがった。その丘は時を経て、現在では「セロ・デ・トレメダル」と呼ばれている。

## 名前の由来

ホセ・マリア・アルファロが統治していたころ〔一八四二―四七〕、アラフエラとエレディアの人々が山に入り、リオ・グランデの岸辺に行こうと思い立った。その岸辺には小さな集落があった。

この地は現在のサン・ラモンに当たる。数年後、アルバラシン地区のオリウエラ出身のスペイン人、サンタナ・オロスコが集落の入植者たちを一つにまとめた。サンタナ・オロスコはアラフエラに居を構えていたが、例の丘がある区画を自分のものにしようという目的でそこにやってきた。そこには財宝が埋蔵されていると考えたのである。

　伝説によると、この丘は大きくなりだした。サン・ラモンの人々の間に恐怖が広がった。丘が火山になることを恐れたのである。オロスコはこの丘をトレメダルの処女に守ってもらうことを提案した。オロスコはこの丘の様子が、トレメダルの処女が現れたという故郷のオリウエラの丘に似ていると思ったのである。オロスコはトレメダルの処女の像を持ってきた。それで、この地は「セロ・デ・トレメダル」〔「トレメダルの丘」の意〕と呼ばれるようになったのである。

# セロ・デ・ラス・クルセス（十字架の丘）の伝説

古老たちの話である。遠い昔のこと、故郷ニカラグアのナンダイメの村を出て、コスタリカに向かう先住民がいた。荷物といえば、卵が三つだけである。アポヨ〔「助力」の意〕の湖を通り過ぎるとき、卵を一個、湖に放り込んだ。二つ目の卵はニコヤの町の教会に置いてきた。最後の一個はカルタゴまで持っていって、大聖堂の中に隠した。

大聖堂に住んでいる偉い司祭はこの先住民のたくらみを見抜いて、卵についている悪霊を祓い、それを神に告げた。そして、小さな蛇が司祭から逃げ出そうとしたその瞬間、司祭は大聖堂に置かれていた卵を粉々に割ってしまうことができた。司祭はニコヤへ急いだ。しかし、ニコヤに着いて、司祭が見たものはずいぶん大きくなっていたもう一匹の蛇だった。司祭はこの蛇を殺すことはできなかったので、縛って湖に放り込んだ。

はるか昔、現在ラス・クルセス〔「十字架」の意〕と呼ばれている丘の頂は、この湖の水面下にあった。身の毛もよだつような化け物から守ってもらうために、丘の頂に何本もの十字架が建てられたのである。

さて、アポヨの湖に放り込まれた卵から生まれた蛇は、もはやどうにも手に負えなくなっていたので、司祭はこの蛇を捕らえることができなかった。

司祭はニコヤへ帰る途中、村人たちに言い渡した。水中の蛇をおとなしくさせておくためには、村人たちはみな毎年丘へ行って、神のご加護を祈らなければならない、と。ところが、あるとき、別の神父が決められた日に執り行うはずの神への祈りを怠った。数日後、蛇は暴れ出し、アポヨの化け物のしっぽと自分のしっぽとが絡み合った。蛇はそこから逃げ出そうとして、すさまじい地震を引き起こした。セロ・デ・ラス・クルセスは危うく水没するところだった。村の人々はおびえきって、神父を無理やり丘の頂に連れていくと、大地の震動は魔法にでもかけられたかのように静まった。

その後、信心深い村人たちはみなで丘に登り、二度とそのような恐ろしいことが起きないように、神のご加護を願うのであった。

湖は地下にあり、湖が稲妻を呼ぶ。そのために恐ろしい雷を伴った嵐が丘の上にしばしばやってくるのだと、わが先祖たちもはっきり言っている。

この丘から山道が下りていく。乾燥しているのだが、なぜか魚が生息している。山のふもとに生い茂っている森のように、ここにも魔法がかかっているのである。何年か前、村の老婆が次のような話をしてくれた。

子供のころ、おばあさんに連れられてカカオを採りにこの丘に行った時のこと。丘のふもとで身に着けていたロザリオ〔十字架付き数珠〕を外した。丘に足を踏み入れた途端に、あちこちに銀細工、

カカオ、肉、その他いろいろな素晴らしいものが入った背負いかごを見つけた。それらは山をさまよう死者の魂がかき集めたものだったのである。

この話が真実であることには傍証がある。ニコヤの山道にはどこにも大きなカカオ畑がある。カカオは死者の魂が集めた種から生まれたものであるという話がある。また、コスタリカの山には人は住んでいないというが、それは大きな誤りである。実際はカリブの呪術師がいるのだが、その存在が知られていないだけである。というのは、彼らは人〔キリスト教徒〕が近づくと、イノシシやカリブランコ〔白い顔のサル〕に姿を変えるからなのである。

# 花嫁の滝

パライソ〔「天国」の意〕の町から数分のところに高さ六百フィート〔約一八〇メートル〕の滝がある。花嫁の滝と呼ぶ者もある。その名の由来になった出来事を語ってくれた人たちの話によると、二十世紀の初めのこと、ここへピクニックに行った一団があった。

ある一組の評判のカップルが独身生活の最後の記念に、オロシの谷へ行くことにした。カルタゴから友人たちと一緒に馬に乗って、うきうきとした気分で出発した。女たちはきらびやかな衣装を身に着け、馬には横向きに乗った。当時、女たちはいつもそのように馬に乗ったものである。女たちの美しい顔は潑剌《はつらつ》として輝いていた。馬の鞍《くら》は銀で飾られ、手綱や拍車も豪華なもので、馬は騎手が御す。一同は大声ではしゃいでいた。女たちは笑いさざめき、時折、嬌声《きようせい》が上がった。

やがて一行は素晴らしい眺望のオロシの谷に着いた。まさに神の作りたもうた素晴らしい地である。そこで一行は歌ったり、踊ったり、乾杯の杯を重ねたりして、大いに楽しんだ。女たちは花嫁になる娘の未来を祝して乾杯した。花婿になる男は、花嫁の微笑み、大きな目、きれいに編まれて膝の下まで伸びた長い黒髪に乾杯した。婚礼の日のために、美しい花嫁の顔が隠れてしまわないよ

うに黒髪を蔽う透き通ったベールを用意しておかなければならない。

さて、楽しいひと時にも終わりが近づいた。馬に乗って帰る時間になった。この素晴らしい谷は常に天使によって守られているのだが、滝の近くを通り過ぎようとしたとき、花嫁が乗った馬が何かに驚き、谷底へ花嫁もろとも落ちてしまったのである。

この話はすでに忘れられている。ただ川の水だけが滝の底へ落ちていくとき、川はこの話を思い出して、轟音とともに、だれにもわからない不思議な言葉でその話を繰り返し語るのである。

パライソの町から数分のところに花嫁の滝と呼ばれる滝がある。

# カジュレのヒカロ（ひょうたん）の木

グアナカステ州サンタクルスにある、近代的ではあるが、伝説にも富む地方、カジュレの谷に代々語り継がれている、チョロテガ族についての想像力を掻き立てる不思議な伝説がある。

何世紀も前、植民地時代に族長ニコヤンはベトカの族長の娘、ナンダユレ姫の愛を得るため、スペインの征服者たちと雄々しく戦っていた。そのころ、カジュレの谷に一本の木が植えられた。この木は、はじめカロと呼ばれていたが、のちにヒカロ〔ひょうたん〕という名に変わった。この木は高さ六メートルぐらいで、学術名は「クレセンティア・クヘテ」という。翡翠《ひすい》色の艶のある実をいくつか付ける。果実は球形、または楕円形で、グアナカステのクリオーリョ〔現地生まれのスペイン人〕たちはその実の皮で背負いかごや容器を作る。容器はこの地方独特のもので、「ティステ」〔トウモロコシ粉・カカオ・砂糖で作る〕や「チチェメ」〔トウモロコシ粉で作る〕という飲み物を入れて飲むのに重宝している。

初めてカジュレの谷にやって来る者はだれでも、ヒカロの枝にたわわに実り、垂れ下がっている翡翠色のヒカロの実を見て、生命力を感じ、神秘の念に打たれる。それだけではない。つい失敬し

たい誘惑に駆られる。
しかし、それが災いの種なのだ。旅の者が何気なく、その魔法の果物を手に取るや否や、小道は茂みの中に消え、ヒカロの実はどんどん重くなる。旅人は脇道にそれ、キイチゴの茂みや牧場に迷い込んでしまう。道に迷い、あっちこっちをさまよった挙句、疲れ果てて、旅人は魔法のかかった果物の重みに耐えきれず、遠くに投げやってしまう。果物が地面に転がり落ち、つぶれてぐしゃぐしゃになって、やっと魔法が解ける。ロバや馬は迷い込んだ道を引き返し、旅人は目的地につながる正しい道に戻る。

どうしてそんな不思議なことが起こったのか、読者は聞きたくなるだろう。はっきり言って謎である！　わかっているのは次のことだけである。

何百年も前のある夜、族長ニコヤンにぞっこんのナンダユレ姫は、愛するニコヤンが十二人のメスティソ〔スペイン人との混血〕の女奴隷に囲まれているのを見てびっくりしてしまった。女奴隷たちはグアルコの谷出身で、現地生まれのスペイン人の娘たちであった。この娘たちは主人である族長の寵愛を得ようと、妍《けん》を競っていた。ナンダユレ姫は嫉妬の炎に燃え狂い、〔族長ニコヤンの無二の親友クレの妹〕ニンボヨレの手を借りて、気高き族長ニコヤンを色仕掛けで虜にしていた娘たちの胸から、乳房をナイフで切り取ったのである。陰惨な復讐の後、ナンダユレ姫は切り取った乳房をまとめて、カジュレの谷に行き、伝説のヒカロの木の根元に、自らの手で穴を掘り、乳房を埋めた。そのときまで、この木には花も咲かず、実もならなかったのだが、それ以来、乳房の形をした実をたわわに実らせるようになったのである。だが、翡翠色のヒカロの実を旅人がもぎ取っていくこと

はタブーである。

それで、初めてカジュレの谷を旅する者はいつもみなから警告される。「ヒカロに気をつけろ。その木には魔法がかかっているんだぞ。馬に乗っていくと、時々ヒカロが人の手で植えられているように見えることがある。だが、触っちゃだめだ。呪いがかかっているんだ。ヒカロの実をいったん手にしてしまうと、地面に捨てて、ぐしゃぐしゃにするまでは魔法が解けない。みんな道に迷って、あらぬ方向に行ってしまうんだ」

真昼間、太陽が真上から照り付け、やぶや茂みがチリチリ焼けるとき、あるいは真夜中、ヨタカが気味の悪い声で夜の静けさを破るころ、旅人が道をさまよって進むことが、何度となくあった。そんなとき、旅人の手には必ず、途中でもぎ取った、つやつやしたカジュレの実が大切に握られていたのである。

# 一夜にして年を取った母親

無数の岩の間を縫って、雷のような大きな音を立てて、この川の水は流れている。滝になって落ちるところではしぶきが上がって「花嫁のベール」のようになっている。川床に大きな穴が開いているところがあって、そこに激流が咆哮《ほうこう》とともに落ちてくる。

以下の話はすべて先住民の村の出来事である、と古老が語ってくれた。

先住民は大きな貝殻を使っていた。貝殻の表面はまるで太陽の光を浴びて虹のようにきらめく水のようだった。この貝殻はクトリス川を源とするスエレの海から採ってくる。クトリス川の底のたくさんの岩は先住民のグアカ〔墳墓〕で、そこには大きな貝のほか、彩色された鍋やいろいろな小さな像が出土する。

先住民は貝殻でラッパを作っていた。そのラッパは現在われわれが山でお互いを呼びあうときに使う角笛よりもずっと音がよく響く。はるか昔、先住民は洞窟に踊りにやってきて、ほら貝を吹いたそうである。

そんなあるとき、先住民たちが洞窟にやってきて、宴会をしていたが、ガンボリンボ〔カンラン科の被子植物〕のチチャ酒〔主にトウモロコシを発酵させて作る〕を飲んで酔っ払ってしまった。今となっては理由ははっきりしないが、頭領は女たちの一人のことで怒って、女が抱いていた子供を引き離し、洞窟から滝に突き落としてしまった。

天はこれを見て怒り、大嵐を起こした。先住民たちは前代未聞の大嵐におびえ、山へ逃げたが、子供の母親は逃げないで、わが子を探して川に残った。怒り狂った激流に身を投げ、石を次々にどかして子供を探した。そして、ついには、どかした石で洞窟がいっぱいになった。

母親は悲しみにくれて、夜通し泣いた。そして、朝になると、すっかり年を取っていたのである。今でも雨で増水した激流が咆哮をあげるとき、その母親が岩をどかしているのが見えるような気がする。

ある時、二人の友人がパカ〔げっ歯類の一種〕を狩りに行っているとき、母親を見たという。彼女は子供を呼び、子供に聞こえるようにほら貝を吹きながら、川岸を歩いていた。見込みは全くないにもかかわらず、大きな岩をどかしていた。ついには穴の中に入っていったが、そこは古い洞窟の入り口に間違いなかった。そういうわけで、その場所には幽霊が出て、その川は「老婆の川」と呼ばれ、無数の岩の間を縫って激しく流れているのだそうだ。

# イラス火山

銀色の満月が夜を静寂で満たす。物憂げに流れる小川の岸に一組の恋人たちが座って、静かに話をしていた。女の方は、ほっそりした、かわいい、か弱い女で、族長の娘であった。男の方は背が高く敏捷で、強くて有名な狩人かつ、敵に恐れられている戦士であった。愛し合う二人を見守る月は恋人たちの計画や一途な愛や不安などを知っていた。彼らは腕を絡めて、広大で穏やかな空を眺めて、静まりかえった夜のかすかなざわめきを聞きながら、永遠の愛を誓った。

と、突然、枯れ枝が一本、痛そうな音を立てて折れて、静寂を破った。男は跳び起きて、短剣を抜き、鋭い刃をきらめかせて身構えたが、音はそれっきりしなかった。ひっそりとした静寂が続いた。そよ風が森の芳《かぐわ》しい花の香りを運んできた。

村には小さな小屋がたくさんあり、頑丈な砦も、太陽神を祀る壮大な神殿もあった。この夜、村は寝ていなかった。小屋の中では数家族が火花を散らしている暖炉の前で暖をとり、談笑していた。荘厳な神殿の中は隅々まで静寂に満たされていた。太陽神を祀って建てられた像は、決して消えることのない松明《たいまつ》の赤い炎に時には明るく、時にはほのかに、照らされていた。

砦の中では部族の主だった者が、肉を焼く匂いとトウモロコシのチチャ酒の匂いの中で、土地の英雄たちの話を聞いていた。太陽の神殿に仕える、角ばった男がリズミカルに語っている。話が危機一髪の場面や英雄が活躍する場面になると、語り手は上手に太鼓を叩く。すると、太鼓の音は怒ったように響く。お気に入りの場所に座を占めた老族長は話にじっと聞き入っている。族長の顔には長年の経験により、深い皺が刻み込まれているが、暖炉の黄色っぽい炎に照らされて、まるでブロンズのように輝いている。

ネコ科の動物が、何の危険もないことを確認して巣穴に入ってくるときのように、大神官が砦の中に静かに尊大な様子で入ってきた。一歩一歩族長に近づいてきて、ささやくように話を始めたが、その場のだれも大神官の言葉を一言もはっきりとは聞き取れなかった。さっきまで穏やかだった族長の顔つきがみるみる変わっていった。

原初の炎が族長の変貌ぶりを照らしていた。嫌悪を示したり、無関心だったり、とても興味深そうだったり、びっくりしたり、悲しんだり、怒ったり、……

族長はゆっくり身を起こした。語り部の男は自然と話を打ち切った。大神官は小さな黒い目を輝かせて、族長のそばを離れた。族長はゆっくりだが、力強い足取りで神殿のほうに向かった。

太陽神を祀った像の前で、自らの衣服を引き裂いて、族長は叫んだ。

「全知全能の太陽神よ。私は今日、深い悲しみとともにやってきた。われらに慈悲をたれたまえ。そして、神の厳格な掟に従うすべを知らない者に見せしめの刑を与えたまえ。わが娘は長い間、われらの部族と宗教の敵である、狩人の部族の戦士を愚かにも愛してしまった。それゆえ、神よ、冒《ぼう》瀆《とく》の罪により、不信心者に罰と呪いをお与えください」

族長は、不満を逐一述べながら、神に哀願を続けた。はじめは強く響く声で、それから耳をつんざくような大きな叫び声で。村の静けさは、族長の村中に響き渡る哀願の叫びで破られた。無分別な罪人への見せしめの刑を懇願するその叫び声で。

神は族長の願いを聞き入れた。神は全能の手で、恋する乙女をつかみ上げ、怒り狂った神は乙女を青、群青色、藍色の空に埋め込んだ。乙女は、初めてコスタリカの空を彩る、柔らかく白い、湿気を帯びた雲になった。

復讐の神は雄々しく勇敢な戦士には指を触れなかった。戦士は愛する乙女のところへ行くために、永遠に戦うことを誓って、孤独のうちに死んだ。

この勇ましい戦士は、伝統にのっとり、その功績や地位にふさわしい儀礼をもって平原に葬られた。

戦士の友人たちは、墓に硬くなった遺体を残して、すぐにその場所を立ち去った。その夜、墓は何もない平原の単調さを破り、ふくらみはじめた。巨大な力で墓は墳墓になり、また、ゆっくりと墳墓は小さな丘になった。さらに、丘は大きくなり、山になった。そして、ついには山が神々しいイラス火山になったのである。あの平原を厳かに見守るイラス火山。戦士の誓いは全うされた。

寒い朝、白い湿った女性的な雲がやさしく、勇敢な戦士である巨大なイラス火山を包む。戦士は永遠の愛に満たされている。この愛は老族長の全能の神でさえ滅ぼすことはできなかったのである。

# トゥリアルバの伝説

昔々、スペイン人の征服者たちが来る前、この肥沃な土地に強くて勇敢な先住民たちが住んでいた。族長は年老いたやもめだったが、一人娘を唯一の宝物として大切にしていた。娘は十五歳の美しい乙女で、体はほっそりしていたが、胸は豊かで、褐色の肉体は男の心をそそった。

その部族は平和に暮らしていた。シラというのが娘の名前だが、みなに慈悲の心と愛情をもって接していた。弓も上手だった。

ある夏の午後、血がぽたりと落ちるように、太陽が山蔭に落ちようとしていたとき、シラは森がざわめくような不思議な力を感じた。魔法が彼女にとりつき始めたのである。彼女は小さな花を摘んでいたのだが、魔法はますます彼女の奥深くに入り込んできた。そして、空が涙を落とすように、雨が降り始めた。シラは疲れて、古い枯れ木の幹に座った時、森の闇が彼女を包んだ。彼女は恐怖を感じ、叫び声をあげたが、叫び声は夜の闇に吸い込まれるだけだった。彼女は泣きだした。疲れた体を柔らかい草の上に横たえて、寝てしまった。娘の顔を照らしていた、銀の糸のような星の光も木々にさえぎられて、届かなくなった。

突然、一人の男の歩みで森が震えた。木々からざわめく音が聞こえた。他部族の男が森に迷い込んできたのだ。男は少し歩くと、びっくりして立ち止まった。足元にシラがいたのだ。男の目に、まるでエメラルドで縁取られたダイヤモンドのようなシラの姿が入ってきた。男はかがんで、美しいシラの唇に自分の唇をそっと重ねた。シラは身震いして、立ち上がり、逃げようとしたが、男はシラの腰に手をまわして、抱き上げ、山の頂を目指して走った。頂に来て、立ち止まり、シラを横に座らせた。そして、男はシラに愛の歌を歌った。たった今現れた曙光を前にして、木の葉がカサコソささやくような音を立てて、伴奏しているようであった。銀色のかすかな光の帯が幸せな二人を照らしていた。星は揺らめき、しおれたバラの花びらが散るように、星の光は消え始めた。

シラの部族で混乱が起こった。ほら貝の音が警報を発し、村中に響き渡った。老族長がまず最初に、女神ともいえる自分の娘シラを隠している森の中に入っていった。部族の者みなが弓矢をもって、娘の間近まで迫った。彼らは歩きに歩いた。すでに太陽は真上にあり、楽し気に輝いていたが、そろそろ日が傾き始めた。

老族長は叫び声をあげた。その叫びは森を震わせた。シラはそこにいた。男の腕に抱かれて。弓の弦が引き絞られ、矢は今や遅しと、放たれるのを待っていた。ところが、森が震えて、大きく開き、幸せな二人を包み込み、隠してしまった。まるで森が彼らを腹の中に飲み込んでしまったかのように。その腹から一筋の聖なる煙が出た。二人の愛を寿《ことほ》ぐフィナーレのように。

その後、勇猛なスペイン人の征服者たちがこの地を発見した時、彼らの目は聖なる煙の柱にくぎ付けになった。スペイン人たちはこの煙の柱に「トーレ・アルバ」〔「曙光の塔」の意〕という名をつけた。時が経ち、この地の住民はその名をトゥリアルバと変えた。

かくして、われらのトゥリアルバ火山が生まれたのである。

## ロマ・デル・サポ（ヒキガエルの丘）

アロカラが族長を務める部族の若くてハンサムな戦士ディリアクは、グラン・リオ〔「大川」の意〕づたいに西に向かう旅に出た。一人旅で、武器を携え、期待で胸を膨らませていた。もうすぐ隣村の芳《かぐわ》しい花園に咲く名花、ドゥヌアとの結婚を控えて、胸は高鳴っていた。ディリアクはカヌーで大岩の前を通り過ぎた。結納の品も先方を満足させるものであった。

だが、数日後、花嫁を伴っての帰路、通行料を払うためにウエン・ケという恐ろしい巨人の前で止められた。巨人はドゥヌアの差し出した通行料の受け取りを拒み、欲望の赴くまま、花嫁を力ずくで奪った。

ディリアクは巨人を前にして恐怖を覚えたが、恐怖に打ち勝って、決然と武器を取り出した。自分の命を賭してでも愛する花嫁を救う覚悟だった。槍を手に岸に飛び移った。ウエン・ケは、生意気にも刃向かってきた若者に怒り狂い、気を失っていたドゥヌアを暗い穴倉に投げ込んだ。若者と巨人は一瞬にらみ合った。怒りにまかせて、巨人は若者に躍りかかったが、若者は鈍重な巨人よりはるかに身軽で、巨人の胸のあちこちを槍で刺し貫いた。だが、瀕死の巨人は最後の力を振り絞っ

て、斧で若者の頭をかちわった。二人はうめき声をあげて、ごうごうと流れる川に落ちた。川は二人を巻き込み、惨劇の場から連れ去った。

意識を取り戻したドゥヌアは血の惨劇に気づき、愛する若者の遺体が水に流されて遠くへ去っていくのを見て、小舟に乗り、若者の後を追った。しかし、小舟は、ハリケーンに吹き飛ばされた木の葉のように流された。ドゥヌアの姿は薄暗がりの中にはっきり見えたが、だんだん影が薄くなり、はるか彼方に消えてしまい、二度と戻ることはなかった。

夜になると、ロマ・デル・サポ〔「ヒキガエルの丘」の意〕では、決して見つかることがないものを探しに戻ってくる彼女の魂が悲しみの底で哀歌を歌っているのが聞こえる、と迷信深い人は言う。

# ウイビン

　千年以上前、シウアスの人々が海からやってくる前、カバグラ川の畔《ほとり》に双子の兄弟が穏やかに幸せに暮らしていた。彼らは二十歳の勇ましい若者で、はるか昔から連綿と続くウリアバ王家の後継ぎであった。若者たちの名前はウクラ・アクとブカル・アクといった。王族の血を引くので、いずれそう遠くないうちに、老族長の後を継いで、二人で領国を治めることになっていた。谷に住む人々からも喜びを持って受け入れられることも確かだった。二人は好みも趣味も望みもすべて同じだった。老族長がモクの谷に隠居するために国元を去っていったとき、権力は二人で分かち合うことになった。二人はお互いを心から愛していた。

　ところが、何事にも首を突っ込むデバが陰謀を企んでいたのである。老族長が死ぬ前に、彼は天才的な策を講じていた。双子の兄弟の間に不和の種をまくことに成功したのである。隣村にウイビンという、年頃のほっそりした、蝶のように美しい娘がいたが、兄弟が同時に春の盛りのようなウイビンの美しさに魅せられるような機会を作ったのである。

　兄弟は見た目は全く同じで、ウイビンにはどちらがどちらかを区別するのは難しかった。彼らが

ウイビンを見つめるまなざしも、恥ずかし気なしぐさも全く同じだった。

だが、双子の兄弟は見た目は同じでも、性格はそうではなかったのである。ウクラ・アクは力強く、情熱的だったのに対し、ブカル・アクは恥知らずで、残忍だった。そうこうするうちに、ブカル・アクはウクラ・アクに対して殺意を抱くようになった。ウイビンが無分別にも言ってしまったおだてに乗せられて、ウクラ・アクに対する憎しみは増していった。そして、ある日、ウクラ・アクが愛するウイビンを探して森を歩きまわっていたとき、ブカル・アクは茂みでウクラ・アクを待ち伏せした。そして、毒を塗った矢で背中を射た。ウクラ・アクはその場で絶命してしまった。

最高神シブーの罰はてきめんに下った。ウクラ・アク殺しの犯人、ブカル・アクはたちまち恐ろしい毒蛇、ブカララに姿を変えられた。この蛇は別名マノ・デ・ピエドラ〔「石の手」の意〕ともいい、トババ・チンガともいう。ウクラ・アクの体は射られた毒矢のために丸い石に変わってしまった。そうして、運命のいたずらにより、皮肉にも、丸い石は、武器を持たない旅人が谷で足元に見つけた蛇の頭をつぶすのに役に立っているのである。男心をもてあそんだウイビンも罰を逃れることはできなかった。小鳥に姿を変えられ、その鳴き声と大仰なしぐさで、茂みで待ち伏せしている毒蛇のことを教えてくれるのである。

# トゥレ・ウア

広大な谷にリオ・グランデ・デ・テラバという大きな川が流れている。昔々、この谷に敵対する二つの部族が住んでいた。族長の名前はそれぞれウルス・カラとドゥファラといった。小競り合いで血が流れることもあったが、どちらが勝つということもなかった。

さて、時が経って、族長のウルス・カラの跡取り息子である、若くて凛々しいポルブリが、勇敢な族長ドゥファラの長女、花も恥じらう、うら若き十五歳のトゥレ・ウア姫に恋い焦がれてしまった。この二つの部族はずっと敵同士だったので、ポルブリが彼女と結ばれることは叶わない。しかし、ポルブリは勇敢でもあり、ずる賢くもあったので、愛する姫を力ずくでものにする計画を思いついた。ただ、それがどのような結果を招くかを考えるほどの分別はなかった。目的を果たすため、ポルブリは何度もこっそり敵の境界内に入り込んだ。来る日も来る日も彼は思いを遂げようと、姫を待ち伏せした。険しい岩山の上、人跡未踏のジャングルの茂みで姫の様子を窺った。姫が女奴隷にかしずかれ、パレンケ・レアル〔「王の砦」の意〕の弓兵に周囲を守られ、大きな川で毎日沐浴するのを窺った。人目につかない場所から、一度ならず、まぶしいばかりの姫の裸体を存分に見ることが

できた。胸は豊かで、そのつぶらな瞳はガゼルのよう。体は彫刻のごとき美しさ。ポルブリは年頃の乙女の姿、完全無欠のブロンズ色の姿態に見とれて、体の震えが止まらなかった。

時が流れ、ついにある冬〔雨季、四月から十一月〕の朝まだきころ、胸に恋の炎を燃やした若者にとって待望の瞬間がやってきた。敵の集落は何日も昼夜を問わず、宴会のどんちゃん騒ぎをした後、眠りについていたのである。この時を狙って、ポルブリは大胆にも堂々と、愛するトゥレ・ウア姫を奪い、自分の部族の領地を目指して、人跡未踏のジャングルの中を、姫を連れて逃げた。

ところが、敵の族長ドゥファラの弓兵に見つかり、追跡され、肉薄された。しかしポルブリは小さな丘の麓にたどり着き、そこで追っ手に立ち向かった。そして、自らの武器で追っ手を打ち負かし、殺してしまった。しかし、ああ、何ということか。慌てふためいた敵の弓兵の狙いが逸れ、矢が無慈悲にもトゥレ・ウア姫の心臓を射抜いたのである。彼女は地面に倒れ、深紅の血を流し、絶命した。

至高の審判者、シブーの罰はすぐに下った。ポルブリはその場で見るも恐ろしい怪物、イビー・オグアに姿を変えられ、愛する姫が倒れた丘の奥深くに永遠に閉じ込められてしまった。姫の魂は小さなハチドリに変えられた。姫の血からは赤いカンパニュラ〔風鈴草〕が生えてきて、まるで丘の丸い頂が見事なカーペットに覆われたようになった。そして、その中からスイカズラが一輪咲いた。

その花は土地の人々にはカク・トゥリンという名で知られている。そこで育つ花は輝くばかりの深紅色で、芳《かぐわ》しい香りのそよ風に舞い、一年中集まってくるハチドリたちに甘美な蜜を与えている。

これがトゥレ・ウア姫の物語である。伝説によると、姫の魂はハチドリの宝石のようにきらびやかな小さな体に宿って、生き続けているということである。

## リオス・ヘメロス（双子の川）

気はやさしくて力持ちのドン・ペドロ・バレラ〔ドンは男性の名に付される敬称。「～さん」〕は都会に住んでいたが、百姓になって、コリブランコの冷たい霧の中で小さな畑を耕すことにした。読書好きだったが、それ以上に自分の目で物事を観察し、昔の隠者のように己を見つめていた。霧と身を切るような寒風の中で孤独に生きていたにもかかわらず、人にやさしく、愛想もよく、訪ねてくる人は喜んで迎えた。

さて、私は国の名勝といえる土地を巡り歩き、ドン・ペドロの土地の涼しい窪地で道に迷い、彼の山小屋に辿りついた。そこは一年中肌寒い雨が降るところだ。

私はそこに数日滞在した。ある、月の出ている涼しい、穏やかな夜、あたかも霧が太いハウル〔カバノキ科〕の木の枝にでも引っかかって千切れたかのように、すっかり霧が晴れたとき、こんな不思議な話を聞いた。

「イラス火山のふもとの肥沃な土地にある魅力的な村、それがパカジャスだ。人のやさしいことは、ほかのどんな土地も及ばない。旅人をやさしく迎え入れてくれるので、村を去る時、旅人は後ろ髪

を引かれる思いになる」

ひっそりと寝静まった村を月が静かに照らすある晩、私はリオス・ヘメロス〔「双子の川」の意〕にかかる橋の欄干に寄りかかっていた。そのとき、何世紀も忘れられていた、ある伝説がふと心に浮かんできた。

千年も昔の静かな夜のことである。先住民のグエタル族がこの地方に穏やかに暮らしていた。この土地は常に豊かで、作物を植えると収穫は百倍にもなって戻ってきた。村人は素朴ながらも静かな生活を送っていた。涼しげな緑の木立と、さらさらと水が湧いてくる泉に囲まれた、緑あふれる大地に小屋が一軒建てられた。ある働き者の家族の素敵な隠れ家である。

ウエカルと妻タリアは二人で暮らしていたが、いつか彼らの孤独を慰めてくれる子供が生まれてくるのを何年も夢見ていた。同時に息子が二人生まれたときは、それはそれは幸せだった。時が経ち、息子たち、パシスとアヤスは大柄な、たくましい若者になり、百姓仕事や狩りなどをして、父の仕事を手伝った。喜びも悲しみも分かち合った。

本当に仲のいい兄弟で、諍《いさか》いとは無縁であった。しかし、ある日、二人は羊飼いのダゴブの美しい娘、イダイと知り合った。十二月〔乾季の初め〕の爽やかな朝、一月の月の銀色の光、華麗な庭のエキゾチックなバラ、金色に輝く優美な瀬戸物、それがイダイだった。パシスとアヤスの兄弟はすっかりイダイの虜になった。

それまで思ってもいなかったことが起こった。イダイへの熱い思いが二人の兄弟の仲を裂いたのである。兄弟の間には深い亀裂が走った。父ウエカルと母タリアは息子たち二人の間に憎しみが生まれたのを見て驚愕したが、憎しみをやわらげるすべはなかった。

イダイは兄弟をけしかけた。言葉巧みに二人に将来の希望を持たせたり、とわの愛をささやいたりした。兄弟二人は自分こそイダイにふさわしいと言い張った。穏やかだった空が曇り、嵐の予兆を感じさせた。

そして、ある日、巨人〔イラス火山〕が目覚めた。天に向かって巨大な炎を吐き、赤茶けた石でできた雲を投げつけた。火山の噴火口から灼熱の熔岩があふれ出し、大地は震えた。火山の山腹に住む住人の間にパニックが走った。

危機を前にして、コットの族長は村に近づいてくる大惨事を防ぐ対策を講じるために、相談役や神官や賢者を招集した。一堂に集まって会議が開かれた。咆哮する怪物の怒りを鎮めるために、若くて美しい処女を生贄《いけにえ》にする必要があるとの結論に達した。火山の燃え盛る内奥に生贄を投げ込み、破滅的な力を食い止めようというわけである。

どの娘を選ぶか、疑問の余地はなかった。グエタル族の村一番の芳《かぐわ》しいバラ、イダイこそがその美しい処女だった。

村中の者は震えあがった。だが、差し迫る危険を前にして、すべてを破壊する力を前にして、苦渋の決断をするしかなかった。

パシスとアヤスは、会議で決まった意見を聞いて、苦悶の叫びをあげた。生贄となる、罪のないイダイを助けるために蛮勇を振るわなければならなかった。

六月〔雨季〕の夜は明るかった。月がほのかに野を照らしていた。夜の静寂は地下でうごめく火山の響きによって時折、消されるほかは全く静寂そのものだった。仰々しい行列が静かに、しかし、まるで幽霊のように噴火口に向かって進んでいた。行列の先頭には無表情な神官たちが歩き、その

後ろに村人たちみなが続いた。あかあかと灯された松明《たいまつ》が夜の行進を一層恐ろしげなものにしていた。行列の真ん中にはイダイがその春の盛りの肉体をチュニックにくるんでいた。顔は蒼白で、悲痛な表情をして、高い輿《こし》に乗せられて、おとなしく観念して生贄がささげられる場所に向かっていた。

神官たちは沈黙を破って、血に飢えた神に向かって急におどろおどろしい歌を歌い始めた。村人たちがそれに唱和した。その身の毛もよだつ歌のせいで村人たちの背中には悪寒が走った。

儀式がピークにさしかかろうとするとき、道の両側から双子の兄弟の勇ましい姿が現れた。二人はお互いに憎み合っていたが、イダイを悲惨な運命から救うためにやってきたのである。

二人は怒りにまかせて護衛の兵士たちに襲いかかったが、逆にあっという間に血祭りにあげられてしまった。二人の遺体は道の脇に放っておかれた。護衛の兵士たちも悲しげに、そしてものものしく、目的地へ向かった。恐ろし気な歌は叫びに変わった。野蛮な歌が雷のように轟く中、イダイは火口の底めがけて投げ込まれた。

空に悲鳴が響いて、村人たちは悲しみに打ちのめされた。火口の奥底から小さなピンク色の雲が現れ、菫の香りがそよ風の中でかすかに漂った。

消えかかった松明の明かりが帰路を照らした。沈黙の中、村人たちは犯した罪を悔いながら、戻っていった。明け方、きらめく朝日がイラス火山の山塊を鶏頭の花のように真っ赤に染めた。そして、柔らかなそよ風が大地をほのかな芳香で満たした。

タリアは犠牲になった息子たちの遺体を前にして、悲しみに耐えきれず、泣き出した。泣きに泣いて、抑えきれない涙が目から泉のようにあふれた。一日中泣いた。翌朝になると、こぼれた涙は

二つの泉になっていた。二人の息子が倒れたところに不思議なヤシの木が芽を出していた。

家に帰ってみると、驚いたことに二つの泉は底の方でつながって一本の川になっていた。清らかに、さらさらと流れるその川は今日、パカジャス川と呼ばれている。両岸には芽を吹いたばかりのヤシの木々がある。

よき母親の聖なる涙は、さわやかな、歌いさざめくような谷間に満ち、二つの泉を一つに結びつけた。二人の息子を永遠に結びつけたのである。これが、ロマンチックな夢想家、素朴な魂の持ち主であるペドロ・バレラが語ってくれた話である。霧がイラス火山を降りてくるとき、双子の川、リオス・ヘメロスの橋の欄干に寄りかかって、月の夜、語ってくれた話である。

# ルアルドの犠牲

コスタリカはとても美しく、いろいろなものが見られる国である。山々の中には恐ろしい火山も点在している。大山脈がニカラグアのまどろんでいるような湖に向かってなだらかに下っていくが、そこには多種多様の珍しいものが見られる。地理学者も、巨大噴火口、不思議な湖、大量の古代人の遺骸などについて記している。これらのすべてはとても奥まで入り込めない、緑のマントのような森の中で見つかる。まさにこの舞台で不思議な物語が始まるのである。主役は二人。子鳥と火山である。

火山の名はポアスという。巨大な噴火口があるが、今は火が消えていて、クレーターの底には十ヘクタールの四角い大きな湖がある。ガイザー、つまり熱湯を噴き上げる間歇《かんけつ》泉もある。熱湯だけではなく水蒸気も噴き上げ、高さは七十メートルにもなる。火山の裾野に広がる森にはきれいにさえずる鳥が無数にいる。そのうちのいくつかには変てこな名前が付けられている。ピクード〔長いくちばし〕、カシキータ〔女族長〕、ビウダ〔未亡人〕、カルデナル〔枢機卿〕、モンヒータ〔尼僧〕などである。ただ一種類の鳥、最も色がきれいな鳥は全く歌わない。その鳥の名前はルアルド。この物語

のもう一人の登場人物である。

　これらの登場人物がどんな物語をつむぎだすのだろうか。何世紀も前、スペイン人がやってくる前、ルアルドの羽はごく普通の地味な色だったが、歌声は森中で一番きれいだった。火山のふもと近くのこの森のそばに先住民の村があった。そこに美しいみなしごの娘が住んでいた。一人ぼっちで、相手といえばルアルドがいるだけだった。ルアルドの親鳥は娘の小屋の近くに巣を作っていた。子鳥に餌をやるためにいそいそと巣から出たり入ったりしていたが、ある日、巣を出て行ったきり、帰ってくることはなかった。娘は子鳥を保護し、面倒を見た。子鳥は大きくなっても、娘から離れようとしなかった。娘は子鳥に自分の秘密を打ち明けた。子鳥は娘の孤独をきれいなさえずり声で慰めた。

　ある日の午後、ポアス火山の色が赤みを増し、炎で天を覆った。大地は震え、山腹を熔岩の粘っこい流れが激しく下り、森を焼き尽くした。村人たちはみな外にとび出て、ポアス火山に祈りをささげた。呪術師たちはわけのわからない言葉で祈った。動物や果物も供えた。ただ一人、みなしごの娘だけが小屋の奥の方にうずくまって震えていた。

　火山の咆哮はますます激しさを増した。火山の精は供え物に満足しなかった。人肉に飢えていたのだ。呪術師の一番年かさの者が熔岩に近づくと、怪物は呪術師に自分の望みを告げた。

　村人たちは娘の小屋の扉の前に集まった。そして、静かに小屋の奥の方を見た。娘はうずくまったままで、その両の目は闇の中で恐怖の色を湛えて光っていた。娘は有無を言わさず捕らえられ、神官たちはぶつぶつと呪文を唱えながら、娘を火山のふもとまで連れていった。そこで体は自由にしてやったが、そこからは自分の足で火口まで行って、村の安寧のために自らを炎にゆだねなけれ

ばならなかった。助かる道はなかった。後ろには刃がきらめいていて、どちらにしても死を待つばかりだった。

娘は夢遊病者のようにふらふらと歩を進めた。と、突然、歩みを止めた。赤茶けた煙の雲の上にルアルドが飛んでいた。火山の炎の舌をあざ笑うかのように、ルアルドは火山に向かってさえずり、自然の神秘の言葉で火山に語りかけた。火山に娘の命を助けてくれるよう、許しを願い、自分の持つ最も美しいもの、その美しい声を代償として差し出した。

ポアス火山は娘を不憫に思った。ルアルドの甘美な歌声に涙を流し、火口をあふれる涙で満たした。火は消え、湖ができた。厳かに静まり返った村の前までルアルドは戻ってきて、娘の肩にとまった。おびただしい灼熱の炎によってルアルドの声は永遠に枯れてしまった。だが、炎の熱はルアルドの羽を黄金色に変えた。ルアルドは、まるで宝石細工師の炉の中からエナメル製の小鳥が出てくるように、火口から出てきたのである。

ルアルドはもはや歌わない。が、その体は緑、空色、黄色に輝いている。火山はまだ熱湯を噴き上げている。火山は今でも涙を流しているのである。

# エスカメカとテノリ

グアナカステ州タボガのエンリケ・ヒメネス・ヌニェス実験施設の敷地内にカスカベレスの丘がある。その裏に湖があった。

現在、タロリンガスとトロンピジャレスだけがその湖の痕跡をとどめている。

その大きな湖は無数の泡をシャボン玉のようにきらめかせていた。それはまるでサギとコガモの大群のようにも見えた。血がぱっと飛び散るように、小鳩やガラン・シン・ヴェントゥーラ〔「不幸な伊達男」の意。セイタカコウ、コウノトリの一種〕と呼ばれる鳥の大群がサギの羽をまき散らした。まるで鮮やかな紅の炎が竹馬に乗って歩いているような様子であった。

当地を巡り歩く老人たちは語る。この湖には近くの村々を荒らしつくす恐ろしい怪物が住んでいた。当時、湖の水は水晶のように澄み切っていて、月光に照らされた泡が波間に、盃形の白いサテンのような花弁をつけている「ナユリベス」という水中のユリをやさしくくるんでいた。古代のナオア・チョロテガ族はこのユリの根を焼いて、深紅の灰を作っていた。染料に用いて、壺に彩色したが、この染料は色落ちしないのである。また、族長のマントや頭飾りに使う鳥の羽や織物を染め

るのにも使われていた。

さて、怪物が澄み切った水の中から、水晶のような水をまき上げて現れたとき、空にため息が上っていくように、鳥の大群が昇っていった。水面はガラスが粉々に砕けたようになり、悪臭を放つ黒い泥になった。

黄金やサファイアにも喩えられる、日の光がとても美しい昼下がり、この土地に住む麗しきエスカメカは、カシア〔シナモンの一種〕の蜜のように輝く美しいその肢体に水を浴びせていた。まさにその瞬間、エスカメカは恐怖のどん底に落とされた。怪物の姿を見て、死なんばかりだった。エスカメカの恋人で婚約者のアバンカリ族のテノリはこれを知って、この怪物を退治しようと決心した。森に棲む恐ろしい蛇の毒ニエク・イェーを塗りこんだウイスコヨルの矢をたくさん用意して、何日も休みなく見張りつづけた。

手下の兵士たちは水の中から聞こえてくる怪物の咆哮にすっかり怖気づいてしまい、結局、テノリがたった一人で怪物退治に向かった。

怪物が再び湖から現れたとき、テノリはすべての矢を狙いたがわず、射ち込んだ。そして、とどめを刺すために波間に跳び込んだ。消息がわかっているのはここまでである。怪物は再びこの土地を恐怖に陥れることはなかった。だが、村を怪物の脅威から救った勇敢なテノリの辿った運命はだれも知らない。ただ、遠くに見えるテノリオ火山にテノリの思い出が永遠にとどまっているだけである。テノリの栄光と偉業をたたえて。時代とともにテノリの名前もテノリオと変わっていった。

美しく情熱的なエスカメカは毎日昼過ぎに湖の岸辺にやってきて、目を凝らして恋人を探すのだった。やがて、時が過ぎたが、エスカメカは心労のあまり、体はやせ細り、容色も衰えていった。

月の夜や、薄く血に染まったような色の美しい午後、麗しのエスカメカの幻が見られる。

　神秘を探るために湖の岸辺に近づく者に見えるのは、空に向かって昇っていく火の十字架のように、大空に飛び立ち、平原のかなたのコニーデ型〔富士山型〕のテノリオ火山の方向に消えてゆく、一羽の大きなピンクのサギと一羽のセイタカコウだけである。

# ヤンダリの犠牲

ニコヤは鬱蒼《うっそう》とした山と、のどかな谷のある、広大で肥沃、かつ神秘の土地の王であった。人と物のすべての支配者だった。伝統に従い、務めを果たし、人々に安寧をもたらさなければならなかったが、時折、自分のわがままを優先した。

王のすぐ近くに花の盛りの乙女、ヤンダリが住んでいた。美しく、品行方正で、ふるまいにも威厳を感じさせた。ヤンダリは世界はまるで自分のためにあるかのように感じていた。

さて、アタパというハンサムな若者が彼女に恋をしていた。しつこく言い寄ったが、ヤンダリはアタパの恋焦がれるまなざしをあざ笑い、彼を避けた。ある古い習慣が彼女を悲しみに暮れさせていた。それで、森の中に住み、モロテ川の岸辺を散策することを好んだ。そして、川の澄み切った水に、自分の周囲に他に美しい娘がいるかどうか、聞くのだった。

年頃の娘たちはだれも、淫欲にかられた獰猛《どうもう》な族長、ニコヤに貞操を捧げない限り、結婚相手を選ぶことはできないということをヤンダリは知っていた。ヤンダリは貞操を守るつもりだった。

アタパはヤンダリが自分を軽んじているものと思って、腹を立て、ヤンダリの母親を訪ねること

にした。怒りを鎮めようと思ってのことである。だが、新月まで待たねばならなかった。月が変わると運勢も変わるのである。

実のところ、ヤンダリはアタパのことを憎からず思っていた。しかし、ヤンダリは水晶のように澄み切った泉、浄めの水、豊穣の炎であることを望んでいた。また、ヤンダリが恋していたのは、りりしいケベだった。ケベはおずおずとヤンダリの後について行ったが、思いを打ち明けることはできなかった。

ヤンダリは族長を敬ってはいたが、族長の淫欲を満足させることは拒んだ。それで、だれからの求愛も受け入れなかったのである。

時が過ぎ、大地の恵みを収穫する時期になって、祭りが行われ、神々に捧げものが供えられた。隣村のチラ族とは特に親しいわけではなかったが、ニコヤに盛大な贈り物を寄こしてきた。彩り鮮やかな焼き物や犠牲を供えるための石のテーブルなど、そのほか多くのものを送ってきた。石のテーブルにいたっては繊細なアラベスク模様が施され、お守りやネックレス、聖体皿などで美々《びび》しく装飾されていた。また、伴侶を求めて、大勢の娘たちもやってきていた。ニコヤは娘たちを舌なめずりするように見つめた。

娘たちの一人は、愛の約束を果たす前夜、ニコヤに肌触りのいい木綿の布、手編みの織物、サンゴのネックレス、奇妙な形の翡翠《ひすい》のお守りなどを差し出した。これらの贈り物でニコヤの歓心を買うつもりだった。客人たちはみんなニコヤの王宮に集まった。

ヤンダリはといえば、小屋の中で悲しみに打ちひしがれて、今度の満月の日にアタパと結婚するよう命じる母の声を待つばかりだった。

ヤンダリはケベを愛していると母に打ち明けたが、同時にニコヤを喜ばせるのも嫌だとはっきり言った。

母はヤンダリにニコヤの愛撫を受けることは避けられないのだと念を押した。ケベと一緒になるにはそうするしかないのだと。

ヤンダリは泣いて頼んだ。「お母さん、私は水のように純潔でいたいの」

その間、ケベは愛するヤンダリの心配をよそに、山に入り、身の不幸を嘆き悲しんで泣いた。満月の数日前のこと。夜になると、森は月光と真珠のような露でキラキラと輝いた。ヤンダリはすっかり絶望して、川の深みを探して、川岸を歩き回った。網と美しい大甕《おおがめ》を携えて。白魚のような指で水をそっとなでると、網の中に入り、網の口をしっかり締め、深みに跳びこんだ。こうして、貞操を守り、永遠の眠りについたのである。

彼女のその後について知る者はいない。経験も知恵も豊富な村の長老は言った。「ヤンダリは死んだのではない。新月になるたびに、もし雨が降らなければ、彼女は我々の前に姿を現す。晴れた厳かな夜、ヤンダリを探してごらん。ところどころ小さな赤い星のような斑点がある白い花が見つかるだろう。それが死と結ばれた花嫁、ヤンダリなのだ」

ヤンダリは、神々が処女のために天国の一隅を空けておいてくれたことを知っていたのだ。

# 森の乙女

何世紀も昔、現在のコスタリカの大西洋側の砂浜地帯に、ある部族が暮らしていた。多種多様な動物が棲むセドロ〔スペイン杉、センダン科の木〕の深い森からさほど遠くはない。

この部族の中に有名な若い戦士がいた。その残虐ぶりは敵だけでなく、戦友たちにも恐れられていた。動物でさえも彼の残忍な行いから逃れられなかった。

この部族にはもう一人、皆の注目を集める者がいた。美しい娘で、類まれな美貌の持ち主だったが、それよりも日々の行いの中で示される、その気高い心によって注目を集めていた。娘はひと時も休むことなく、疲れ果てるまで、傷ついた兵士や病人の世話をしていた。動物にも愛情をもって接していたが、それを知らない者はなかった。やさしい気持ちを実際の行動に移すことが娘の幸せであった。

彼女にとっての不運は、例の残忍な戦士が妻を迎える年ごろになって、この高貴な心を持つ娘を妻に望んだことであった。それというのも、娘はある戦いの後、この戦士の怪我《けが》の手当てをしていたのだが、それ以来、この戦士は他の娘のことは考えられなくなっていたのである。それで、この

残忍な戦士は娘を嫁にしようと、娘の父親に要求することにした。父親はすでに老齢に達していて、この戦士がどんな男かよく知っていた。また、娘にこんな男と結婚するように強いると、娘がどんなに苦しむかもよくわかっていた。それで、いい加減な口実を作った。

「娘は結婚するには若すぎます」

「もっと若い他の娘たちも結婚しているではないか」と戦士は答えた。

「ごもっともでございます。しかし、娘は怪我人や動物の世話をするのが好きなのです。あなた様と結婚すると、それができなくなります」

「どうでも娘はわしと結婚しなければならん。さもないと、おまえは大変な目にあうぞ」と戦士は脅した。「よく考えることだな。明日、返事を聞かせてもらおう。だが、どうあっても、わしはお前の娘と結婚するつもりだ。忘れるなよ。わかったか」

そういうと、戦士は立ち上がって、不機嫌な顔をして出ていった。哀れな老人は打ちひしがれて、どうしていいかわからなかった。娘が帰ってきたら、一部始終を打ち明け、娘に決めさせようと思った。

ほどなく、いつものように歌いながら帰ってくる娘の声が遠くから聞こえてきた。とても上手に鳥の鳴き声をまねて歌うので、村人たちは娘のやさしい心根だけではなく、歌のうまさも褒め称えるのだった。

父親は娘を出迎えるために、小屋の扉まで出てきた。娘はたいそう幸せで楽しそうだったので、父親は娘がそばに来たとき、一言も話しかけられなかった。

だが、娘は父親が悲しそうなのに気づいた。

「どうしたの。どうしてそんなに悲しそうなの」

「言わない方がいい。だが、言わなきゃならん。あの戦士バイサがお前を嫁に欲しいと言ってきたのだ」と父は答えた。

娘は真っ青になった。

「それで何と答えたの」

「お前はまだ若すぎると言ってやったよ」

「そう、よかった。あの人は嫌い。あんな人とは絶対に結婚なんかしないわ。で、あの人は何て答えたの」

「いくら反対されても、おまえと結婚すると」

「そんな！」

「しかし、他にいい方法はないと思うが。そうしないと、お前もわしもひどい目にあわされるんじゃないか」

「どんなことがあっても、あの人との結婚はいやよ」


翌朝、バイサは老人の小屋にまたやって来た。

「返事を聞かせてもらおうか」

「娘は結婚したくないと言っております」

バイサは高笑いをして、答えた。

「ひょっとして、お前たちは、族長が家来みんなを合わせたよりもわし一人の方を買っておるのを

知らんのか」

「存じ上げておりますとも」

「それなら、今日にも族長がわしにお前の娘を娶《めあ》わせるように、お前に命じるということがわかるだろう」

「承知しております。私も娘も望まぬことながら、いたし方ありますまい」

「結構だ。明日、娘を迎えに来る。めでたい宴の準備をしておこう。なかなかよい返事であったな」

　娘が森から帰ってくると、父親は目に涙をためて、娘を迎えた。

「娘よ。族長はお前をバイサに引き渡すように命じられるらしい。知ってのとおり、バイサは族長には兄弟以上のものじゃ。いくらわしが拒んでも無理じゃ」

「他に手はないの」と娘は答えた。

「わしには思い浮かばん」

「森に逃げ込むというのはどうかしら。私はだれよりも森のことを知っているし、森の隅々まで知っているのよ。追っかけてきたって、見つかりっこないわ」

　娘の話を聞いて、父親の目は喜びに輝いた。が、すぐに悲しみの色が宿った。

「しかし、お前が森に行ってしまったら、もう会えなくなるじゃろう。わしがお前を探しに森へ行ったら、奴らはわしのあとをつけてきて、お前を見つけるじゃろう。お前もこの家へ帰ってこられん。もし帰ってきたりしたら、お前は見つかって、バイサに引き渡されるじゃろう」

「みんなが寝静まっている夜、帰ってきます」

「わかった。そうしよう。さあ、今すぐ行け。バイサにはわしは何も知らん、お前がいなくなってしまったと言おう」

　二人は目に涙をためて、別れを惜しんだ。しかし、同時に、凶悪な戦士バイサに娘が連れ去られずに済むし、族長の助けも当てにしなくてもいいので、父親としては良しとした。

　翌日、夜が明けるか明けないかのうちに、極悪非道のバイサは兵士の一団を従えて、この老人の小屋の前に現れた。娘を連れ去り、婚礼の宴を始めようというつもりなのだ。

「娘がここにいないのはどういうわけだ。婚礼の儀のために着飾っていなければならないはずじゃないか」

　老人は答えた。

「娘はいなくなりました。わしもどこにいるのか存じません」

「何を言っておるのだ。娘をどこに隠した」

「どこにも隠しておりませんし、どこにいるかも存じません」

「草の根を分けてでも探し出すぞ。言っておくがな、もし娘を隠したりしておれば、どうなるかわかっているな。お前の目ん玉をくりぬいてやる」

「お気のすむようになさいませ。じゃが、わしは娘の居所は存ぜぬのです。今日、あなた様が迎えに来る、と娘に言ったら、娘はたいそう嘆き悲しみ、私の前からいなくなってしまいました」

「よし、それでは森を探そう。髪の毛を引っ張ってでも連れてくる。今までわしを馬鹿にする者はいなかった。娘の行いは許せん。きっと仕置きしてやる。こんなに虚仮《こけ》にされては、絶対に許すこ

とはできん」

そしてバイサは、兵士たちに向かって叫んだ。

「今すぐ娘を探し出せ！」

バイサは兵士たちを従えて、すぐ近くの森を目指して進んだ。そこが娘が隠れることのできる唯一の場所だということは十分承知していた。すぐに最初のセドロの森に着いた。「どこにいるのだろう」と考えるまでもなかった。さほど遠くないところから娘の甘美な歌声が聞こえてきた。

「逃げないのか」バイサは喜び、大声で叫んだ。「ここを包囲しろ。逃げ道はないはずだ。お前の素晴らしい声が命取りになったな。バイサを馬鹿にすると、どんな目にあうか、今に思い知らせてやる」

兵士たちは全員、娘の捜索にあたり、各自担当する場所に配置された。これで娘は袋のネズミになるはずだった。残酷なバイサの目は喜びの色を湛えて輝いた。

「逃げられるぐらいなら、殺してやる」包囲の輪を縮めながら、バイサは幾度となく叫んだ。

バイサの脅しにひるむことなく、娘は歌い続けた。兵士たちはこれには驚いた。しかし、急に静かになり、娘の甘美な歌声は聞こえなくなった。

「わしらは見つかったな。だが、わしらから逃れることはできん」とバイサは考えた。兵士たちは包囲の輪を縮めていった。

そして、包囲の兵士たちの声がお互いに聞こえるようになり、木の葉の間にお互いの姿が認められるようになり、ついには全員、輪の中心に集まってしまった。だが、娘の影さえ見たものはだれ

もいなかった。

「わからん」ますます怒り狂って、バイサは何度も叫んだ。

「もし神々が娘を助けているのなら、わしが神々と談判しよう。だれもわしを馬鹿にすることはできんのだ。ほかの手を試してみよう」

そして何度も何度も娘を探したが、何をやっても無駄だった。夜のとばりが降り始めるころ、ついにバイサと兵士たちはあきらめて、村に戻ることにした。

数歩戻ろうとした途端に、また娘の美しい歌が聞こえてきた。これを聞いて一行はまた怒りがむらむらとこみあげてきた。彼らはすっかり翻弄されたが、娘がどうやっても逃れられないように、バイサは翌日、念入りに捜索するつもりだった。

兵士たちが行ってしまうと、娘は隠れ家から出てきた。洞穴に隠れていたのだが、森を知らない者には決して見つけることができない、安全なところにあった。捜索が続いている間ずっと、そこに隠れていた。危険を察知したら、すぐそこに戻ればよい。バイサも他のだれも娘の居所を突き止めることはできない。さらに、娘は甘美な歌声で捜索隊の兵士たちを翻弄した。

バイサは村に戻るとすぐ、族長のところへ行き、捜索中の出来事を語った。そして援軍を要請した。

「明日はぜひ全軍の兵士をお貸しください。族長もわしも娘に愚弄されているのですぞ」

「明日は必要なだけの兵士をお前の指揮に任せよう。わしの家の前に集合させて、お前に同行させよう」

「ありがたい。日の出の時刻には準備させよう」とバイサは言ったが、胸の内では翌日を待ちかねていた。

夜になった。村人たちはみな眠りについた。娘は村に戻って父親に会うことしか念頭になかった。だれも起きている者がいない頃を見計らって、娘は森を出て、父親の小屋に向かった。どんなわずかな物音も立てないように、細心の注意を払って歩いた。こんな時間に娘を見張っている者はいない。とうとう小屋に着いた。父親のそばにだれかいないか、小屋の裏から聞き耳を立てた。ほどなく、いるのは父親一人だけだと確信し、そっと小屋の中に入った。親子が再び会えたときの喜びようといったらなかった。

「明日、日の出とともに部族の兵士全員がお前を探しに行くぞ」と父は言った。

「心配いらないわ、父さん。私は絶対見つからないから」

日の出の時刻のずいぶん前に娘は森の隠れ家に向かった。

新たな一日が始まった。兵士たちは全員森への行軍の準備ができていた。兵士たちは族長の家の前のだだっ広い平地に集まっていた。バイサは兵士たちに命令を下し、任務について説明した。女子供も戦のたびに繰り返される、壮大な見ものを見物しようと、兵士たちの回りに集まってきた。しかし、今度ばかりは極悪非道のバイサの企みを好意的な目で見る者ばかりとは限らなかった。それも兵士を含めてのことである。女たちの中にはこのように話している者もいた。

「あの娘は部族で一番の宝よ」

「あの男は残酷で、血に飢えているわ」

「犯罪には加担できないわ」

「わたしゃ抗議するよ」と一人の老婆が言った。

「やめときなさい。バイサに殺されるわよ」

「そんなことはしないわよ」と言って、老婆はバイサに近づいた。

　バイサは老婆を押しのけた。

「どけ、ばばあ。ここで何をしておる」

「お前様が企んでなさる犯罪に抗議するために来たんじゃ。お前様は敵に対するよりももっと残忍な気持ちで、あの娘を追いまわしているが、あの娘は心根がよく、身を粉にしてでも善行を施しているんじゃ。娘に危害を加えてはならん」

「隊長、このばあさんの言うことは本当ですよ」と兵士の一人が声をあげた。

　だが、バイサは答えなかった。怒りで蒼白になり、槍をぐっとつかんで老婆に突き刺した。哀れな老婆はバイサの足元に崩れ落ち、絶命した。それに続いて、バイサは反抗した兵士を捕らえるように命じ、木に縛りつけるように言った。命令はすぐさま実行に移された。バイサはその兵士に近づき、平手打ちを食らわせた。さらにもう一つ新たな命令が下されたのだが、その命令はその兵士をさらに苦しめるものだった。

「娘をひっ捕らえて帰ってきたら、お前の体に矢を射ち込んで楽しむとしよう。ここのところずいぶん戦から遠のいているので、一発で心臓を打ち抜くことができるかどうか、確かめたくてな。もしそうならお前は運がいい。一発目の狙いが外れないように、神々に祈るんだな」と言って、バイ

サは他の兵士たちのところに戻った。

「お前ら、聞いたか。わしの命令に従わない者にはあいつと同じ罰が下るぞ」

バイサの残酷な言葉を聞いて、女たちの側から不服のささやき声が上がった。バイサは女たちを睨みつけて言った。

「お前らに言っておくが、このばばあのような目に合わんようにすることだな」

みな静まり返った。バイサは兵士の隊列を見渡した後、兵士たちの先頭に立って、行軍の命令を発した。命令と同時に全軍の兵士たちは森を目指して進んだ。


長時間の行軍の後、バイサと兵士たちは最初のセドロの森に到着した。そこで行軍を停止して、必要な対策を講じることにした。

「だれも矢を射てはならん。娘は生け捕りにして、すぐにわしに引き渡せ。森を包囲して、徐々に包囲網を小さくして、包囲網の中心部に進み、そこで一同落ち合うのだ。今度は逃がさんぞ」とバイサは言った。

ただちに各部隊が捜索する場所が指示された。微動だにしない全軍に対して、バイサは最後の命令を下した。森の奥深くから、娘の澄んだ、やさしい歌声が聞こえてきた。これはバイサにとっては我慢のならない挑戦だった。声を聞いたとたんにバイサは真っ青になって、怒り狂って叫んだ。

「行くぞ。森を包囲しろ」

兵士たちはバイサに命じられた場所に向かって、迅速に進み始めた。包囲の円を作り終わって、複雑で入り組んだ森の中心部に向かって進んだ。しかし、娘の歌は止まなかった。やっと兵士たち

が森の奥深くまで入ったところで、歌は止んだ。

長い時間が経ってから、反対の方角からも兵士たちが集まり始めた。そして、ついに全員集合した。だが、娘の姿は依然として見えない。バイサは烈火のごとく怒り狂った。

「もう一度森を包囲して、あらゆるところに火をかけろ」

「そんなことをすれば、せっかく苦労して捜索した娘が焼け死んでしまいますよ」と分隊長の一人が言った。

「望むところだ」

「しかし」と他の分隊長が言いかけた。

「うるさい。口答えする奴は舌をちょん切るぞ」

「さあ、急げ」

兵士たちは一瞬ためらった。兵士たちは命令を実行する勇気がなかった。というのは、兵士たちの多くは戦のあと、この娘に傷の手当てをしてもらい、世話になっていたからである。その娘を確実に死に至らしめようというのだ。

兵士たちは族長の信の篤いバイサの残虐さと力を知っていたので、ともかく、森の縁辺部へ戻り始めた。そこでまず包囲して、それからあらゆる逃げ道をふさいで、いたるところに火を放った。

「そんなことをしてはいけない」とだれかが言った。

「そんな残酷なことをするのは本当に犯罪だ。だけど、そうしないと我々の方が罪に問われる」

「呪術師は来たか」

「はい」

「で、何と言っておる」

「深刻な顔をして、むっつり黙ったままです。話しかけても答えません。呪術師自身も恐怖でひきつっているようです」

森はすでにいろいろなところから燃え始めていた。分隊長の一人が話し合っている兵士たちに近づいてきた。

「そこで何をしておる。なぜ、ここに火をつけない。今すぐ火をつけろ」

少しして、その場所からも森に火がつけられて、燃え始めた。恐ろしい火の輪は狭まり始めた。と、突然、娘の歌がまた聞こえてきた。今度の歌はこれまでよりもずっと美しく、よく響くものであった。

続いて、バイサの恐ろしい声が響いた。

「降参して、わしの妻になることを承知すれば、お前を炎の間から出してやることができるぞ」

だが、返事はなかった。歌は何事もなかったかのように、粛々と美しく続いた。

「聞こえないのか」とバイサはまた叫んだ。

「聞こえています」と、ついに娘は答えた。「でも、人殺しの顔を見るぐらいなら、死んだほうがましです」

そして、甘美な歌をまた歌い出した。

それから、何か予期しないことが起こった。平然としていて、ほとんど身動きしなかった呪術師が、それまでじっと座っていた岩の上に興奮した様子で立ち上がって、神々に向かって、叫び始めた。

「娘を殺すな！　全能の神々よ、娘を守りたまえ。バイサに罰を！　娘をお助けください！」

だが、神々は願いを聞き入れそうになかった。火勢はますます強くなり、炎はセドロの森の中心に近づいていった。そこでは娘が、呪術師がたった今呼び出した神々を褒め称える歌を歌い続けていた。

「全能の神々よ、娘をお助けください。どうかお助けください」と呪術師は何度も何度も声をからして叫んだ。「バイサには死を！」

　バイサは呪術師の言葉を聞いて、恐怖で凍りついた。神々の偉大な力を恐れたのである。だが、すぐに自分を取り戻した。

「何を言っておる。気が狂ったか」と言って、槍を振り上げ、興奮した呪術師の心臓に打ち込もうとしたまさにそのとき、一本の矢がどこからともなく放たれ、バイサの心臓を貫き、本当なら死ぬはずであった呪術師の足元にどっと倒れ込み、そのまま絶命した。

　娘の歌は、火のはぜる音と、あらゆる方向から走ってくる猛獣の恐ろしい咆哮の中で、響き続けた。

　突然、娘の声が止んだ。「娘は死んだのか」

「全能の神々よ、娘をお助けください。どうかお助けください」呪術師は天を見上げたまま、叫び続けた。

　と、突然歌声が空中に響いた。くちばしと脚が火のように赤い、灰色の小鳥が驚いた兵士たちの頭上で歌っていた。だが、その声は小鳥の声ではなく、女の声だった。その声は少しずつ変化して、ヒワの声に変わっていった。現在、この鳥はコスタリカの美しい森に棲んでいる。

# 牡牛の坂

午後の光が森の茂みの上にきらめいていた。光は様々な色に変化し、道の並木を赤く染めた。山の上にはまるで無数の金のかけらが舞っているようだった。

木が一本立っていた。木の名前はモレノ。

最初の入植者たちは宝石のブローチを胸にかけるように、その胸に夢を抱いていた。彼らは土地を切り開くために敵を倒すように斧で森の木を切り倒してきたが、この木を切り倒すことはなかった。この木は枯死寸前で、年月という爪に容赦なく引っ掻かれ、蝕まれていた。

木は一人ぼっちで立っていた。木は巨人のようだった。若いころは緑の葉に何千もの鳥を止まらせて憩わせていた。その木はそのころは花を咲かせる珍しい五線譜のようで、鳥たちの合唱に取り囲まれ、まるで虹のかけらがそっとかけられているようだった。

十二月のハリケーンによる風や一月の突風が幹に吹きつけ、痛めつけられても、木は動じなかった。

絶え間なく雨が降りつづき、雨滴が緑の葉を打ちつけても、木は毅然と耐え、動じることはなか

った。木はいわば珍奇な洗礼を受けていた。太陽と水による洗礼で、他に例を見ず、世間の関心も引かず、感動も呼ばないような洗礼だった。

かくして時は過ぎた。風が吹きすさぶとき、木の洞《うろ》を突き抜け、長く恐ろしいうなり声をあげた。月が煌々と輝く夜、巨大な牡牛がいるように思えた。

これが頂の背後をくねくねと上っていく、この道の伝説の由来である。

この小道は起伏が激しく、他に似たような道はない。芳《かぐわ》しい静かな夜、月の光さえ風の中の侵しがたい静謐を妨げるのを恐れる刻限に、さっそうと牡牛が現れ、唸り声をあげる。だが、それは人間には聞こえない。唸り声はしばらく続くが、次第に窪地の中に、川の深みの中に消えてゆく。ついには野原の眠るような静けさの上に響く葬送の歌のように通り過ぎていくのであった。

# プラヤ・デ・ラ・ガルサ（サギの浜辺）

ガルサ、あるいはプラヤ・デ・ラ・ガルサ〔「サギの浜辺」の意〕はニコヤ地方の沿岸部にある。そこには最近、小さな集落ができた。そこの人々はセドロ、セイバ、ココボロなどの材木用の貴重な木を伐採して、生活の糧にしている。ガルサという名については次のような謂《いわ》れがある。

ニコヤ地方はアメジストやエメラルドの山々がちりばめられた広大なサファイアの野に譬えられるほど美しい地方だが、ひげを生やした白い肌の人々がニコヤ湾を洗う浜辺に現れるずっと以前のこと。ディリアという名の好戦的な族長がノサラの諸部族を平定するために、おびただしい数の兵士からなる遠征軍を送った。

静かに、しかも敏速に走るコヨーテのように、ディリア軍は生い茂った灌木の茂みの間を抜け、背中に武器を背負って、川を渡り、森のカシューナッツの高い木が作る円天井の下、バクの通う獣道をも進んでいった。そして、ついに二日後、ノサラの人々の居住地を視界に収めた。

ノサラの狩人の中に、敵の存在に気づいた者が何人かいて、村の人々に知らせに走った。ほら貝が鳴り響き、村は不安に満ち満ちた。砦に火を放ち、男も女子供も侵略者から逃れ、近くの山々に

隠れて、臨戦態勢を整えた。

戦いは血で血を洗う凄まじさだった。双方の矢と斧は休む間もなかった。矢は戦士のたくましい胸を貫き、斧はオウムの羽飾りのついた頭部をかち割った。

領地を失って、ノサラ軍は浜辺に退却した。勇敢なタパリギ人は、退却しないで、ディリア軍に頑強な抵抗を試みたが、戦局は偉大な族長ディリアの軍勢に有利に思われた。

ノサラ軍の兵士は奮戦したが、敗色濃厚になった。隊長が斃《たお》された。歴戦の勇士たちは敵によって粉砕された。弓兵隊の間に動揺が走り始めた。

ところが、窮地に追い込まれたとき、兵士たちの前に女が一人現れた。とても美しく、かつ動きも敏捷で、小麦色の肌をしていた。ここかしこと、とびまわって兵士たちを叱咤激励した。勇敢で、凛々しく、戦闘意欲に満ちた彼女を見て、負傷者たちさえ元気を回復した。このように彼女は兵士たちを勇気づけ、ついにノサラ軍は侵略者たちを潰走《かいそう》に至らしめた。

戦の最後の日が暮れるころ、勝利を収めたノサラ軍は戦死者の遺体の回収と、負傷者の手当てを始めた。戦死者と負傷者は浜辺の砂の上に横たわっていたが、味方を壊滅から救ってくれた娘は身動きもせず、水辺で、胸に受けた傷が開いて、血を流しているのが見つかった。娘のそばにはほっそりした、褐色のサギが羽を血に染めて寄り添っていた。

娘は死んだ。サギは立派な羽を広げて、プラヤ・デ・ラ・ガルサから飛び立っていった。そして、ゆっくり真っ赤に燃える火のような夕日のかなたへ、目に沁みる青い空のかなたへと消えていった。

# イスラ・デ・ロス・ネグリートス（黒人の島）の伝説

ニコヤ湾を出よう。ガソリンエンジンの小型船が有名なイスラ・デ・ロス・ネグリートス〔「黒人の島」の意〕の沿岸を走っている。この島は船から約千メートルのところに見える。予想もしないようなところに急に海から盛り上がったような島で、木が生い茂っている。島の形は聖杯のようである。夏〔乾季、十二月から三月〕は植物の生育が悪く、この岩だらけの島で生活していくのは難しい。かつて海賊船から逃げ出した哀れな黒人の一団の伝説がなければ、この島で何年も暮らしていけるとはだれも思わないだろう。

イスラ・デ・ロス・ネグリートス、またの名を「カルタゴ人の蒸気船」という名の島は、高倍率の望遠鏡がなくても、プンタレーナスから望めるが、遠く青い海に浮かぶその島は人々の好奇心を惹きつける。プンタレーナスの港から見ると、まるで動かない船のようである。それにしてもなぜそんな名前がついたのだろう。

一六八七年のこと。ニコヤ地方全域を荒らしまわっていた海賊の一味は人目につかないように、この海域を通過しなければならなかった。フランス人、ルヴノー・ドゥ・リュッサンの報告にスペ

イン植民地時代のエピソードが記載されているが、この血にまみれた海賊の一味の極悪非道ぶりもそのうちの一つである。

海から盛り上がった、この岩だらけの島の北、さほど遠くないところにセドロス、またはセドロという島がある。肥沃な土地で、冬〔雨季、四月から十一月〕も夏も草木は茂っていて、水も十分あり、生活するには好条件である。

さて、以下は、たびたびそこを訪れる船乗りたちの話である。一八九九年にドン・ラファエル・イグレシアス・カストロ〔第十五代コスタリカ大統領〕の政府はここにハンセン病患者のための病院を建設する計画を立て、病院用の建物まで作った。ところが、ハンセン病患者を島流しのように遠くに隔離することに、家族が大反対して、この計画は頓挫した。

さて、話を我々の船に戻す。船はいよいよニコヤ湾を出ようとしている。我々の右手、約千メートルのところに、ロス・ネグリートスの島が見える。と、突然、我々の乗っている船「マリア・メルセデス」号の乗客の一人、私のすぐ隣りに座っていた男性が船長に聞いた。

「どうしてあの島はネグリートス〔黒人〕という名前なんですか」

遠くにはプンタ・クチーリョス〔「ナイフ岬」の意〕、もう少し先にはプンタ・クルがある。船のかじ取りをしている、もの静かなマルティネス船長はパイプを一服吸って、答えを待つ乗客みなを見渡して、次のように語った。

四十年前からいつもこのルートを通っているが、こんな質問は初めてだ。話せば長いことだが、ある夜、父と一緒にこの海域を通過していたとき、父が話してくれたことがある。私はその話を喜

んで聞いた。

物語は一八九七年に始まる。私の父は蒸気船「エル・ヘネラル・フェルナンデス」〔「フェルナンデス将軍」の意〕号の一介の水夫で、政府の急な命令で派遣される遠征隊に随行することになった。ニコヤ湾の島々や入り江を視察するのである。ハンセン病患者のための医療センターを建設するのに適当な土地を物色するのが目的だった。

それは長く苦しい任務だった。三か月以上もニコヤ湾のありとあらゆる洞穴や隠れ家になりそうな場所を見て回り、セドロ島の現地代表まで決めてしまった。

視察が終わり、任務が完了し、帰路に就いたが、思いがけず海流が激しくなっているところで流され、ルートから逸れてしまった。たまたまこの島が近くにあったので、立ち寄ることにした。望遠鏡で見ていた遠征隊員が遠くに岩山とまばらな木の葉の茂みの中に隠れこもうとする人影、または幽霊を認めた。

父の語ったところによると、望遠鏡で見ていた者がこのことを乗員全員に知らせると、船長はじめみんなびっくりしてしまった。島に幽霊が出るとはだれにも信じられなかった。乗員の中にはさっさとこの場所から離れてしまおうという者が多かったが、遠征隊を率いる軍人は島に近づいて、何があったのか確かめるように命令した。

当然ながら、干潮時に座礁しないように、上陸に適当な場所を探しながら、少しずつ島に近づいていった。

用心のため、また幽霊が出たときのために、大佐は危険だと思ったら、どんなに些細なことでも、ライフルを発砲する準備をするように命じた。

厳重警戒の下、島に一番近い浅瀬に近づいて、ボートを下ろし、漕ぎ手三人と、水夫長指揮下の兵士を五人乗せた。

「フェルナンデス将軍」号の甲板では総員警戒態勢をとり、上陸部隊の掩護射撃の準備をした。上陸部隊は苦もなく上陸した。岸辺に生え、島を茂みで覆っている美しいマングローブの木にボートを係留した。

母船では十五分ぐらい様子を見て待った。と、突然銃声が一発聞こえた。そしてすぐに兵士たちの姿がまた現れた。兵士たちは異様な身なりの男を二人捕らえて、連行してきた。上陸部隊がその男たちとボートに乗るのを見て、我々は捕らわれ人が哀れな未開の黒人だということに気がついた。彼らは大変な年寄りで、わけのわからない言葉を話していた。怯えきっていて、慈悲を乞うているようだった。

大佐は彼らをきれいにしてやり、ボロ着をもっとましな服に代えてやるよう命じた。そして、彼らに通訳をつけてやったところ、ひどい英語で悲痛な出来事を語った。

「ずいぶん昔、いつのことだったかはっきりわかりやせんが、黒人奴隷船がアメリカで奴隷を売りさばくために、アフリカ人奴隷を載せてやってきやした。太平洋岸で海賊行為を働いていた悪魔のようなイギリス人は、この商売もたびたび行っていやした。ニコヤ湾の前を通り過ぎようとしていたとき、恐ろしい嵐になり、このカラベル型帆船が沈没しそうになりやした。それで、悪鬼のような船長は荷を軽くしようと思って、船倉を開け、五十人以上もの奴隷を海に投げ込んだんでありやす」

この身の毛もよだつような場面は筆舌に尽くしがたい。海に放り込まれた奴隷は、この海域でぼ

ろ儲けしていたサメ捕り漁師に餌として与えられる運命であった。何と恐ろしいことを考えるものだろう。女子供は獰猛《どうもう》なサメの餌食になり、非業の最期を遂げた。この哀れな黒人は子供のように泣きながら、記憶をたどりつつ、この話をしてくれた。

幸いにも、この男と仲間は力の限り泳いで、無事にこの無人島にたどりつき、姿を隠した。悪魔の船長にまた捕まらないように、昼間は隠れ家から出ず、夜になって食べものを探しに出た。日射しと雨、その他の予期しない危険を避けるために、岩山の間に洞窟を作り、用心深く木の枝や幹で入り口を隠した。七十年以上、木の根をかじり、魚を生のまま食べて、生き延びてきた。

この二人の黒人はプンタレーナスに移送され、そこからさらに首都サンホセに送られた。新聞にこのことが掲載されると、イギリス政府は二人を故郷へ送り返すべく、二人の身柄の引き渡しを要求した。

これが物語の一部始終であり、これがこの無人島が昔から「イスラ・デ・ロス・ネグリートス」〔黒人の島〕と呼ばれる由来である。

我々が乗る船の船長は話を終えた。二時間半もの間、我々はこの話を一言も聞き漏らすまいとして聞いた。気がついたときには、「マリア・メルセデス」号はケポスの埠頭に近づきつつあった。乗客はおのおの荷物を持った。それから、私はホテルでこの話のメモをまとめ、ここに親愛なる読者諸君にこの島の由来を披露したわけである。これは何世紀もの間、語り継がれてきた悲しい物語である。これらのできごとはエミリオ・サルガリ〔イタリアの冒険小説作家〕の著作にも記されているようである。

## リモン波止場のメロの伝説

州都リモン〔「レモン」の意〕の漁師の間に伝わる伝説に、大波止場の下に棲息していた巨大サイズのメロ〔スズキ科の魚〕の話がある。サイズについてはいろいろな説がある。体長が六メートルあるという者もいれば、九メートルという者もいる。鯨の子供ぐらいの大きさだという者も少なからずいる。メロがねぐらに入るには波止場の先端の方から、他の魚をタグボートのように使って、バックで泳いで入っていかなければならない。そうしないと、ねぐらを壊してしまう恐れがある。メロは時折、波止場を揺るがし、唸り声をあげた。それは空腹のしるしで、その時こそ釣り上げるチャンスだと言われている。

以上のことから判断すると、この海の怪物は長いこと波止場にいるので、コスタリカ国籍取得証明書を取ろうとしているのだろう、と冗談を飛ばす者もいた。

そのころ、私はリモンに住んでいて、釣りに凝っていた。大して深く考えもしないで、この怪物を釣るための釣り糸はどんなのがいいか考えていた。ある晩、誘惑に耐えきれず、釣り道具一式を持って、波止場に飛んで行った。そこにはプロの漁師が何人かいたので、私の意図を伝えた。みん

な私の突拍子もない考えに唖然として私を見て、そしてすぐに笑い転げた。

「こいつは見ものだ。すぐにオトニエル・ブルースを呼んでこいよ」と漁師の一人が言った。

オトニエルというのは、最も名の知られた魚釣りの専門家で、その道の権威であった。だれも彼の意見に異を唱える者はいなかった。巷の噂では波止場で生まれたことになっているが、実は五分の差でそこでは生まれていないのである。

事実はこうである。生粋のアフリカ黒人である、オトニエルの母親が波止場で釣りをしていたときに、最初の陣痛を感じた。シエネギータにある自宅にたどりつくや否や、漁師のエースとなるべく運命づけられた子を世に送り出した。

その三日後、母親は赤ん坊をスカートの膝にのせて仕事に戻った。このかわいい赤ん坊が泣いたので、おしゃぶりの代わりに、口にイワシを一匹入れてやったところ、赤ん坊はお気に召したということである。その後赤ん坊は、カニのスープを与えられた。

オトニエルは生涯、魚、イセエビ、カニ、イカ以外のものは口にしなかった。彼が発する強烈な魚臭さは、この話に一点の疑いも抱かせない。オトニエルは当時、青春真っ盛りの二十六歳だった。背が高くて、仲間たち同様、力が強く、アスリートのように筋骨隆々としていて、まったく見事な肉体の持ち主であった。少々唇が厚かったので、エボニー〔黒檀〕のアポロといったところであった。

銛《もり》射ちの腕前も彼の右に出る者はいなかった。力いっぱい投げられた銛は、目にも止まらぬ速さで飛んでいき、水面に落ちた音がするだけで、他にはいっさい物音がしなかった。これこそ命中した証である。

私はオトニエルとウマが合った。この時以来、海の怪物を捕らえるためのアドバイザーになって

もらった。オトニエルは手に釣り針と釣り糸を持って、馬鹿笑いをして言った。

「いいか、メロの奴は、ロープはこう、たくさん口にくわえて、縄は口の両端から顎ひげのように垂らしている。毎週仕掛けを二つ三つ、バラされている。せいぜい俺たちにできることといえば、奴を水面に浮かばせることぐらいだ。だが、電気の明かりを見ると、怒り狂って、しっぽを激しく打ちつけて、ロープを波止場の堡塁〔角の補強部分〕に巻き付けて、ロープを切り、海の奥底へ唸り声をあげて消えてゆくんだ」

「くそ。何て奴だ」と私は言った。そばにいた他の漁師は腕を伸ばし、手のひらを上に向けて開いた。それから、指を少し丸めて言った。

「そいつの目ん玉の大きさはこれくらい。船のように体中にフナムシがくっついていて、腹には真珠貝や巻貝までくっつけている」

「色はくすんだピンク色で、砂の浅瀬にへばりついている潜水艦みたいだ」と他の者が言った。ダイバーたちは髪の毛を逆立てた。というのは、バナナ園一のダイバー、ブラウンという名の黒人が水の中から蒼白になって上がってきて、次のように話した時の驚愕がダイバーたちに甦ったからである。「ブラウンはパイル〔基礎杭〕の修理をするために三時間潜っていたんだが、その巨大なメロに知らずに乗っかっていたんだ。メロは眠っていた。たらふく食った後では何時間も眠りこけている」とその男は言葉を続けた。

「そいつを釣り上げないことには、ここで何かが起きるぞ。人がいっぱい乗ったボートを食ってしまうかもしれん。政府は船乗りを守るために何か対策を講じなきゃなるまい」とまた別の者が目を丸くして、また恐ろしさのあまり目を潤ませて言った。

その日はびっくりしすぎたので、オトニエルのありがたいアドバイスに従って家に帰ったが、次の日が待ち遠しくて、夜ほとんど寝られなかった。釣り針を鋼鉄のケーブルにつなぎ直すように頼んで、ケーブルと同じ厚みのマニラ麻のロープを百バラ〔約八十四メートル〕買う予定だった。市場では餌用の肉を仕入れるつもりだった。オトニエルはメロの好みを熟知していて、十ポンド〔約四・六キログラム〕の「キング・フィッシュ」を買うように勧めてくれた。これが餌となる魚の中では一番のお気に入りだが、時には海ガメに代えるようにアドバイスしてくれた。

とうとうその夜になった。八時に釣り用の服に着替え、「キング・フィッシュ」十ポンド、釣り針、銛と長い測深綱が入った籠を持って波止場に行った。

波止場ではオトニエルがイライラして待っていた。オトニエルは釣り師としては私なぞはるかに及ばない腕前だが、私を相棒として扱ってくれていた。巨大メロを見るためというより、私を手助けしてくれるために、私と一緒にいたがった。

波止場に着くと、漁師たちはみな私を取り囲み、もの珍しそうに私の用具を調べ始めた。

「ロープはいい。だが、釣り針は最初のアタリだけでダメになる」と言われた。

「何か足りない。餌の肉も高級品だ。だが、海ガメを飲み込んでしまうような奴には少なすぎる。これじゃあ、ゲップさえ出ない」

「釣れるか、釣れないか、それとも海に引きずり込まれてしまうか」

「しかし、これじゃあ賭けにならんな。ちょっと食いついただけで引きずり込まれるだろうからな」

と、漁師は口々にはやし立てる。

私は悪い予感がしたが、ともかく波止場の突端へ向かった。そこにメロの化け物が棲みついていると言われているのだ。オトニエルは釣り針に餌の肉を付けてくれて、餌に祈るようなしぐさをして、何か言った。それは祈りの文句のようだった。そして、私は釣り針を海に投げ入れ、ロープの先を柱に結わえつけた。

「さあ、静かに。魚はロープを通して、人の話し声を聞いているんだぞ」

と、オトニエルは言った。

そうして三十分待ったが、とても長く感じられた。と、突然、ロープが動くのが見えた。

「ああ、ついにその時が来たか」

私の心臓は喉から跳び出さんばかりだった。ロープは四メートルばかり引っ張られ、そこで止まった。私は言葉を失った。オトニエルを見ると、笑っていた。

「カニだよ。驚きなさんな」

「おどかしやがって」

「辛抱強く待つことだな。じきに……」

メロはその夜、とうとう現れなかった。漁師たちはみな、メロは満腹なのか、それとも海ガメの方を食べたかったのかもしれないという意見だった。

翌日、私は海ガメの肉、半四分を持っていった。……だが、メロの姿を見ることはできなかった。毎日通っているうちに三週間が過ぎた。その間、夜、見物に来る者はだれもいなくなった。三週間というもの、私は身も心もメロを釣り上げることに捧げていた。

メロの化け物は海底の砂の上でずっと休んだままだった。最高のツキに恵まれた漁師を待つかの

ように。ともかく、こいつは話のネタになる以上のことは何もしてくれなかった。

メロは成長し続け、伝説以上に長生きしそうだった。一方、オトニエルはといえば、シエネギータ川の橋のたもとの岩に座って、小さな釣り針と釣り糸の竿でイワシを釣っていた。エボニー色のアポロ、魚たちの脅威、漁師の中の王と呼ばれた男はすっかり情熱を失っていた。

# プエンテ・デ・ピエドラ（石の橋）の伝説

コスタリカには美しい伝承や新奇な伝説を持つ村が無数にある。その一つがグレシア〔「ギリシャ」の意〕地区の「プエンテ・デ・ピエドラ」〔「石の橋」の意〕である。

ここには自然にできた橋の一つがある。ただグレシアの人に言わせると、コスタリカではそれが自然にできた唯一の橋だということだ。それは石の橋で、大きな岩石でできている。その橋が活気のある集落の名前にもなっているのである。この集落に行くにはポロ川を渡らなければならない。この道は交通量が多いにもかかわらず、土地をよく知るものが同行してくれないと、なかなか見つけるのが難しい。この道は砂糖生産量の多いことで広く知られるタカレス地区とラ・アルヘンティーナ地区の両地区を結んでいるのだが、プエンテ・デ・ピエドラ地区とリンコン・サラス地区の間にあるので、交通量が多いのである。

さて、プエンテ・デ・ピエドラという名前にはなかなか面白い謂《いわ》れがある。悪魔を欺いて、代償を払うことなしに金持ちになったコスタリカ人がいたが、そのやり方がなかなかなものなのである。

読者諸君もご存じのように、コスタリカ人が悪魔に取引を持ちかけるときは悪魔も用心に越したこ

とはない。

プエンテ・デ・ピエドラのあたりの片田舎に、ある貧しい農夫が住んでいた。名前はこの際どうでもよろしい。とにかく、幸運の女神の手もはるかに及ばないほど貧しかったのである。だれでもそうだが、この男も労せずして楽な暮らしがしたいと思っていた。だが、親戚であるというただそれだけの理由で便宜を図ってくれるような金持ち、かつ愚かな親戚は持ち合わせていなかった。しかしながら、コスタリカの昔話に登場する多くの主役級の役者同様、悪魔のことを思いつくだけのしたたかさはあった。

地獄の独裁者たる悪魔とグレシアの農夫の間を取り持ったのがだれかはわからない。はっきりしているのは、両者の間に合意があり、その結果、農夫は魂と引き換えに素晴らしい農園を所有することになったということである。悪魔にとっては人間の魂を手に入れることこそが唯一の目的なのである。しかしながら、すでに知れ渡っているように、このグレシアの水呑百姓の魂こそ、他の人間の魂よりずっと価値のあるものなのである。悪魔は農園をやる約束はしたが、農園から町へ行くのに不便がないように橋を架けてやる約束はまだしていなかった。そんな片田舎に橋を架けるなどは当時としては思いもよらないことであった。

契約書にサインするに先立ち、第一条に合意事項が明記された。つまり、これこれの日の午前五時に橋の建設が完了することが合意された。五時までに完成しなければ、〔悪魔が農民の魂を手に入れるという〕契約は効力を失うのである。この当時の目覚まし時計は雄鶏であった。農夫の家の雄鶏が最初に時を作ったときには、橋は完成していなければならないのである。雄鶏はみな時を作る時間に正確である。しかし、ちょうど午前五時に時を作ることはこの雄鶏にとっては、それこそ「朝

飯前」だった。

万事めでたく合意された。農夫は翌日、農園を手に入れた。三日後に橋を架けてもらう約束も叶えられることになった。だが、万事が順調に運ぶとは限らない。特に、頭に二本の角が生え、長いしっぽが生えている姿で描かれるお方、つまり悪魔に対してはそうだった。このグレシアの農夫は、善きコスタリカ人として後々、損害を被ることなく、金持ちになるという目的のために、契約相手の悪魔をいかにして出し抜くか、すぐさま思案を始めたのである。

そして、素晴らしいアイデアが浮かんだ。橋の引き渡し期限当日、雌鶏たちの配偶者たる雄鶏が午前五時の数分前に「コケコッコー」と時を作った。この時、悪魔は橋を完成させる寸前で、最後の石をはめ込むばかりだった。農夫はいつもの時間より前に雄鶏が時を作るように小細工をしていたのである。

そのため、石の橋は立派なアーチの真ん中あたりの下の方に石がはまりそうな穴が開いているのである。

雄鶏が鳴いたとき、悪魔には最後の石をはめ込む仕事が残っていたのである。最後の仕上げを多くの人がやってみたが、いつもその翌日には穴を埋めていた石が地面に落ちていたそうである。

# 第二部

# 宗教伝説

# ウハラスのマリア像出現の伝説

## I

スペイン人によるコスタリカ征服がだいぶ進んだころ、スエレ川、別名レベンタソン〔「湧き水」の意〕川の河口、もしくはパスクアレ川の河口で先住民が釣りをしていた。海は満ち潮だった。その男は釣りに夢中になっていた。静かな穏やかな波の上で、男の近くにかなりの大きさの物体が漂っていた。

男は釣りを続けた。得体の知れぬ物体は潮に流されて、浜辺にどんどん近づいてきた。男は突然、その物体に気づいて、まじまじと眺めた。驚いたことに、その四角い不気味なカヌーのようなものは、だれも乗っていないのに、ひとりでに動き、神秘の力に導かれているかのように舳先を男の方に向け、ますます近づいてきた。あたかもその男を目指して進んでいるようだった。男はびっくり仰天した。それから恐怖が募ってきて、恐怖は極限に達した。カヌーのように見えたのは得体の知れない箱だった。男はその箱をじっと見つめた。箱はもう男の足に触れそうなほど近くまで来てい

た。男は思い切って海に跳びこみ、箱を浜辺に引き上げてやった。そして、網に箱を入れて、背負い、額《ひたい》に紐をまわして、網が落ちないように固定した。マドレ・デ・ディオス川〔「神の母、聖母マリア」の意〕の岸辺でまず休息したあとで、〔当時の〕首都カルタゴに向けて出発した。

旅の行路ははっきりしている。レベンタソンの湿地を通り、トゥリアルバ、現在のサンティアゴとウハラスで休息をとり、そこからカルタゴへ向かう。途中何度か休憩するが、そのたびに箱を背中から降ろして、地面に置いた。休憩を終えると、また箱を背負って旅を続ける。

ウハラスまで旅は順調に続いた。ところが、ウハラスで休憩したあと、旅を続けようと箱を背負おうとしたが、いくら力を入れても、箱を持ち上げられない。箱を地面から持ち上げることができなくなった。旅の疲れがたまったせいかと思い、手伝ってもらおうと、そこらの先住民を呼んだが、それでもだめだった。箱はぴくりともしなかった。たいそう不思議に思って、他の先住民たちにも手伝ってもらおうと思って呼んだ。二人、四人、六人、八人とやって来た。だが、八人束になっても箱を動かすことはできなかった。男はこの不思議な出来事を前にして、怖くて、口も利けなくなって、カルタゴへ飛んでいき、事の次第をフランシスコ会の修道士たちに伝えた。修道士が何人かウハラスにやって来ると、その不思議な出来事を目のあたりにして驚いた。箱は重くなっていて、人の力ではどうすることもできなかった。修道士たちはこの箱の中に何か超自然的な力が込められていると考え、謎を解こうと箱を開けることにした。開けてみて驚いたのなんの。だが、喜びはそれ以上だった。箱の中には小さな、上品なマリア像が入っていて、彼らはそれをただただ見つめるばかりだった。このマリア像は今日、信仰の対象として崇拝されている。

修道士たちは箱の中にありがたいものが入っていることがわかると、カルタゴの修道院に運んで

ご本尊にしようと思ったが、先住民の男と同じ問題に直面した。人の力では像を地面から動かすことができないのである。修道士たちは畏怖の念に打たれて考えた。マリア像はちゃんとしたキリスト教式の行列で運ばれることを望んでいるのではないか。そこで、カルタゴに行列用の装飾品、つまり背の高い燭台、小さな鈴と提げ香炉を持ってくるように命じた。像を祝福する儀式も行い、首都カルタゴへの華やかな行列の準備を整えた。ところが、今度も像は動いてくれない。この時になってやっと、修道士たちは思った。マリア像はそこを自分の居場所にして、ウハラスの谷の守護神になりたがっているのではないか。すぐに像のある場所に急ごしらえの藁《わら》ぶきの小屋を作り、像を安置するため、取り急ぎ粗末な祭壇を作った。そして、すぐにマリア像に祝福が与えられた。美しく飾られ、めでたくその場に収まった。この粗末な小屋がのちにはアドベ〔日干し煉瓦〕と木の柱で建てられた教会へと変わっていくのである。

## II

この話と同じような伝説がある。唯一の違いは、次のことである。
フランシスコ会の修道士が箱を開けて、叫んだ。
「ラ・マドレ・デ・ディオス」〔本来は「神の母」の意。ここでは「何ということだ」の意〕
この修道士の叫びから「マドレ・デ・ディオス」という川の名前が生まれた。先住民の男が魚を釣っていたのが、この川とパスクアレ川が合流する場所の河口で、そこで箱が引き上げられたからである。また、先住民の男がまず休憩した場所がその岸辺だったのである。

# Ⅲ

次のようなバージョンもある。海からやって来た箱は一つではなく三つで、それぞれの箱にはマリア像が入っていたのだが、三つとも全く同じものだったというのである。

# 奇跡の聖母マリア

汽車は何マイルも何マイルも首都サンホセへ向かって走る。旅人は大西洋鉄道の線路の両側に広がる景色を陶然として眺めている。だが、こんなに広い手つかずの土地に住民が多くないのはどうしたわけか、ということに考えは至らない。フアン・ビーニャスという町に着くと、旅人はオロシとウハラスの谷が気になってくる。さらに先へ進むとパライソ〔「天国」の意〕の教会の塔が木立の間に垣間見えてくる。その時、コスタリカの昔話や伝承の類が好きな国立観光局の局長がマンスフィールドとモーガンの侵略行為について語りだした。先住民の女たちをさらい、男たちを虐殺したり、カカオを蔵から略奪したり、身代金を純金で払わせたりした。一六六五年ごろ、沿岸地域の住人たちはこれらの蛮行によって悲惨な目にあわされたのである。その結果、先住民たちは自分たちの土地を捨てなければならなくなった。伝説には万人を虜にする魔力がある。

　伝説をもとに実際の出来事をたどってみよう。伝説というものは歴史上の真実とは必ずしも一致しない。それは多分に人々の想像力によって脚色されていて、本質がゆがめられているからだが、素朴な村人の魂が伝説を美しいものにしている。

先住民タラマンカ族はアルミランテ〔「提督」の意〕湾とその周辺にしばしば出没する海賊と非常に良好な関係を結んでいた。アルミランテ湾一帯は海賊が武器と交換に食糧を調達する場所だった。先住民は弓矢とは段違いの破壊力を持つ銃を欲しがった。しかしながら、このころ、海賊と先住民との間の関係は冷えていた。

ある時、海賊がボカス・デル・トロ〔「牡牛の口」の意。現在パナマ領〕という島にやってきて、大宴会を催し、部族中の男女を招いた。そこで彼らを待ち受け、へべれけに酔わせて、無防備の男どもを殺し、女どもをさらっていく計画を立てたのである。計画は大成功。海賊は悠々と引き上げていったが、復讐の女神も一緒に船に乗っていったのである。復讐は恐るべきものになる定めであった。正義は先住民に味方した。戦では命を賭して戦うよう命令が下された。

海賊どもは荒れ狂う海をものともせず、命がけで船を襲い、宝物を奪い取ってきたが、あの半未開の部族には恐れを抱いていた。先住民たちは女を奪われ、心を掻きむしられていた。黄金は取り戻せる。だが、愛する女を奪われては、それを忘れることも、許すこともできない。海賊たちはそれを知っていたので、飲み水の調達のためにあえて上陸はしなかった。しかしながら、カカオと先住民の持つ黄金を探し出す誘惑には逆らうことができなかった。それこそが海賊の稼業で、冒険の舞台から降りるか、命を懸けてやるかの二者択一を前にして、決定したのは先住民を森の獣のように狩って、皆殺しにしてしまうことであった。

モーガンの仲間のマンスフィールドは、ずる賢い男で、売国奴ロケ・ハシント・エルモソの手下を使って、コスタリカの内陸部に侵入しようと考えた。ついでに、スペイン人二人とタリアカ族の先住民七人も自分の手下に加えた。タリアカ族というのはモイン〔州都リモンから西へ約十キロ〕とボ

カス・デル・トロにかけての沿岸部に住む部族である。「タリアカ」というのは「サメの歯」という意味である。彼らはサメの歯で飾られたネックレスをいつもかけていたからである。

海賊は、売国奴ロケ・ハシント・エルモソ配下の七人のタリアカ族の有力者たちを利用して、タラマンカ族と同盟を結ぼうと画策したが、断固拒否された。その当時のクレオール〔現地生まれのスペイン人〕にとって、反逆罪に対する刑罰は唯一、死刑ということになっていた。年の初め、グアリアの花〔コスタリカの国花〕が咲くころ、タラマンカの高原地帯に先住民ウリナマ族二百人が毒を塗った矢と投げ槍を携えて進発した。海賊の悪だくみを一掃するためにカルタゴの総督が下した命令を実行に移すためである。

一六六五年五月、海賊はイギリスとフランスの軍勢とともに、現在のリモン近くのポルテテに上陸して、内陸部の部族の征服に向かう予定であった。マティナの住民を驚かせ、トゥリアルバにあるコスタリカ側の先遣隊を敗走させることはたやすかったが、ケブラダ・オンダの塹壕は容易に打ち破ることはできなかった。祖国を果敢に守り切ったアロンソ・デ・ボニージャのカービン銃が連日の戦いで、七百人もの敵の軍勢に銃弾の雨を浴びせた。一方、同盟軍である先住民の部隊は毒を塗った矢と投げ槍で敵に襲いかかった。こうして敵の軍勢は敗走していった。

信心深い人たちは、祖国の大勝利を、当時のコスタリカの守護聖人であり、衆生救済のため純潔無垢のまま神の子を身ごもられた聖母マリア、穢《けが》れなきご懐妊のウハラスの聖母マリア様のおかげだと信じている。また、スペイン国王の一人、おそらくはフェリペ二世の心づかいのおかげだと考えている者もいる。海賊の伝記作家たちは大敗北については沈黙を守っている。彼らの言葉は、海賊に残虐なやり方で大打撃を与えたスペイン人と先住民に対する軽侮の念に満ちている。命からが

ら逃れることができた海賊の言を鵜呑みにしているのである。

　グアテマラ人のフランシスコ会修道士によると、祖国防衛のために結束したスペイン人と先住民は、トゥリアルバから逃げようとしていた海賊を八人捕虜にした。彼らが海賊の敗走の理由を明らかにした。退却したのはスペイン人の軍勢のせいでも、先住民の弓矢のせいでもない。血が流されたせいでもない。海賊の一人はこのように言った。血は血を呼び、仇討ちは仇討ちを呼ぶ。そして多くの命が失われた。海賊に対する軍勢は強力で、打ち破ることのできない同盟者がついていた。海賊の隊列を恐怖に陥れたのは超自然の力で、人知の及ばないものだった。天にこの世のものとは思えない轟音が轟き渡り、炎の間に美しくきらめく光の中に聖母マリアが現れ、人差し指で逃げ道を教えてくださった。マリア様は見たこともない姿で現れ、お顔には優しいというよりは慈しみ深い笑みを湛えていた。きらめく光の中に現れたマリア様の表情はたいそう厳しいものだった。男どもがなしえなかったことを女性たるマリア様が見事になさったのである。

## ビルヘン・デ・ロス・アンヘレス（天使たちの聖母マリア）出現の伝説

一六三五年ごろのことである。プエブラ・デ・ロス・パルドス〔「豹の村」の意〕はカルタゴの町から分離された地区で、メスティソ〔白人と先住民の混血〕専用の居住区だった。メスティソを白人から隔離して、別個に住まわせることはスペイン領南北アメリカのほぼ全域で行われていた慣習だった。法律によって通婚を禁じる事例さえあった。プエブラ・デ・ロス・パルドスはその当時、カルタゴの町との境界にクルス・デ・カラバカ〔カタカナの「キ」のような形の十字架〕があった。ただし、十字架が立てられたのはもう少し後のことかもしれない。一七五一年に高名な司教、ドン・ペドロ・A・モレル・デ・ラ・サンタ・クルスは見下した口調で言っていた。「ムラート〔白人と黒人の混血〕は人間として扱われている」と。

この時代、その隔離された居住区には荒れ地があって、そこへカルタゴの貧民が薪を拾いに行っていた。

荒れ地のすぐそばに貧しく素朴な女が住んでいて、この荒れ地で薪を拾って生活の糧にしていた。これから述べる出来事についての記録は残っていないが、一六三八年以前に間違いはない。おそ

らく一六三五年だと思われるが、その年の八月二日の朝のことである。その女はいつものように荒れ地へ薪拾いに行った。この時、岩の上に、腕に赤子を抱いた聖母マリアの小さな像を見つけた。大きさは一クアルタ〔親指と小指の間の長さ〕ぐらいで、石に彫られていた。女はそれを取り、家に持ち帰って、櫃《ひつ》の中にしまい込んだ。

お昼ごろ、女は荒れ地に戻ったが、驚くまいことか。岩の上に朝拾ったのとそっくりのマリア像があったのである。よく似た像があるものだと思って、それを取り、家に持って帰った。先ほどの像と一緒にしまおうと思って、櫃を開けると、たまげてしまった。先ほどしまっておいたマリア像が消えているではないか。だが、驚くのはこれだけではない。三度目に荒れ地に行ったとき、またもや同じ岩の上にマリア像があったのである。これには驚きを通り越して、恐怖さえ覚えた。それでもそのマリア像を家に持ち帰って、櫃を確かめてみた。すると、マリア像は櫃から抜け出していて、空っぽだった。

この善良な女は怖くなって、神父の家に駆け込んで、マリア像を渡し、不思議な出来事について語った。

当の神父は、伝承によるとドン・アロンソ・デ・サンドバルだったようだが、マリア像を受け取って、あとでじっくり調べようと思って、小箱にしまった。

翌日、マリア像は箱にはなかった。例の女が薪拾いに荒れ地に入っていくと、またもや同じ岩の上に同じマリア像があるではないか。女は神父のところへ急いだ。神父は供の者といっしょに荒れ地へ行った。そして、荘厳な行列を仕立てて、教区の教会にマリア像を運んでいき、礼拝堂に安置した。翌日、マリア像を検分しようとしたが、像はそこにはなかった。神父たちは数ある奇跡の一

つとして記録されてもおかしくない岩のところへ急いだ。すると、像はちゃんとそこにあったのである。聖母マリアがこういう形で現れたのはこれで五回目ということになる。天の女王たる聖母マリアがまさにその場所に居を構えたいのだということがわかって、天の女王、聖母マリアにふさわしい立派な教会を建てるまでの間、岩のところに急ごしらえの礼拝堂を建てて、入っていただいたのである。

# 牝馬

一六五三年十二月の祭りの最後に、酔っぱらった先住民が二人、マタンブの家に帰る途中のこと。セロ・デ・ラス・クルセス〔「十字架の丘」の意〕付近で口論になった。口論から実力行使の喧嘩になり、棍棒《こんぼう》をふるって、相手を打ちのめそうとした。

少し後ろを歩いていた先住民の女は、負けた方が殺されかねない様子を見て恐ろしくなり、争いをやめさせるためにグアダルーペの褐色の聖母マリアに祈った。

すると、たちまち黒い牝馬が近くの茂みの間から跳びだしてきて、興奮して争っている二人の間に分け入り、蹴りをくれたり、噛みついたりした。二人は埃っぽい道の上にひれ伏した。それから黒い牝馬の姿は消えてしまった。争っていた二人の男も、女も、牝馬が神様のご意思で仲裁に入ったのではないかと思った。

その後、世にも不思議な、この出来事が地域全体に知られるようになり、グアダルーペの聖母マリアの祭りに取り入れられた。また、十二月十一日に行われるカトリックの行列の先頭で踊られる踊りも、この出来事を記念したものである。

# 牝馬の伝説

スペイン統治時代に、ある先住民がクリメへの道の途中で鉱脈を発見したという伝説がニコヤにある。この鉱脈から金が採掘され、金はスペイン人の間で、食料や衣料品と交換された。ニコヤの町では金鉱のありかが秘密裏に探索されたが、先住民の一人がありかを突き止めた。この先住民はカカオの実もよく採りに行っていた。ところが、ある日、別の先住民夫婦と鉢合わせをしてしまった。二人の男は争いを始め、一方を殺さんばかりになった。女の方は怖ろしさに震え、その場に跪いて、グアダルーペの聖母マリアに祈って、助けを求めた。すると、黒い牝馬が現れ、争っている二人の間に割って入った。この奇跡を前にして、争いは止み、二人の命は助かったのである。

# その男、聖ヨセフが戦った時

今日のカトリックの暦には大事な祭りは特別な書体で記されているが、コスタリカ共和国と首都の守護聖人である聖ヨセフ〔サン・ホセ〕の祭りも、もちろんその一つである。

首都サンホセはこれまでずっと、とりわけカトリック色が濃かったが、同時にリベラルで寛容な町であり続けてきた。サンホセのカトリック教徒は聖母マリアの、神秘に包まれた夫〔聖ヨセフ〕の庇護のもとに暮らしてきた。聖ヨセフはサンホセの町の歴史が始まってからずっと町をお守りくださっている。今日、首都はサンホセと呼ばれているが、そう呼ばれる前はラ・ボカ・デル・モンテ・デ・アセリ〔「アセリ山の入り口」の意〕という名の集落に七百人が住んでいるに過ぎなかった。だが、そこにはすでに聖ヨセフを祀る粗末な礼拝堂があった。

そこの住人たちは集落名の「ラ・ボカ・デル・モンテ」から「ボケーニョス」〔「ボカの住人」〕と呼ばれていたが、彼らが、のちに首都になり政治の中心になる町に、その聖者にちなんで聖ヨセフ〔サン・ホセ〕という名前を付けた。そして、その町は「ラ・ボカ・デル・モンテ」の代わりに「ラ・ボカ」とか「聖ヨセフ〔サン・ホセ〕の礼拝堂」と呼ばれるようになった。その後、長い名前

の最後にある「サン・ホセ」だけが残り、その他の部分は消えてしまったのである。教区の教会の援助もあり、その後、三月十九日に祭りが催されてきた。夕方、厳かにロザリオの祈りが唱えられたり、花火が上がったりした。翌日はミサが催され、司祭のお説教もあった。その後、人口が増えるとともに、聖ヨセフの祭りは大規模なお祭り騒ぎになり、コスタリカの中央高原の様々な場所からもお祭りにやって来るようになった。

それこそカーニバル並みのどんちゃん騒ぎになったわけである。守護聖人聖ヨセフの祭りに、あらゆるドン・ホセ、ドン・チェペ〔「ホセ」の愛称〕、ドン・ペペ〔「ホセ」の愛称〕、チェピータ〔「チェペ」の女性形〕、ペピータ〔「ペペ」の女性形〕の祭りが一切合切、合流して盛大な祭りになった。何百年も前から祭りの時には、踊ったり、セレナータ〔恋の歌〕を歌ったり、聖ヨセフ〔親しみを込めて「サン・チェペ」ともいう〕のためにロザリオの祈りが唱えられたりしてきた。田舎町でもこうなので、大都会の首都サンホセの祭りの盛大さは言うまでもない。

だが、聖ヨセフに関する伝説、伝承の中で、国の命運をかけたサン・フアン〔「聖ヨハネ」の意〕川の戦いの伝説ほど人々に親しまれ、イマジネーションを掻きたてられるものはない。

その伝説は大略、次のようなものである。サン・カルロスとカスティーリョ・ビエホ〔「古い城」の意〕の要塞に兵士が派遣され、任務に就くことになったが、兵士たちの多くは中央高原のサンホセとアラフエラの出身だった。未開のジャングルの行軍は苦難の連続だった。だが、そこにひげもじゃだが、やさしく謙虚で、愛想のいい不思議な男が現れた。常に兵士たちを勇気づけ、士気を鼓舞し、アドバイスを与え、傷ついたり病気になったりした兵士には親身になってやさしく接した。傷にはバルサム油を塗ってやり、気分が滅入っている者は優しく慰めてやった。類まれなこの男が

コスタリカ側に立って戦っているときは、コスタリカは無敵だった。敵の海賊はアメリカとの間に補給線を持っていたが、その補給線を切断し、敵に大打撃を与えて、サン・フアン川を守り抜いた。戦いが終わると、その男はわが軍勢から消えていた。みなその男のことを思い浮かべた。人懐っこいその容貌とともに兵士たちの記憶の中に色褪《あ》せることなくとどめられた。

わが軍の遠征隊は町に戻ったが、キリスト教徒及びコスタリカ人として当然のことながら、神に感謝するためにサンホセの大聖堂に行く者たちがいた。

信仰心に導かれ、神の家たる教会に行って、無事の帰還と勝利の栄光を神に感謝した。まさにその時、聖ヨセフの像に「エル・ビエホ」〔「その男」の意〕と呼ばれていた男の面影を認めたのである。「エル・ビエホ」は普段はお目にかかれないが、三月には大聖堂でコスタリカ国旗を持っているお姿を拝むことができる。いつもは立派な衣装を着て、祭壇に鎮座ましましているのだが、この時ばかりは、サン・フアン川の戦闘をともに戦ったすばらしい戦友の姿である。

以上がその伝説である。聖ヨセフは肉と骨を持つ普通の人間で、国家存亡の危機にコスタリカの愛国者とともに戦に赴いたのである。戦いの日々をともに過ごした男と、その像は全く同じだった。もじゃもじゃの顎ひげも同じ、目に湛える柔和な光、頬のラインも全く同じ。髪の毛も全く同じだった。

この際、もう一つエピソードを付け加えておこう。その男、聖ヨセフの像は祭りの行列にも登場する。一九五六年の祈願祭〔復活祭後の五番目の日曜日から三日間のミサ〕のとき、コレラの災厄を鎮めるために首都サンホセの道という道を練り歩いたのである。

# イエスの幻

ドゥイの谷の勇敢なる探検家、フアン・バスケス・デ・コロナド〔一五六二―六四　コスタリカ総督〕がグアルコの谷にコスタリカで最初の都市カルタゴを建設する場所を定めてから二百五十年以上もの歳月が流れた。フランシスコ会の修道士たちが聖フランシスコ修道院を建ててから何百年にもなる。

伝説というものは過ぎ去りし日々の懐かしい思い出を伝えてくれるものであるが、これから述べることは修道士についての珍奇な物語である。修道士に関する逸話の多くは永遠に失われてしまっているが、それはひとえにわが国の著述家の怠慢のせいであり、彼らには昔日のコスタリカに関する興味がほとんどないからである。

修道士の逸話についての一つに「イエスの幻」がある。これは古物研究家のもとで長らく眠っていた大量の古文書に記されていたものである。そんなことはあり得ないと、いかにも知ったかぶりのお上品なお方からの攻撃に対する反撃材料として引用する。

一八一五年のことである。

カルタゴは人間でいえば、髪が白くなり、体から水気が抜けて干からびてしまうほどの、古いカトリック色の強い町だが、日々の糧を手に入れるのも容易ではなく、町はひっそりとして活気がなく、文化の中心からも遠く、富と活気を生む産業もなかった。

そのころ、カルタゴはフアン・デ・ディオス・デ・アヤラに治められていた。この人物は完全無欠の立派な人で、サンティアゴ騎士団〔十二世紀末にレオン国王フェルナンド二世が創設〕の騎士でもあった。カルタゴ地方の発展を何よりも願っていたが、なかなかカルタゴを窮地から救うことはできなかった。

聖フランシスコ修道院はコスタリカのカトリックの一大中心地だった。修道院に居住する修道士たちの思い出をおしなべて過小評価するのは公平ではない。彼らは独居房に暮らし、先住民をキリスト教に改宗させることが生きがいであった。使命のために命を失うことも厭わなかった。しかし、同時に僧衣の下に自由気ままで好色のドン・フアン・テノリオ〔いわゆる「ドンファン」〕の血がたぎるのを感じ、人生の快楽も知っていた。

彼らの快楽に関するエピソードの一つが「イエスの幻」である。神が生きている、とカルタゴ中が騒然となったが、それには十分すぎるほどの理由があった。

事実はこうだった。

夜十一時ごろ、バスケス・デ・コロナドの信仰心の篤い町、カルタゴがひっそりと寝静まっているころ、聖フランシスコ修道院から夜な夜な幻が現れた。裏切りの町エルサレムで十字架にかけられたイエスの幻である。幽霊のようなゆっくりした足取りで修道院から現れ、教区の向かいの通りに出て行って、イラス火山が見えるところまで足を運び、そして影の中に消えてしまう。

古き良き騎士の時代には、剣を帯びないで外出する者はほとんどいなかったが、中には月明かりのない夜、狭くて暗いカルタゴの通りを歩き回る勇気のある者もいた。

しかし、イエスの幻が出るというので、みな家に閉じこもるようになり、町に不安の影が落ちていた。ついには、幻が出現する通りを夜十一時以降に歩く者はだれもいなくなった。

だが、以前聖母マリアが現れた地区の住民にとっては、イエスの幻は何ら不思議な出来事とは思われなかった。グアダルーペの褐色のマリア像が石でできていたのに対して、イエスはどうやら生身の人間らしい、というのが唯一の違いであった。

当時、カルタゴの社交界が会合を開くときのお気に入りの場所はドン・サンティアゴ・ボニージャ宅であった。一方、遊び人たちは昔は今よりももっと多かったが、ビリヤードのテーブルを囲んで、色事や国王の健康状態などについておしゃべりして、時を過ごすものだった。

この向こう見ずの男どもの集まりに、カルタゴにやって来たばかりの粋なアラゴン〔スペインの州、かつては王国〕人が加わった。

この頑固者のアラゴン人はイエスの幻の話を聞いて、神とピラールの聖母マリアに誓って言った。

「俺は幻に出くわしても、逃げたりなんかせず、臆することなく剣を取って、イエスに近づき、いざとなれば一戦交える覚悟だ。悪魔の企みかもしれないからな」

ただ、イエスはサラゴサ〔スペイン、アラゴン州の都市〕にも現れたことがないのに、どうしてカルタゴに現れることができたのか、このアラゴン人には理解できなかった。

当然、賭けをする者が続出した。

修道院からイエスの幻が出てくる時間をみな待ち焦がれた。ついに、悲劇が始まる時がやって来

た。みな頭蓋骨が震えんばかりだった。だが、アラゴン人はアラゴン式に誓いの言葉とともに鞘《さや》から剣を抜き、今や教区の角を横切ろうとしている幻に足音高く迫っていった。

　幻に肉薄するや否や剣を振るった。ボニージャ氏の家からはイエスが窮地に陥っているのが見えた。イエスはいつも背中に背負っている十字架で敵の剣を受け止めて、さっさと逃げ出したそうである。広場では提灯の明かりの下、奇跡的に難を逃れたイエスが話をしているのが見えた。

　アラゴン人は賭けに勝ち、遊び人たちが自分たちの情事の自慢話と修道院の修道士たちの情事の自慢話についていつも話している場所に意気揚々と戻ってきた。

　アラゴン人は幻がイエスの偽物だったことはだれにも話さないという約束をして、善きアラゴン人の息子としてその言を守った。しかし、天と地の間には隠しおおせるものなどない。当然、高貴で神に忠実な町、カルタゴでも、イエスを装っていたのはハシント・マエストレという名の修道士だということが突き止められた。この修道士はフランシスコ会修道士の僧衣を着たワルの中でも一番の悪党として、後に知れ渡ることになる。この修道士は修道院付きの教会にあったイエスの衣服で変装することを思いついた。肩にかついでいた十字架は、修道士たちに恐れを抱かない、あるご婦人の家に入るための梯子《はしご》として使われていたとのことである。

# 聖者の丘の伝説

一九一四年のことである。私は医者の友人の診断によって、母の余命はいくばくもないことを知り、できるだけ母のそばにいて、最後の悲しい別れの日まで、母を慰める日々を送っていた。健康が許す範囲で家の中を歩き回り簡単な家事をしている母を見ていると自然と心が和んだ。暑さが最もつのる四月の午後、アデラ・セケイラという名の老女が家にやって来た。はるばるホコテ〔現在のナンビ〕地区から素焼きのうす皿を何枚か持ってきてくれた。型どおりの時候の挨拶をして、これまた型どおりに健康状態について尋ねた後で、ホコテには丘の上で聖者のロザリオの祈りをあげる習慣がまだ残っているのかと、母は老女に尋ねた。すると、アデラおばさんは答えた。

「ええ、私はその儀式でお役目をいただいておりました」

客が辞去した後、私はその儀式について母に尋ねた。すると、母の口から次のようなことが語られた。

ホコテ地区にアレマン〔「ドイツ人」の意〕という苗字の貧しい家族が住んでいた。子だくさんだったが、娘が二人いた。一人はアウリステラという名で十五歳、もう一人はロサという名で十三歳

だった。娘たちは近くの丘へ薪を拾いに行ったり、田舎にふんだんにある野生の木の実を採りに行ったりしていた。そんなある日の午後、ナンセ〔黄色いチェリーのような果実〕の実を探しにコリオルの丘を歩き回っていると、丘の伐採地で石の人形を見つけた。娘たちの喜びようといったらなかった。家に帰る途中、どうやって人形で遊ぼうか、どんな服を人形に着せようかと、あれこれ考えた。家に帰って、母親はじめ家族のみんなに丘で見つけたものについて話すと、みんなかわいい石の人形を見ようと、娘たちのまわりに集まった。静かな夜が訪れ、娘たちは床に就いた。人形は大事に長持の中にしまった。

　翌朝になってみると、おもちゃの人形がなくなっているのがわかって、娘たちは驚くとともに、がっかりした。お兄さんのうちの一人がいたずらをして、隠したのだと思った。お昼まで待った。お兄さんたちが仕事から帰ってくると、大事な人形のことを心配そうに尋ねた。が、みんな一様に不思議そうな顔をして、石の人形がなくなったことについては何も知らないと、はっきり言った。娘たちは、またおいしいナンセの実を探しに丘へ行った。あちこちで実を採った。ふと気がつくと、前日人形を見つけた場所に来ていた。全く同じところに、また大事な石の人形があるのを見て、娘たちは驚き、顔色が変わった。また家に持って帰ろうとして、人形を手に取ると、重くなっているのに気がついた。だが、無邪気な娘のこととて、細かいことは気にしなかった。

　家では人形が見つかったというので、みんな喜び、人形の話題で持ちきりだった。近所の人たちもこの出来事が気になり、話が本当かどうか確かめにやって来た。近所の人の中には、人形の頭には飾りがあって、聖母マリアのようだという者もいれば、グアカ〔先住民の墳墓〕でよく見つかる、ただの人形だという者もいた。このようにして、午後が過ぎ、また休息と安らぎをもたらす田舎の

夜がやってきた。娘たちはおもちゃの人形から離れようとしなかった。またなくしてしまわないように、人形を二人の古ベッドの間に置いて寝た。夜明けとともに、この粗末な家の家族は目を覚ましたが、今度はみんな驚いた。人形は影も形もなかったのである。

家じゅう、大騒ぎである。数日後、娘たちは最初の時と全く同じところでまた、その人形を見つけたが、今度は家に持って帰ることができなかった。取ろうとすると、すうっと煙のように消えて、数メートル登ったところに現れた。そこへ行き、取ろうとすると、またすうっと煙のように消えて、数メートル登ったところに現れる。何度も同じことをしているうちに、気づいたときには丘の頂上に来ていた。娘たちはびっくりして、口も利けなくなった。岩の上にあったのは人形ではなかった。薄い霧の中に聖者の像が三体あったのである。そこで今度は聖者の像を取ろうとしたが、聖者の像はびくともしなかった。

娘たちはがっかりして、家に帰って、その顚末を語った。

両親はそれをご近所に触れて回った。ご近所さんたちはみんな聖者像を探しに丘へ行ったが、何も見えないという人もいれば、三人の聖者の姿がはっきり見えるという人もいた。

このニュースはたちまち他の地区全部に広まった。奇跡を見ようと人々が駆けつけた。ニュースはニコヤ村にまで届いた。当時のニコヤ村の司祭、ビセンテ・エチェベリア師は、この話に懐疑的な態度を示したが、近隣の地区の人々の熱は冷めず、丘へ「巡礼」に参り、祈りを捧げ、司祭に丘でミサを執り行うように求めた。とうとう司祭は丘に行って、頂上でミサを執り行うことに同意したが、馬で行くことも、徒歩で行くことも拒否し、自分を椅子かごに乗せて運ぶよう、信者たちに要求した。そんなことは素朴な善男善女にとってはお安い御用だった。町から丘を隔てる十六キロ

の距離をものともせず、「司祭様」をお迎えに上がり、「椅子かご」に乗せて、つまり、お神輿のように肩に担いで、丘の頂上までお運びした。そこには大王ヤシの葉でできたあずまやが建っていた。一八九八年の十一月一日、丘の上で司祭はミサを執り行った。近隣の地区から大勢の信者が詰めかけ、午前十時ごろ、ありがたいミサ〔サント・オフィシオ、「異端審問」の意味もある〕にあずかった。前の晩からお祈りしながら待っていた人たちは聖者たちを見たといった。像にははっきりと、大人の男女と男の子が見てとれ、これを見た人たちはみんな「聖家族」に違いないと言った。初めて聖者たちの像が現れた岩のふもとには近隣の住民たちによって十字架が立てられていた。ミサ当日、十一月〔雨季の終わりごろ〕の太陽は、じりじりと焦がすように照り付け、みなが喉の渇きを覚えた。水を求めて丘から降り始めた者もいたが、その時、一同の眼前に奇跡が起きた。

　森から白い鳩が一羽飛んできて、三回宙に舞うと、十字架にとまった。そのとたんに、十字架の根元から白っぽい水が泉のように噴き上がってきた。おかげで、その場にいた人たちはみな、祈りの間に渇いた喉を潤すことができた。ミサの間、神を畏れる信心深い信者たちは涙まで流していたが、これを見て、涙も止まってしまった。

　その後、村人たちは丘を訪れ続け、ロザリオの祈りを唱えるたびに、十字架の根元から新たに水が湧き出てくるのであった。聖者たちはその後、現れることはなかったが、ホコテ地区の住民は毎年十一月一日に聖者たちみなにロザリオの祈りを捧げる習慣を持ち続けた。この儀式が最後に行われたときにお役目を頂戴していたのが、アデラ・セケイラで、四月の暑い午後、私の母に素焼きのうす皿を持ってきてくれた老女であった。ここで母の話は終わった。

# 噴き出した水

トゥリアルバの山々の頂上に喪服を着たような陰気臭い雲が出てきた。雲が少し昇っていくと、その背後にまた同じような雲が現れてくる。雲は全部同じ方向にひしめくように進んでいく。雲が目指す方向は太陽だった。雲の塊はますます大きくなり、それぞれの雲が一番上を目指しているかのように見えた。太陽はこれを見たが、何の興味も示さず、雲の群れを馬鹿にしたように横目で睨み、昇り続けた。まるで、王様が家来のお目通りを許さないような感じであった。哀れな未亡人の一団が一人の色男をめぐって争う中、当の色男は未亡人たちよりももっと美しい青白い月のかなたに逃げていくようでもあった。

ついに、喪服を着たような黒雲は太陽に手が届くところまで追いついた。だが、愛の追跡行の結末がどうなるかはわからない。太陽は恥ずかしくなって、一日の運行が終わった後、何日も顔を出さなかったのである。

一方、地上ではウハラスの村長が雲の動きを逐一追っていた。天体の王たる太陽は、未亡人のような雲に追いつかれるや、彼女らに肘鉄を食らわせ、号泣させてしまった。実際のところ、滝のよ

うに雨が降った。こんな土砂降りはウハラスでは空前絶後であった。

お昼ごろ、教会の香部屋〔祭器具、祭服、典礼書などを保管し、祭服を着用したり、典礼の準備をしたりする小部屋〕係の者がアンジェラス〔朝、昼、晩のお告げの祈り〕の鐘を鳴らしたが、雨の落ちる音がうるさすぎて、鐘の音はだれにも聞こえなかった。

火山というものは水に濡れるのを嫌がるものだが、しばらくすると、サンタ・ルシア火山が土砂降りの雨に腹を立てて、実力行使に出た。火山は何度も身をよじり、人々は恐れおののいた。

縦横無尽に稲妻が走り、雷は轟音をとどろかせて、ウハラスの谷の人々を恐怖に陥れた。

樹齢百年以上のセドロ〔センダン科〕の木は太い幹から木のてっぺんまで震え、コンゴ〔黒いサル〕たちはパニックになって木にしがみついた。

ハリケーンのような暴風が唸りをあげて吹きまくり、ヤシの木をなぎ倒した。大量の水が流れてきた。遠くで水が噴き出てきたが、そのときの轟音が水の底でこだまのように響いていた。女たちはイエスの名を何度も唱え、神聖なヤシの葉を燃やした。男たちはこっそりと十字を切り、もごもごと祈りの言葉を唱えた。サンタ・ルシア火山はますますきしんだ音を出し、とうとう恐ろしい轟音とともに口を開き、四方八方に水を噴き出した。

水は川になって、氾濫した。もともとの川の水と火山から噴き出した水がいっしょになって、村まで達した。

山の方へ逃れることができた人もいた。水は家の中にまで入ってきて、一バラ〔約八十五センチ〕の高さにまで達した。水は教会といえども容赦しなかった。怒濤の如く、教会に押し入り、ウハラスの聖母マリアの祭壇にまで押し寄せたが、そこで魔法のように止まってしまった。その間、五、

六人の女が聖母マリア像の祭壇の後ろの祈禱席に上って、マニフィカト〔聖母マリア讃歌〕を歌っていたが、パニックになって、最期を迎えようとしていた。

村に残っていた者はわずかだったが、激流に流されながらも必死に木にしがみついたり、屋根に上ったり、梁にしがみついたりしていた。

祈禱席に逃れた女の中に老婆がいたが、ずっと「救いの聖母マリア」に救いを願っていた。右往左往している女の中から聖母マリアの声が聞こえた。

「祈禱席の階段の板をはがしなさい。幼子イエスの像も取ってきなさい。幼子の像は主イエスの祭壇の左側の壁龕《へきがん》のポーチにあります。幼子を板に乗せて、水に浮かべなさい」

水は聖母マリアの祭壇のもとで止まっていたので、老婆は祈禱席から降りて、聖母マリアの祭壇の脇の、同じ高さにあるキリスト像に近づくことができた。老婆は幼子イエスの像を取って、祈禱席に戻った。そこで仲間の女たちの手を借りて、板を引っぺがし、それから水が来ているところまで行って、言われたとおりにした。すると、とても不思議なことが起こった。幼子の像に魂が入って、顔に朱が差したように見えた。目も輝いた。右手を上げて、いたるところに祝福を与えだした。すると、水が退き、教会から出て行った。板一枚の粗末な舟に乗った幼子イエスも舟を漕いで出て行った。そして、ウハラスの村の道を浸していた水の上を、御手で祝福しながら、進んでいった。水位はどんどん下がり、水は幼子を恐れたかのように川へ逃げ戻った。

水位はその後も下がり続け、午後になると、洪水の形跡はほとんどなくなった。ウハラスの道に泥が少しばかり残っているだけだった。しかしながら、ウハラスにはまだ悲しいことが続いた。幼子イエスの像はなくなってしまい、もはや戻っては来なかった。今日《こんにち》までその行方は分かっていな

い。

そういうわけで、ウハラスがこの世に存在する限り、世界中の教会の「受難像」〔クリスマスの祭礼に用いられる〕に幼子イエスの姿が見られないのは、このウハラスの教会だけなのである。それで、ウハラスではクリスマスの祭礼用のタマル〔粽《ちまき》のようなもの〕のトウモロコシの粉は、幼子を亡くした悲しみを新たにするために涙を流しながら、こねるのが習わしになっているのである。

# サン・ホセ・カベカルの伝説

オロシの村の教会から数千メートルのところに立派な道路がある。その道路はベフコ地区とタパンティやプリシルなどの農園に続いているが、その道路の脇に硫黄質の温泉が湧き出ている。修道士たちがタラマンカ族の先住民とともにオロシにやって来た時、カトリックの行列か巡礼だったろうか、修道士たちは聖ヨセフの像を担ぎ、賛美歌を歌い、小さな銀の鈴〔教会に現存する〕を鳴らしていた。

これ以前に、カトリックに改宗していない先住民たちは、カベカル村の聖ヨセフ教会を燃やしてしまっていた。神父たちは聖ヨセフ像を持って、改宗した先住民数人を伴って、逃げるほかなかった。山間を抜けていくと、煮えたぎった温泉があった。さらにもう少し行くと、何と不思議なことか、いくら鈴を振っても鳴ろうとしなかったのである。そここそ教会を建てるべき場所に違いないと思って、神父たちは教会を建てた。だが、教会ができてからほどなく、すぐ近くに大洪水が起こり、教会は破壊されてしまった。教会を建て直したが、またもや洪水で水が四方から押し寄せ、教会は破壊されてしまった。なぜこうも災厄に見舞われるのか、大いに反省し、祈りも続けた。教会

が普通に建てられたのでは、また破壊されてしまうのではないか。聖ヨセフが愛するカベカルの村を常に眺めていたいからではないのか、ということに気がつき、それで、教会の作りを普通とは逆にした。聖ヨセフに東の方角、カベカルの山々が見えるように、メインの祭壇に鎮座していただいた。それからというもの、川は氾濫することなく、教会は大地震の揺れにも耐えた。

カベカルの状況は悲惨だった。何日もの間、先住民たちは昼夜を問わず、チチャ酒を飲み、酔っぱらっていた。そして、先住民による総攻撃が始まった。朝、聖ヨセフ教会を襲い、指揮官たちはミサを執り行っていた神父を殺し、聖像や聖杯を辱めた。チチャ酒の酔いがさめると、先住民たちは良心の呵責《かしゃく》にさいなまれ、悔い改め、一人また一人と教会に近づいていった。だが、そこで見たものは廃墟だった。先住民はそこに集まり、悲嘆にくれて、うめき声をあげて祈り、食も断ち、何日もそこにとどまった。そのようにして罪を償った。

その後、摩訶不思議な力に導かれて、みな山に入っていった。三日間歩いた後で、見知らぬ場所にやって来た。とても美しい谷で、谷底には熱湯が湧き出ている温泉があった。温泉からは湯が川になって出ていた。その川を渡ると、丘のふもとに草原があり、そこに麦藁《むぎわら》でできた教会が建っていた。意を決して中に入り、神に苦悩を打ち明けようと思った。祈りのための聖なる場所に入り、跪いた。祈りを捧げようと、顔をあげると、カベカルの像が眼前にあるではないか。しばらく呆然と見とれていた。夜になるのを待って、像を持ち出した。だが、温泉を少し過ぎ、山の中腹の坂に差しかかったところで、像は急に重くなり、動かすことができなくなった。ほぼ一晩動かそうと頑張ったが、結局、疲労困憊《こんぱい》して眠ってしまった。朝、目が覚めると、像はそこにはなかった。藁の教会が建っていた草原に戻る道ももはや見つけることはできなかった。

# エスキプラスの黒いキリスト像

その男は、伝説によると、信仰を広めるためではなく、財布にレアル銀貨をため込むために、黒いキリスト像を持ち歩いていた。事件はグアテマラで起こった。

その男は裁判にかけられた。奇跡の聖者像〔黒いキリスト像〕は罰当たり者とともにグアテマラの地から消えたが、どのようにして消えてしまったのかはわからない。ところが、その問題の人物がグアナカステで同じことをしようと思って現れた。黒いキリスト像を飯のタネにしようというのである。

だが、黒いキリスト像はサンタ・クルスにとどまることを望んだ。ある日、サンタ・クルス近辺で裁判が始まった。グアテマラの時と同様、当局は私利私欲のためにその像を利用した輩《やから》を逮捕することを決定した。その男は逃亡した。しかし、黒いキリスト像はサンタ・クルスの中心部、現在ベルナベラ・ラモスと呼ばれている公園の木の枝に掛けられていた。

町のだれかがその像を取って、家に持って帰った。ところが、翌日になってみると、その像は消えていた。一体どういうことなのだろうか。盗まれたのだろうか。いや、像は例の男が置いていっ

たところに戻っていたのである。今度はサンタ・クルスの信心深い男が家に持って帰った。ところが、今度もまた像は同じところに戻っているのである。つまりはこういうことだろう。黒いキリスト像はその場所に自分の教会を建ててもらいたがっているのではないか。

それで、教会が建てられた。像は小さくて、絶えず黒く塗り直されてきたが、元の像と同じである。片方の手の指が二本欠けているのである。伝説が村の年寄りの記憶から忘れ去られるぐらいの長い年月の間、黒いキリスト像は教会を抜け出し、低地と山の暑苦しく長い道を行き、一軒一軒家を回って、人々を慰め、お布施をいただいているのである。

# 聖なる船乗り

レベンタソンの度重なる洪水によって村人の宗教感覚と想像力も高まった。ウハラスには次のような伝説がある。

ある洪水の時、女が三人、助けを求めて教会に入ったのはいいが、取り残されてしまった。教会の一番高いところにある聖職者席にのぼった。水位が上がったのを見て、女たちは幼子イエスの像と、それに付随するゆりかごやら何やら全部取って、水に浮かんでいる板に乗せた。すると、そのとたんに水が退きはじめ、ゆりかごに入った幼子の像が乗っている板も水に持っていかれてしまった。

その年の十二月、キリスト降誕を祝って飾られる人形の中に幼子の像はなかった。伝道師の言によると、ウハラスの住民が罪深いので、住民は幼子と同席するに値しないというのである。

住民は悲嘆にくれ、悔い改めた。冬〔雨季、四月から十一月〕になると、人々の改悛の念はいっそう深くなった。冬の激しい雨によって、川の水位は上がり、また洪水になる恐れがあった。事実、そのとおりになった。ただ、今回、水は村の入り口で止まり、水が退くと、ゆりかごに入った幼子

イエスの像を乗せた板が残されていた。これはウハラスの住民が許しを得たしるしであった。

ウハラスの人々にとって、ウハラスの幼子イエスは漁師と川の浚渫《しゅんせつ》業者の守り神だった。舟に乗って危険な浅瀬を行かざるを得ない人々や、海の船乗りたちも「聖なる船乗り」〔幼子イエス〕のご加護を祈るのであった。

# カンデラリア（浄め）の聖母マリアの奇跡

周知のようにウハラスの谷は大変古い歴史を持つ村である。この村は一五六一年にグアルコの谷の南東にスペインの征服者がやって来た時には、村としての体裁がほとんど整っていて、すでにウハラシという名がついていた。この村は疫病が蔓延したために、一八三二年三月二十六日に現在のビジャ・デル・パライソ〔「天国の村」の意〕に移転した。

十七世紀後半、そこはとても重要な村で、フランシスコ修道会の修道院があった（のちにオロシに移転）。カトリックの拠点で、伝道師が先住民の住むいろいろな村に布教に行った。

伝説によると、その修道院の修道士は、トゥイスという古くからある村の伝道司祭であるが、あることを企んだ。もちろんそれには裏がある。その村の聖母マリア像の頭部を切り取ろうというのである。実は、そのマリア像はグロテスクな彫り物で、むっつり不機嫌な顔をしていた。切り取ったトゥイスのマリア像の頭部を僧衣のゆったりした袖に隠し持ち、ウハラスの村に行き、修道院に入った。計画はよく練られていた。無知で迷信深い大衆にたんまり金儲けをさせてもらう、まさに坊主丸儲けのプランである。ウハラスの司祭と謀って、そこの教区の教会に忍び込み、ウハラスの

聖母マリア像の頭部を切り取り、トゥイスから持ってきたマリア像の頭部を代わりに載せた。

この宗教的行為（あえて反宗教的行為とは言わない）を成し遂げ、翌朝早くトゥイスの司祭は共犯者、ウハラスの司祭に別れを告げて、トゥイスの礼拝堂に急行した。ウハラスから持ち帰ったマリア像の頭部を、トゥイスのマリア像に載せるのである。ウハラスのマリア像の頭部はトゥイスのマリア像とは反対に、美しい彫像で、やさしく慈愛に満ちた表情をしていた。マリア像の顔がすっかり変わってしまったので、二つの村で不安が広がったのは言うまでもない。

ウハラスの住民は、他の先住民と同様、単純で迷信深かった。聖母マリアはウハラスの住民の罪を罰するために、やさしく慈愛に満ちた顔から、むっつりと不機嫌な厳しい表情に変わったのだと思った。悲嘆にくれ、心は苦しみに満ち、マリア像の足元に跪き、自分たちの足りないところ、信心の足りないところを許してもらおうと一生懸命祈った。司祭に請願とロザリオのミサを執り行ってくれるようにお願いした。自分たちも悔い改めることを約束するが、司祭にも聖母マリアとの間を取り持ってもらって、マリア様の許しを得て、マリア様の満足げなお顔が見られるように願った。もちろん、お布施は弾む。

トゥイスではウハラスのような事態にはならなかった。鐘の音が厳かに、間断なく鳴り響き、村中に聖母マリアのお顔が奇跡により変わったことが伝えられた。むっつり不機嫌な聖母マリアのお顔を拝んできた不幸な人々の喜びようといったらなかった。喜びを体中にあふれさせ、教会へみなで押しかけたので、大混雑になった。村人たちはみな倦むことなく、聖母マリアの憐れみ深いお顔を拝みつづけた。その顔は、あたかも、みなに微笑みかけているかのようであった。聖母マリアは村人たちがみなカトリックに改宗したことに満足しているのだと、村人たちは心の底からそう思っ

た。司祭は感謝のミサを執り行い、お説教もし、テ・デウム〔神に恵みを感謝する祈りの歌〕やサルベ〔聖母マリアを讃える祈りの歌〕を歌い、夕べの祈りも捧げ、ロザリオの祈りも厳かに行った。もちろん、司祭とマリア像のもとへはたくさんの贈り物が届けられた。

　修道院長は先住民でもなく、やすやすと騙されるような人でもなかった。この事件の裏には何かあると感じた。こんなことを考えついたのは修道士以外にないと思った。

　修道院長は先住民に真相がばれるのを恐れた。そんなことになれば、彼らの信仰は根底から崩れてしまう。二つの村で執り行われた「誠意あふれる」儀式については黙っていることにした。だが、修道院長は事件を企てた修道僧の調査を個人的に秘密裏に始めた。調査の結果、言語道断な罰当たりな行いを企てたものは簡単に突き止められた。トゥイスの司祭とウハラスの司祭がグルになっていたのである。彼らは厳罰に処された。二十日の間、監禁され、食事は〔聖者の食事の〕パンと水だけだった。その後、二つのマリア像の頭部を付け替えて、元に戻すように命じられた。

　ところが、命じられたとおり、修道士たちが頭部を元どおりに戻すと、二つの村でまた驚くべきことが起こった。ウハラスではマリア様のお顔が再び満足げな表情になっているので、喜びに沸いた。元どおりのにこやかな神々しいお顔になっていた。教会では喜びのしるしにミサが盛大に執り行われたが、その費用も大した額になった。

　一方、トゥイスではそうはいかなかった。騙されやすい先住民たちはまた、マリア様のお顔が不機嫌になっているのを見て、悲嘆にくれた。修道院長は彼らをなだめるために説教をしなければならなくなった。

「聖霊から私に神の啓示が下った。聖霊は鳩の姿になって、私の耳元にやって来て言った。マリア

様のお顔が変わったのは神の子イエス様がなさったことだ。お前たちのキリスト教信仰を試すためだったのだ」

と、修道院長は言った。

この言葉に住民たちは身の不幸を受け入れざるを得なかったが、事件を企て、大儲けした神父たちは胸をなでおろしたのである。

# 宿命の廃墟

神に忠実で崇高な町、カルタゴにやって来ると、ある石の記念碑に目が留まる。カトリックの信仰が篤く、慈愛に満ちていた世紀を永遠に記憶にとどめるために、この栄光ある教区に建てられたものである。

廃墟の壁が悲しげに取り残されているのを見ると、ある伝説に思いが至る。兄弟の血が流され、瓦礫と化してしまった廃墟の物語である。

一五七五年、ガルシ・ムニョスの町がアングシアーナ総督によってカルタゴに移転されてほどなくのことである。カルタゴの地にマドリガルという姓の二人の兄弟がやって来た。一人は独身、もう一人は結婚を許されない聖職者だった。聖職者の方はカルタゴの教区の司祭に任命されていた。二人はともにカルタゴの町の、ある一人の立派な女性に恋をしてしまった。カルタゴはこれまでも美しく、気立てのいい娘を輩出してきたが、彼女もその一人だった。

二人の兄弟の胸には互いに対する嫉妬心が燃え盛り、ついにはお互いに殺意を持つようになった。娘の心は、至極当然ながら、聖職者ではない方の独身男に傾いていった。

この若者はハンサムで、頭もよく、性格も穏やかなので、やがて、このできたばかりの町カルタゴの住民によって市長候補に推挙された。

司祭の方は心に痛手を負い、何とかして兄を選挙で落としてやろうと企んだが、兄は人柄もよく、人望も高いので、企みは果たせず、結局、兄は市長選挙に勝ってしまった。

一五七七年一月一日、慣例に従い、カルタゴ市の市長以下、サンティアゴの由緒ある教区で執り行われた盛大なミサに参列した。司祭とその従者たちは教会の正面の扉のところで市の一行を恭《うやうや》しく出迎えて祝福を与え、それから祈禱席を取り囲むように立派な肘掛け椅子を並べておくのが習わしだった。司祭は当日ミサに参列する市の一行を出迎えた。兄である市長に聖水桶を差し出した。その時、隠し持っていた短刀を取り出し、市長の左脇腹を刺した。市長は足元に崩れ落ち、そのまま息絶えてしまった。このようにして、嫉妬心に突き動かされた兄弟殺しという、神をも畏れぬ大罪が成し遂げられたのである。

司祭は呆然としている人々を尻目に、着ていた服を脱ぎ捨て、「許しの扉」〔正門とは別にある扉〕から逃げ出した。外には手筈どおり、従者と駿馬《しゅんめ》が待たせてある。すぐに馬に飛び乗り、一目散に駆け出した。正義の女神の追跡をあざ笑うかのように。

司祭は逃亡の末、ニカラグアのレオン〔「ライオン」の意〕にやってきた。そこで、たぶん良心の呵責《かしゃく》に耐えかねたのか、当局に出頭し、罪を告白した。教会が間に入って判決が下された。司祭はカルタゴに戻り、恐ろしい罪の場所となった教会を取り壊し、新たに自費で教会を建て直し、それに付随する費用の一切も負担すべし、というのである。

事実、司祭は判決どおり、カルタゴに戻って、真摯に罪を償った。しかし、新しい教会は石と陶

土でできていたので、数年ももたなかった。聖ヨアキム〔スペイン語読みは「サン・ホアキン」〕の像と、改悛の証として持ってきた美しい「晩鐘」の絵しか残らなかった。その後、また司祭ドン・ラモン・アソフェイファによって教会が再建されたが、地震によって崩壊してしまった。

今度は司祭フェリックス・アルバラード・ヒロンによって再建されたが、またもや地震に見舞われた。ロサスとホアキン・アルバラード・ヒロンという二人の司祭によって修理されたが、またしても不幸が襲った。ついには司祭カルメン・カルボが新たに再建に取り組んだ。仕事の最後の仕上げに取りかかったとき、教会の塔に祝福が与えられる予定の一八四一年九月二日の午前六時にまたしても地震に見舞われ、廃墟と化してしまった。廃墟は数年間そのまま放置されていたが、瓦礫を撤去して、その区画の中央に時の試練にも神の怒りにも耐えられるように、石造の教会を建てることになった。

パイル〔土木・建築の基礎工事で打ち込む杭〕が天を衝くように立てられた。恐ろしい犯罪で流された血がすっかり洗われ、犯行現場から呪いが解かれた、と思われた時、一九一〇年の地震が起き、建築中の組み立てられていた石が外れ、モルタルで固めていた部分も壊れてしまった。瓦礫は今日もそのままに放置されている。流された兄弟の血は永遠に消えることはなく、血が流された場所も永遠に呪われているのである。ゆめゆめこの教訓を忘れてはならない。

# ある伝説

かつて起こった犯罪についての伝説が、数年前、カルタゴの町でもちきりになった。長生きした老人によって語られた話であるが、語られるごとに話はますます謎めき、ますます陰翳《いんえい》を帯びてくる。話には欠落したところもあり、脚色されたところもあるが、細かいことはともかく、他の伝説同様、物語の奥底には大いなる真実が隠されていることは疑いない。この物語を読んで、古臭い中世の話だと思われても、それはそれで間違いないが、私はだれ憚ることなく、全貌を明らかにして公表する。それ以外に私にできることはない。

一五九五年、スペインの総督の根拠地で、当時、植民地の首都だったカルタゴに二十歳の美男子がやって来た。フランシスコ・デ・オカンポ・ゴルフィンという名で、名門の家系で、才気にあふれていた。出身はエストレマドゥラ〔ポルトガルと接するスペイン中西部の地方〕で、とても美しい牧草地があり、スペインでも指折りの詩情あふれる地方である。コルク樫やその他の樫の木、また栗の木に囲まれた牧草地では季節ごとに移動する家畜の群れが草を食《は》んでいる。

若者の父親はイタリア、フランドル、グラナダ、最近ではポルトガル戦線に従軍した歴戦の勇士

であった。息子は父親に決して見劣りするものではなかったが、国元にいては、将来に大した希望が持てず、冒険に乗り出した。船に乗って、新大陸を目指した。戦乱の世であった当時、祖国の栄光あふれる旗を翻したフェラッカ船〔三角帆の小型帆船〕が大海原を進んだ。

ある朝の日の出のころ、沿岸の見張りが、ラテンスル〔大三角帆〕に風を受け、大きく帆を膨らませたフェラッカ船が現れるのを見つけた。膨らんだ帆は巨大な白鳥の羽のようで、泡立つ波の上を滑るように進み、砂浜のところまでやって来て、停泊した。オカンポは陸に飛び降りた。その後、彼が祖国スペインに戻ることは二度となかった。

コスタリカの住み心地はよかった。カルタゴの気候は彼にとっては理想的だった。鉄の男、カバジョン麾下《きか》の遊軍将校を魅了してきた水彩画のような風景のとりこになった。コスタリカにやって来てから一年後、名門中の名門の娘と結婚した。娘の名はイネス・デ・ベナビデスといって、芳紀まさに十六歳。高名な将軍フアン・ソラーノの娘であった。この父の名は、新大陸征服時代のもっとも輝かしい事績を記した年代記にも現れる。

フランシスコ・デ・オカンポ・ゴルフィンは、ここカルタゴに家庭を築き、多くの総督たちと親交を結び、いくつかの重要な役職に就き、富を築いた。多くのことを成し遂げた後、一六三八年ごろ亡くなった。妻との間には子供が六人いた。息子が三人、娘も三人だった。子供たちの中でも有名なのはドン・アロンソという傑出した人物で、司祭を務めた。

オカンポ・ゴルフィン家は、サンドバル・オカンポとも呼ばれていたが、カルタゴの名家の一つだった。ただ、当時起こった、例を見ない事件のために、いささか家名に傷がついたと言えるかもしれない。その事件にはこの家の者二人が関わっていて、伝説という曖昧な形で現在まで伝わって

いる。

一六三九年、ドン・アロンソの兄弟、ドン・ホセ・デ・サンドバル・オカンポは、ドン・ゴンサロ・バスケス・デ・コロナドの曽孫で、おしとやかなドーニャ・イサベル・デ・オバンドにぞっこん惚れこんで、結婚するに至った。この結婚はカルタゴの社交界の二大名家を結びつけるはずだった。しかし、理由はわからないが、アロンソ司祭と他の親類縁者たちによって公に異が唱えられた。ドン・ホセは怒って、兄弟姉妹及びその配偶者とも縁を切った。急に敵同士の関係になったのだが、これが忌まわしい結果を招くことになろうとはだれが予測しえようか。

一六四〇年の一月一日正午のことだった。中央広場の向かいにある市議会議場は、その年に選出された新しい議員の宣誓式を見ようと、カルタゴの名士たちであふれていた。その中に市長に選出されたドン・ホセがいた。この他にカルタゴの総督にして将軍であるドン・グレゴリオ・デ・サンドバルがいた。彼はスペイン国王陛下の軍事顧問を務めた立派な老人だった。他にも市や軍や教会の重鎮や、当日、市の仕事を休んで儀式に参列した職員たちもいた。

ドン・ホセが総督に呼ばれて、「正義の杖」〔市長の権威の象徴〕を拝受しようとしたとき、儀式をそばで静かに見ていた参列者の間から一人の男が突然乱入してきた。その男はアロンソ神父で、電光石火の早業で、切れ味鋭い短剣で市長の胸を二度刺した。市長は床に崩れ落ち、死んだように見えた。

その場は大混乱に陥った。サンドバル家の男たちは剣を抜いた。深手を負った市長の姉妹たちの夫も、市長の妻の親類の男たちも剣を抜いた。今にも議会の床を血で染める惨劇が始まりそうだった。その時、地位も高く、威厳も年の功もあるドン・グレゴリオの声が鳴り響いた。その声は大混

乱に陥っていた人々の叫び声を静まらせた。ドン・グレゴリオの力強い毅然とした態度によって衝突が避けられた。騒ぎは止み、人々は落ち着きを取り戻し、血の気の多い男たちも、頭から血が下がり、剣は鞘《さや》に納まった。

総督のテーブルの上で新議員の宣誓を待っていたキリストの木像だけが、直後にあの大広間の薄明かりのもとドン・ホセ・デ・サンドバルが斃《たお》れることになった場所にいた、唯一の目撃者であった。

市長は何日も生死の境をさまよったが、若くて自然治癒力もあったので、一命をとりとめ、そのうち傷も癒えた。

アロンソ神父については、起訴されたかどうかは分かっていないが、おそらく教会によって有罪を宣告され、その凶悪な犯罪に対して罰が加えられたことだろう。ドン・グレゴリオはその後、兄弟たちをまとめ、和解させようと努めた。兄弟たちの胸に燃えさかった怒りも鎮まった。アロンソ神父の心は苦渋に満ち、やがて犯した罪を認め、改悛の念が生じた。

その後、何年も経ってから、アロンソ神父は教区の教会を自腹で再建した。その後、年も取り、体も弱ってきたので、僧院に引きこもり、そこで生涯を終えた。

これがカルタゴの人々の間に流布した伝説の真相である。この話は古都カルタゴの霧に包まれた昼下がりに格好の話題を提供した。この事件についてみな好き勝手なことを言いあっている。ただ、時の流れとともに、真実が曖昧になってきている。コスタリカの植民地時代の、いかにも小説のネタになるようなエピソードの一つである。

# 黄金の鐘

セーロ・デ・エスピリトゥ・サント〔「聖霊の丘」の意〕には昔の秘密が隠されているように思える。聳《そび》え立つ山の頂はコスタリカの中央部からも見える。山の向こうの雲は夏〔乾季、十二月から三月〕の美しい昼下がりを彩っている。その形はほとんど黒に近いスミレ色の瘤のようである。

私は小学生のころ、遠くからその丘を見たことがある。白っぽくたなびく雲に覆われていたこともある。朝は太陽の光が、夜は月の光がレース越しに漏れてくるかのようだった。先生は丘の頂のはるか上に見える美しい星座をいくつか教えてくれた。

聖金曜日〔イエスの受難の記念日で、復活の日曜日の二日前の金曜日〕の午後、太陽は光の柱を映し出し、丘の輪郭に薄い黄色の斑点がついているように見えた。

ある日、シスタスの花〔白やピンクの小さな花〕とサンタルチアの花〔バラ〕の茂みをぬって、田園風景を楽しみながら、午後の山の冷気を感じながら歩いて行く農夫がいた。突然、目の前の道の真ん中に黄金の鐘が現れたので、農夫はびっくりした。とても美しい形で、色はひまわりの花のような黄色で、農夫はうっとり見入ってしまった。と同時に、この丘に不思議なものが現れるという伝

説を思い出し、怖くなった。まさか自分にそんなことが起ころうとは。幻を見ているのではないことがわかると、気持ちが高ぶってきて、鐘を持って帰ろうと、急いでロープにする強い蔓を取りに帰った。そして、牛もいっしょに連れてこようと考えた。

頭の中は不安でいっぱいだった。ドゥエンデ〔小人〕が昔話で語られている鐘をくれたのではないかとか、その鐘からは不思議な、きれいな鐘の音が聞こえるとか、人跡未踏の山奥から鐘の音が聞こえるとか、鐘はチャルペに率いられた海賊にエスパルタ〔「スパルタ」の意〕の町が襲われた時、エスパルタの人が隠しておいたものではないかとか、いろんな考えが頭の中を駆け巡った。

農夫は鐘を持って帰るために、軛《くびき》につないだ牛とともに戻ってきた。だが、魔法の宝石〔黄金の鐘〕のあったところは日が落ちていて、鐘はどこにも見当たらなかった。その後、黄金の鐘の音を聞いた者も、その消息を知る者もいない。

# ビスコチョ爺さんとバイオリン

我々は彼〔ビスコチョ爺さん〕*の晩年を知っている。年寄りで、貧しく、足も少し不自由だった。八十歳になり、病気持ちだったが、他人様《ひとさま》の世話にはなっていなかった。「年は八十ん歳」と言っていたが、その「ん歳」というのがどれくらいなのかは言わなかった。

「ん歳とは？」と、みなからかうものだった。

彼は皮肉を言って、この質問をはぐらかした。

「生まれた正確な日はわからんかった。暦が手元になかったでの」

一度、彼がバイオリンを弾きながら、ドゥルセ・ノンブレ〔「甘美な名前」の意。聖母マリアの名〕村の教会の行進に従っていくのを見たことがある。そのバイオリンといったら、彼と同じくらい年季の入ったものだったが。行進が終わった後、私たちは話を始めた。

「あなたが音楽家だなんて聞いていませんでした」

「いやあ、バイオリンの弦をかき鳴らしているだけなんじゃよ」

「ドゥルセ・ノンブレの行進が出るときだけ弾くんですか」

「誓いを立てたんじゃよ。わしの目が永遠に閉じてしまうまで、毎年誓いを果たさんといかんでな。一度墓場に入ったあとで、こうやって話ができる奇跡に感謝しておるんじゃよ」

「何ですって！　一度死んだことがあるんですか」

「そうじゃ。真性コレラが流行っておっての。たとえ死んでのうても、別世界の人間とでも思われて、他の死人といっしょに墓場に送られたんじゃろう」

「どういうことですか。こりゃ面白くなってきたぞ」

「一八五五年と五七年の『国民戦争』〔アメリカ人ウィリアム・ウォーカーに率いられる軍に対する祖国防衛戦争〕に出征することになったんじゃ。祖国を守らにゃならんので、新兵として徴集された。各家庭から少なくとも男子を一人出さねばならんかった。わしの家は貧乏で、兵役に就くよりほかにご奉公はできんかった。わしは甲種合格じゃった。とんでもない経験じゃったな。前線まで行軍していくわけじゃが、これが大変での。腹は減るし、ろくに眠れんかった。じゃが、結局は勇敢に戦った」

「どうして立派な兵士になれたんですか」

「そうじゃな。銃弾を前にすると、だれでも勇士になれるて。弾を食らうんじゃないかという恐怖から、やられる前にやれという気持ちで弾をぶっ放すんじゃ。なまっちろいヤンキーなんかは死人同然じゃ」

「サンタ・ローサの戦いにも参戦したんですか」

「うそを言っても始まらんから、正直に言うがな。実は、その戦いには参加しておらん。リベリア〔グアナカステ州都〕に残って、そこでわが軍の勝利の報を聞いた。みんな喜んで踊りまくり、ヤン

キーなんかもう怖くなくなったわい」

「リバス〔ニカラグア領〕では戦いに参加しましたね」

「そのとおり。墓場の一歩手前というか、生きて帰れる気はせんかった。ヤンキーどもの射撃は正確で、悪知恵も働いた。狙ったところに必ず命中する。じゃが、死ぬとは限らん」

「ということは、あなたは銃弾の中を潜《くぐ》り抜けてきたと」

「コレラがますます蔓延したんで、最高司令官がコスタリカへの帰還を命じたんじゃ。病気になったり、足をくじいたり、体が痙攣《けいれん》したり、財布の中はすっからかん。みんなそんなもんじゃったが、家に帰って、家族に看取られて死にたいと、みんな思うとったよ」

「ところで、一度死んで、どうやって生き返ったんですか」

「あわてなさんな。これから話すところじゃよ。家に着いてすぐ、病気が悪化して、とうとう死んだものとみんな思うた。旅の疲れ、病気、空腹なんかで気絶しておった。わしはまだ死んでおらんと言おうとしたが、できんかった。家族の者はコレラに感染するんじゃないかとパニックになって、大慌てでわしを墓場に送った。

カレータ〔二頭の去勢牛が曳く二輪馬車〕で運ばれる死人の数は大変なものじゃった。一人ずつ埋葬するんじゃのうて、みんな同じ穴に一人ずつ放りこんで、積み重ねていくんじゃ。死体がもう入りきらんようになったら、土をかけて埋める。わしが連れて行かれたときは午後で、もうあたりは暗くなっておった。雨も降っておって、墓掘り人足らは最後の仕上げ、土をかけて埋める作業を先延ばしにした。

夜は寒うて、雨も降っておったし、ようわからんが、たぶんそのせいでわしは目を開けて、墓穴

から出ることができたんじゃろう。力が全然出んかったんで、だめかと思うたが、死人と一緒にそんなところにいるのは怖いじゃろ。神様のおかげで、何とか外に出て家まで歩いて帰ることができたが、それはそれは長い道のりじゃった。本当に一歩一歩、ゆっくりとしか歩けんのじゃからな。それでもやっと家の玄関先までたどり着いたというわけじゃ。

　みんな寝静まっておった。ノックしたが返事はない。やせ細った体から力を振り絞って、またしつこくノックした。やっと明かりがともったのが見えて、声が聞こえた。

『こんな時間にノックするのはだれなんですか』

『俺だよ』と、家族のものをびっくりさせないように、名前を言わないで答えた。

　すぐにドアが開き、わしはほっと一息ついた。妹の方はランタンを落とし、ろうそくの火が消えた。妹は気絶して床に倒れた。

　わしもその場にくずおれてしもうて、後のことはわからん。次の日、目を開けてみると、わしは家族の者に囲まれて、ベッドの上におった。それから、わしは死んでおらんと家族の者に、はっきり言うてやった。

　神様のおかげで家に帰ることができ、奇跡的に助かったことを――こんな奇跡に恵まれる者は多くはないが――感謝するために、バイオリンを持ってドゥルセ・ノンブレの行進に参加しようと誓ったわけじゃ。信心深い者ならだれでもする誓いじゃ。コレラが消えてなくなったことを神様に感謝せねばな」

「また戦争があったら、従軍しますか」と我々は聞いた。

「ご覧のとおり、わしは年寄りで、病気持ちで、足も不自由じゃ。じゃが、祖国の自由と独立を守

るために国民が戦地に赴かにゃならん時は、飛び交う銃弾のこともコレラのことも頭にないわい。ヤンキーどもをやっつけに行くわい」

＊　ビスコチョは塩味のクッキーのようなもの。語源的には「ビスケット」（「二度焼く」の意）に関連がある。本編の主人公は一度死んだことになっているので、このようなニックネームを頂戴したのだろうか。

第三部

# 怪異譚

# 芋虫とわたし

かつて望みを抱いたことは一度もない。私自身、何度それを忘れようとしたことか。今ではだれにも知ってもらおうとは思わない。だが、同時に秘密を経帷子《きょうかたびら》に縫い込んだまま、死んでしまうことを恐れる。若いころは夜な夜なサン・ビセンテ広場を通って、サン・ヘロニモに住んでいる恋人の家へ子馬に乗って通ったものだ。そんな新月のある晩、ガジュマルの大木の洞《うろ》から芋虫のようなものが出てきた。それは透き通っていて、霧がかかったような感じで、くねくねと波打つざんばら髪のようにも見えた。この世のものとは思われない光を放っていた。子馬と私は水銀中毒者のようにぶるぶる震えた。こんな時のためのおまじないの言葉を唱えた。

「全能の神よ、お望みのものをお与えください。お金なら私に、約束なら他の人に」

すると、芋虫は生気のない、亡くなった先生の声で次のように話した。

金も約束もどうでもよい。わしは馬鹿な黒人の猟師に殺された夢遊病の教師の魂だ。今は煉獄に落ちている。魂の覚悟ができていないのに、生の夢を死の夢に移したので、自分の罪を罰している

のだ。良心の呵責《かしゃく》で死んでしまった黒人の猟師が自分の罪を罰したようにな。お前に望むものは何もない。一ペセタ〔二十五センティモ〕も残さなかったし、果たさねばならぬ約束もない。だが、お前に言っておきたいことがある。お前は死者に挑んでいるつもりのようだな。ドン・ファン・テノリオ〔いわゆる「ドンファン」〕が岩のように黙りこくっている客に自慢話を吹聴したり、森の中の小道に捨て置かれたにもかかわらず、にやにや笑っているしゃれこうべと戯れたりするようにな。死者に挑むなど危険極まりない。忠告しておくが、フォース〔力〕を呼び起こそうとするな。呼び起こしたが最後、フォースをコントロールできなくなるぞ。もし、我らがお前をお前の世界の消え入りそうな不幸な光のもとにとどめおくことを望むなら、お前は我らに関わらないで、我らを我らの永遠の光の下にいさせろ。

知ってのとおり、わしは学校の教師、それも比類のない博識の教師だった。パラケルスス〔十六世紀スイスの医師、錬金術師〕、アルベルトゥス・マグヌス〔十三世紀ドイツの神学者、錬金術師〕、フラマリオン〔十九世紀から二十世紀にかけてのフランスの天文学者〕、アラン・カルデック〔十九世紀のフランスの教育学者、心霊学者〕などの降霊術の権威の著作を徹夜で読み、そんな本を枕に眠ったものだ。そんな本を読んだ後は、夢遊病者のように、この広場をうろついていたらしい。

わたしは地上で多くを学んだ。そして、今はこの神秘の世界で、地上で学んだことを実証している。

人間は魔法なしでは生きられない。これは保証する。教師というものは講義という「苦行」をしないでは生きられない。お前のために教えておこう。基本的な知識、幽霊やお前自身と同様、命を持っている超自然の存在についての知識を。これは古代ではヘロドトスやプルタルコスやスエトニ

ウスが、中世前期ではトリテミウス司祭が、その後、ドン・サルバドル・デ・アルビネス・イスラ医師が真剣に研究していた。この医師の著作はよく読んだものだ。『マクロコスモス〔大宇宙〕とミクロコスモス〔小宇宙＝人体〕の宇宙的創造』だ。十七世紀の神父、フエンテ・ラ・ペーニャもまた、素晴らしい作品を刊行した。『明かされた存在――怪物、両性具有者、トラスゴ〔小鬼〕、ドゥエンデ〔小人〕、小人の修道士などの起源を生の暗黒の問題に帰する』という著作だ。

フエンテ・ラ・ペーニャ神父はドゥエンデについて卓見を述べている。「ドゥエンデは目に見えない動物というか、ほとんど目に見えない、悪さをする存在以外の何者でもない」

芋虫は話を続けた。

フェイホオ神父は、ドゥエンデは我々の健康を害するものと考えているが、ドゥエンデの存在を信じることは有益で、理にかなっている。フェイホオ神父はさらに悪いことに、知見に満ち、かつ好奇心をそそる手紙の中で、ドゥエンデの存在を否定している。フェイホオ神父とこの問題で議論したいのだが、こちら〔あの世〕ではまだ会っていない。こちらにはいろんな階層があるが、別の階層にいるのだろう。ただ、ドゥエンデの問題を探求するのは有益だともう一度言っておこう。

ドゥエンデは普通七人いる。青い服を着て、首にはニンニクを数珠つなぎにしてかけている。子供と遊ぶのが大好きだ。子供が一人で笑ったり、話したり、おもちゃを引っぱり出したりしているのを見聞きしたことがあるだろう。ドゥエンデと楽しくやっているのだ。

ドゥエンデたちが人や家族に愛着を抱くと、その行動はいつも度を越してしまう。台所を掃いた

り、モレンデロ〔トウモロコシを挽いて粉にするローラー〕をピカピカに磨いたり、コーヒーをドリップしたり、チョコレートカップのホットチョコレートを掻き混ぜたり、牛の軛《くびき》を外したり、木の若芽の剪定《せんてい》をしたり、子牛にプラタノ〔調理用バナナ〕の房を取り分けたり、甘いものを入れている瓶の蓋を取ったりする。

ドゥエンデたちが夜な夜な物音を立てたり、家の中を掻き回したり、家の中の様子がどうも変だったりする。目には見えないが確かに何かいるので、一家は引っ越しして逃げ出していく。

一家が最後の荷物をまとめて新居へ引っ越そうとするとき、だれかが言う。

「コーヒーのドリップ袋を忘れてるぞ」

「そんな馬鹿な。ここにあるぞ」

と、どこからともなく返事をする声が聞こえる。その声は家族の者みなにはっきり聞こえた。その声は家にとりついているドゥエンデのものだった。アントニオ・デ・トルケマーダは好奇心をそそる著作（購読をお勧めする）『珍奇な花の庭』の中でドゥエンデをトラスゴ〔小鬼〕と呼んでいる。さて、ドゥエンデについては、今日のところはこれで十分だろう。

次のテーマに移ろう。木からしばしば出てくる光と幽霊（おしゃべりな霊で、あまり信用できない）と影はそれぞれ別の三つのものに見えるが、実のところ、それはただ一つの霊が物質化したものなのだ。そいつは悪魔の霊で、魂を破滅させようと、この世をうろついている。人が生まれてから一生の間、その守護天使と絶えず戦い続けている。死神は、「コリント人への手紙」の中で聖パウロが言っているように、反キリスト〔キリストの敵対者〕だ。魂を地獄の底に連れていくために、死神は不意に信仰を間違った方向に導き、守護天使との戦いに勝たなければならない。キリストが

再来した時、死神は死ぬ。死はイエスの死一回限りで、死は我々の喜びの中に埋没する。

陰気な人にとりつく、無害だが、いたずら好きな霊、というよりもむしろ、無邪気に生きている人の庇護を求める霊もある。お前たちもたぶん、こんな霊を見たことがあるだろう。それらはブルト〔影法師〕と呼ばれている。彼らは巨大な家具がある廃屋や大きな薄暗い居間にいる。そんな家の中で彼らがロッキング・チェアにかけて、ゆらゆら揺らめいているのを見たことがないだろうか。これからわしが話すことを注意して聞け。

## 山の主

それは、煉獄に落ちた、ある猟師の魂だ。洞窟に住んでいた、この犯罪者の常軌を逸した激情は、だれにも、また何ものにも止めることはできなかった。この男の喜びは殺戮《さつりく》であった。飽くことを知らぬ愚劣な破壊行為であった。神は自らの創造物を慈しみ深く愛していたので、この男を許そうとはしなかった。ところが、アッシジ〔イタリアの聖地〕の聖フランチェスコは、歌を歌ったり、甘い声でクークー鳴いたり、夜通し起きていたりする鳥たち、神の造り給いし神聖な景色を美しく彩る羽毛のブーケを持つ鳥たちすべての仲間であったが、この聖フランチェスコが冷酷な猟師の魂をこの世に送り返すように神に請願し、受け入れられた。この世で贖罪させるためである。そして、その魂は今では神の御意のままに、邪悪この上ない獣から動物たちを守っているのである。その獣とは、心の中に邪な思いが次々に沸いてくる、人間という獣である。

楽しそうに遊ぶ子鹿たちを優しく見守る親鹿を思慮のない愚かな猟師が殺そうとすると、山の主

は親鹿の姿を人食いジャガーに変え、臆病者を震え上がらせ追い払ってしまうのだ。

## 水の女

そいつはわしと同じ芋虫の姿だが、メスで邪悪な心を持ち、恐ろしい悲劇をもたらす。そいつは家庭を持たぬまま死んでしまった。うるさく言い寄る若者には見向きもしなかった。そして今、彼らを苦しめている。川などで水浴びするときは、必ずセロリの茎をくわえて行くこと。*

* 古代ギリシャやローマでは、セロリは魔除けとして使用されてきた。

## 首なし修道士

それはペルーに行ってしまったコスタリカ人の神父だった。ペルーの異端審問所で、慎重に審議した結果、女犯《にょぼん》、蛮行、強欲の罪で有罪とされ、斬首刑に処せられた。その神父は悲嘆にくれ、今なお頭を求めてさまよっている。

今お前に話していることはすべて、確かにエスカス〔サンホセ市西郊、現在は高級住宅地〕で起こったことだ。驚くべき物語は奇跡のように美しいその村から始まったのである。この村はこちら側〔あの世〕でも、国の栄誉になるのではないかと、我々、煉獄に堕ちた魂は思っていたのだ。

我々は田舎者の政府などあてにしていなかった。成金どもの侵略によって被害が出始めた。新しもの好きの役人どもがこれに続いた。そのうちの一人がエスカスの村を「近代化」したがった。そして、我々、煉獄に落ちた魂の大のお気に入りのシエスタ〔昼寝〕の場所、村の広場のガジュマルの木を切り倒し始めた。これと調子を合わせたように、のちに斬首刑に処される、お調子者の神父が登場して、説教壇から信者たちにけしかけた。

「古い家を捨てなさい。芸術家が私たちをこれからもずっと訪ねてこられるように、家を全部新しくしなさい」

お前はどう思う。例えば、こんなこともあった。その神父はきらびやかなバロック様式のコロニアル〔植民地〕時代の祭壇を隅っこに片付け、イタリアの大理石でできた祭壇を新たに据え付けた。さらに、セビリアで作られた聖像を取り外して、メード・イン・バルセロナのパピエ・マッシェ〔張り子〕の聖像に取り替えた。

芸術の何たるかを知らない成金ども、軽率な政府、新しもの好きの役人、しっかり勉強してもっと分別を付けなければならないはずの神父らとともに、エスカスは終わった。

この物語もやがては忘れられてしまう。我が国のもっとも美しい村に墓標が立てられようとしているのだ。

## コップを持つ尼僧

それはサン・フアン・デ・ディオス病院〔サンホセ市内〕の尼僧だった。頑固者で、末期《まつご》の水を所

望した瀕死の患者の願いを拒否した。やがて尼僧は死を迎えたが、生前のこの行いに対して罰が下ることになった。今、尼僧は手に水の入ったコップを持ち、病院の廊下をさまよい歩いている。不眠症の患者はみんな、夜、悲しみに沈んだ、青い顔をしたこの尼僧を見ている。

## 空気の精霊

悪霊は二十三夜〔下弦の月〕のシンデレラの時刻〔深夜十二時〕に水たまりにいる小鳥たちに影響を及ぼし、悪霊の手先にしてしまう。

## ラ・フー・デル・レオン

これは大きくて醜い悪魔のような鳥だ。意のままにピューマを操って、先住民や白人を食い殺させる。

## カササギの悪魔

これはラ・フー・デル・レオンの相方の淫乱なメスだ。そいつの青い卵からは見るも恐ろしいカメレオン・トボボが孵《かえ》る。こいつに噛まれたり、刺されたりすると、命を落とす。

新月の夜ごとに、洪積紀から奇跡的に生き残ってきたイタボ〔鋭い剣のような葉を持つ〕の木のてっ

ぺんで悪魔の手先の醜い鳥たちの集会が始まる。まるで魔女の集会を思わせる。この集会を司るのはヨタカで、こいつは夜、出歩く者を追いかけまわし、道に迷わせて、ラ・フー・デル・レオンに引き渡すのが楽しみなのである。

### 川のメジロザメ

こいつにはオスもメスもいる。洞窟の悪臭を放つむんむんした湿気の中で淫行に耽っている。

### ニャ・フステス（フステスおばさん）

エスカスの老魔女で、刑の言い渡しをしている。狙う相手の写真の上に雄鶏の心臓を置いて、それにピンを刺し、徐々に呪い殺していくのだ。祈りも、ましてや薬も効かない。いいか、絶対に自分の写真をだれにもやってはいけないぞ。

### ペヘ・ニコラス（ニコラスの魚）

ニコヤ湾の漁師にはよく知られている。サン・イシドロ山脈の霧深い支脈のビリージャの東に棲息しているが、悪魔の命令が下ると、海へ下っていき、巨大なイルカに変身して、カヌーを難破させる。悪魔の命令を立派にやり遂げると、オロミナ〔グッピーの一種〕になって、川を上り、元の山

に帰っていく。そして、また悪魔の命令を待つのだ。

## ニャ・サラテ（サラテおばさん）

これは風格のあるご婦人である。雨季〔四月から十一月〕の間はエスカスの「白い石」の「魔法」と呼ばれる御殿に住んでいる。乾季〔十二月から三月〕はピエドラ・デ・アセリ〔サンホセ市南郊〕にあるもう一つの「白い石」の「魔法」の御殿に住んでいる。一人暮らしだ。自分のことは自分でやる。超自然の力を借りることはできるが、特別なことがあっても、彼らの力に頼ったことは一度もない。どちらの魔法の御殿にも花がふんだんに咲いている素晴らしい庭園があるが、そこの花は萎《しお》れることがない。だが、用心しろ。花に触ってはいかん。触ると、魔法をかけられるのだ。ただ、この魔法が続くのは長い時間ではない。魔法が解けると元の自分に戻る。元の自分とはいっても、死人になって戻るのだが。どちらの庭にも墓地があり、彼女自ら埋葬してくれる。危険を冒して花に触った者がそこで永遠の休息を得ているのだ。

危険を冒さずに魔法の御殿を訪れることもできる。ただし、それは聖週間〔復活祭〕の聖木曜日と聖金曜日に限られる。どちらか一方の庭、どっちだったか今ちょっと思い出せないが、そこに小さな湖がある。いや、むしろ溜め池といったほうがいい。そこは底なしで、呪いがかかった水溜めで、決して眠りにつかない恐ろしい目玉と言ってもいい。それを見てはいけない。そいつは悪魔の目だ。用心しろ。

このご婦人は若い時は狩りの女神ディアナのような女狩人だったが、「山の主」に出会ってしま

った。「山の主」が彼女を悪魔本人に紹介したというわけだ。彼女は悪魔と契約を結んだ。魔法の御殿と引き換えに、悪魔に魂を引き渡すという契約だ。エスカスの魔法の御殿には小窓が三つある。そのうちの一つからはエスカスを覗き、二番目の窓からはサン・イグナシオ〔サンホセ市南西〕を、三番目の窓からはアセリ方面を見張っている。手下も使っているが、それがだれかはわからない。手下どもはいたるところにいて、好奇心が強すぎて身の破滅を招く人たちの気を引いて、自分の担当の墓地に連れて行って、一生を終えさせる。

　ニャ・サラテは妖術を使って、悪を焚きつける。賢い人を薄ら馬鹿にする。偉い政治家を無能にし、有徳の士を守銭奴に、リベラルな考えの持ち主を信心家ぶった偽善者に、控えめで思慮深い人を後先のことを考えない浪費家にする。ニャ・サラテは政治家気取りだが、彼女が口を出すと政治はうまくいかない。上品ぶった、口数の少ない娘を慎みのないおしゃべり女に変える。いかめしい親方をお調子者に変える。長い間処女を守るのに疲れた娘を行きずりの男に委《ゆだ》ねさせる。その結果、娘を泣かせ、後悔させ、心を惑わせてしまった。ニャ・サラテは娘に嘘八百を並べ、娘を生まれたばかりの赤子のように無邪気で、世間知らずにしてしまう。中央市場に道具を買いに出かけるときは、喪章をつけ、指先のない手袋をはめて、押し黙り、周囲には無関心な様子で歩く。まるで別世界から来た人のようだ。薬草、蒸留液、セイヨウミドリゲンセイ〔甲虫、媚薬の原料〕、蒸留器、水時計を使ったり、呪文を唱えたり、魔法をかける相手をじっと見つめたり、体に触れたりする。こうやって、魔法をかける相手の意志を捻じ曲げたり、体を鞭で打ったり、徳を弱めたり、不和の種を蒔いたり、悪を広めたり、善き心を追い払ったりする。こうして悪魔の願いが叶うのである。すべてはニャ・サラテの仕業である。

ところが、ニャ・サラテは貧しい人には親切である。

赤貧洗うがごとき日雇い人夫がいた。この家のかまどの火が今にも消え入りそうになったので、かまどにくべる小枝や蔓を拾いにエスカスのピエドラ・ブランカ〔「白い石」の意〕の近くにロバを連れてやって来た。

ニャ・サラテはカボチャやチベレ〔瓜の一種、砂糖で煮てお菓子の餡にする〕などの野菜をたっぷり恵んでやった。

男は唖然としていたが、正気に帰ると、革袋に放り込んだ。帰り道、荷物があまりにも重いので、ロバは動けなくなった。男が野菜を捨てると、ロバはまた足取りも軽く歩き出した。夜、男の女房は革袋の中に何かきらきら光るものを見つけた。それは黄金の野菜だった。夫婦は急いで、野菜を捨てた道の脇まで飛んでいって、残りの野菜を拾い集めた。それは全部優しく輝く黄金の野菜だったのである。

## エル・カデホ〔「たてがみ」の意〕

出は卑しいが、年を重ねるにつれて、名声も品格も増していく。

エスカスの有力者の三男はどんちゃん騒ぎが好きな怠け者だった。昼間はいつも寝ていて、夜になると、毛布に軛《くびき》を包んでベッドに寝かせ、家を抜け出して、どんちゃん騒ぎをするのだった。父親は怒り心頭に発した。兄たちも同様だった。彼らは三男を力ずくで山に連れて行き、フリホーレス〔小豆のようなもの〕を蒔かせることにした。農園に着いたとたんに、三男は横になって昼寝を始

めた。そして、事が起こった。父親は三男に呪いの言葉をかけた。

「お前はこれからずっと四つ足で這いつくばって生きるのだ。アーメン」

すると、三男はやせて、陰気臭く、毛が逆立った大きな犬に変身して、遠くに住んでいるどんちゃん騒ぎ好きの友だちのそばに駆け寄り、悲し気に周りを警戒するようについて歩くのだった。

そいつが村の墓地を守る糸杉の林の中で死の匂いを嗅ぎまわって、唸り声をあげているのを聞いたことはないか。

奴は体から抜け出した魂が通り過ぎたり、煉獄から逃げ出してきた魂が飛んで行ったり、神秘の天使が羽ばたく音を聞いているのだ。

## ミコ・マロ

地獄のピューマには三種類ある。山裾のピューマは、毛が全く生えていない。次に縞模様のピューマがいる。そして、サルの巨大なしっぽを持つピューマがいる。ミコ・マロ〔「邪悪なオス猿」の意〕とは「山裾」のピューマのことである。

不義の子を産んだら若い娘がいた。父親は娘を家から追い出したので、娘はサトウキビ圧搾場のサトウキビの搾りかすの中に隠れて寝た。ある晩、娘の祖父は黒いストールが娘の首に巻き付いて、窒息しそうになっているのを見つけた。圧搾機のハンドルにミコ・マロが座り込んでいた。

娘の祖父はスカプラリオ〔修道士の肩衣〕を脱いで、「マニフィカート」の祈りを唱えながら、娘にかけてやった。すると、黒いストールは消え、ミコ・マロは大きくジャンプして、卑猥な歌を歌

う男のように、口笛を吹きながら、立ち去った。祖父は娘を父親の家に連れて帰った。父は娘を許した。どうやらミコ・マロが娘を誘惑した男を背後で操っていたようなのである。

## ラ・セグア（馬女）

セイレン〔半人半魚の海の精で美声によって船人を魅惑し、難破させた〕の歌のように耳に快く響く、神々しい声の娘だが、実は、地獄の牝馬*の顔をしているのである。しかし、それはだれにも見せない。人が通らない寂しい道を行く男たちに心地よい声を聞かせ、娘のとりこにさせてしまう。だが、娘の唇には死神が宿っていて、口づけすると死んでしまうのだ。娘が川で水浴びをして、金の馬櫛でたてがみを梳《と》いているのを見た者がいるが、それがラ・セグアに違いない。

* 「牝馬」はスペイン語では yegua（ジェグア）という。「妖怪」の意味の cigua（シグア）と yegua の合成語か。

## ラ・トゥレ・ビエハ

これは我々の考えが全然及ばない、未知の神秘であり、考えれば考えるほど、心が落ち着かなくなる。私自身、多くの難解な謎々の答えを学んできたが、こいつの本性が何かはこれまでのところ分かっていない。私にとってトゥレ・ビエハはコスタリカ、いや新大陸全土に移植されたエジプトのスフィンクスと言える。新大陸ではすべてのものが変質してきた。

この急ごしらえの大陸では何もかも変質してきたのに気がついたことはあるだろうか。エンゲルスを読んだことはあるか。どうやってベンガルのトラをジャガーと比較しようというのか。リビアのライオンをどうやってピューマと比べるのか。ナイル川のワニとテンピスケ川のトカゲは？　スーダンのダチョウとエスカスのチョンピペ〔七面鳥の類〕は？　聖なる鳥トキが幸薄き「エストゥクル」〔フクロウの一種〕に変わってもいいではないか。立派なスフィンクスがトゥレ・ビエハに変わるのに何の不思議があろうか。

　スフィンクスは謎々の出題者としては一級品の知性の持ち主だった。新大陸に飛んできて、この見劣りのする、セクシャルな女に姿を変えた。それはこの異質な、原始的な集産主義体制の大陸にとっての強壮剤と言える。スフィンクス（トゥレ・ビエハといっても同じだが）は、わしの理論が正確なら、ギリシャの壺の絵に描かれているような、謎めいた表情をしている。髪の毛は何と言ったらいいか、乳房はつんと突き出ていて、腕も体に対してちょうどいい大きさで、肉づきは女性的だが、足は人間の足ではなく、動物の足で、ワシの鉤爪《かぎづめ》がついている。両肩からは、短いが力強い翼が生えている。炭焼きが山に残した炭と灰を食べている。

　トゥレ・ビエハは若い百姓をつけまわす。おどけた顔をして、豊かな胸を突き出し、彼らを踊りに誘う。だが、それは罠だ。そこには地獄のハキリアリ〔葉切り蟻〕の巣があって、いい思いをしようとしてコロッと騙された若者に麻酔をかけるのだ。そして、トゥレ・ビエハは飛び立つが、また戻ってくる。その都度、若者の首の一部を残酷極まりないやり方でむしり取っていくのだ。

　トゥレ・ビエハに出会った場合、助かりたければ、トゥレ・ビエハに向かってこう言え。

「ロザリオの祈りよ、我に来給え。一緒に祈ろう。神を讃えよ」

こう言えば、そのとたんにトゥレ・ビエハの翼が轟音とともに空気を震わせ、トゥレ・ビエハは太陽目指して飛び去って行くであろう。

## ジョローナ（泣き女）

それはきれいな娘だった。ただ、尻軽で、思いのほか早く妊娠したので、新月の夜、胎児を堕ろした。何を思ったか、ひくひく泣く赤子を水かさが増した川に投げ込んだ。川は赤子を泣き声もろとも呑み込み、小さな命を奪ってしまった。女は後悔の念にさいなまれ、絶望し、ついには気が狂って、泣きながら赤子を探し求めるのだった。女には赤子が青白い体を川に浮かべているのが見える。体は透き通って、星のような光を放って輝いていて、両腕は大人の死者のように組んでいる。女はわが手に赤子を取り戻そうとするが、悲しいことに赤子は川の淵の暗闇の中に消えてゆき、柔らかい光は赤子が沈むとともに弱くなって消えてゆく。どんな池でもどんな川でも、雨が降ろうが、雷が鳴ろうが、女は赤子を探し求める。

女はずいぶん前に死んでしまったが、死んだことなどお構いなく、苦悶に満ち、悲嘆にくれた女の魂は涙を流しながら、赤子を探し続けている。だが、目的が果たされることはない。

「しかし、先生、ジョローナのことは残酷すぎるように思えますが」

私はおずおずと先生の言葉を遮った。すると、死人の声が答えた。

「そう思うのももっともだ。だが、その女は一万年に一回しか現れない類まれな魂を溺死させたの

だということをお前は知らないだろう。その男の子は本当にかけがえのない、素晴らしい人間になるはずだったのだ。その子の中に天体と神の感化力がすべて流れ込んできて、偉大な預言者に、人類のリーダー、解放者、この世を照らす光、つまりは救済者になるはずだったのだ」

「でも、先生、情けというものは……」

「情けは無用だ。それは人間的な感情だ。あまりにも人間的な。神はお前よりもよくご存じだ」

私はもう一度、心を奮い立たせて反駁した。

「しかし、そんなに残酷で、いつまで続くかわからない苦行を神が怯えきった哀れな女に課すとは、とても考えられません」

「いや、いつまでも続くわけではない。そろそろ罰は終わる。不確かな未来、不幸、いや、とりわけ愚かさから免れるために人類は今、偉大な預言者を必要としていることが神にはわかっているのだ。その赤子はまだ将来がどうなるともわからない、はかない命だったが、人類にとっては不可欠の存在で、ある朝、母親自身の手によって解放され、甦る。新たなモーゼとして。そして使命を果たすのだ。母親は息子の栄光の軌跡を見て、最後には魂の安らぎを得るのだ」

「それはよかったです、先生。不幸中の幸いです。それを聞いて安心し、得心しました」

「そうは言ってもな。わしは本当のことしか言わん。それでは聞くが、魔女とは何だ。寝取られ男とは？　不正直なオカマの幽霊とは？　客引きの娼婦とは？　ワルプルギスの夜の地獄に落ちたゲスどもとは何だ。邪悪、悪意、悪臭、熱狂、激高、好色、錯乱、悲観、とりわけ耽溺といった熱帯的なものの影響下にある白いケルビム〔智天使。天使の序列二位〕か熾天使〔序列一位〕的実体か」

「ええ、わかります。とりわけ、快楽のことが」と、震えながら、私は答えた。「だが、あなたは

よくご存じでしょうが、この世のものならぬ存在についての知識に対して、そちらで対価を払われたのですか」

「そんなものはだれにも要求されていない。お前らは要求しすぎだ。わしの教育上の義務はお前を騙さないことだ。わしの義務はお前を指導、教育し、教養をつけさせ、事態に対処する準備をさせ、知識や知恵を吹き込み、くだらない知識を取り除くことだ。繰り返し言うが、フォース〔力〕を覚醒させるな。いったん覚醒すると、コントロールできなくなるぞ。恋人のところへ行け。愛がなければ、だれも何の価値もない。恋人のもとへ行け。恋人のもとでお前は安らぎを得るのだ」

「恋人のもとでお前は安らぎを得る」

私はこのフレーズを繰り返した。夜どおし、私の魂の中でこのフレーズが鳴り響いた。

暗く、くぐもった、低い声が言った。

「お前は人生のすべての理由を知った」

私は、子馬をあちらの方へ向けた。私にその理由を聞かれても、答えられない。芋虫はどこへともなく姿を消してしまっていた。

# 妖怪ども

このペドロ・ビリャロボスとかいう男は、長いこと神のご加護があったようだが、私はずいぶん前から知っている。ただいつごろ知り合ったかははっきり覚えていない。私の村の質素な教会に灰色の塔が二つあったが、そのイメージが私の記憶に刻まれたのがいつのことかも判然としない。その教会には取り外しのできる、燕の模様のついた花冠と、マリア・デル・ピラール〔ピラールのマリア〕とサンティアゴ〔聖ヤコブ〕という名の二つの鐘の心地よい響きを思い出す。この素敵な二つの塔はラモン・アンドラーデさんの寄進になる。この成金の老人はグレーのウールの上着を着ていたが、上着の下の縁がほつれていた。リベットのついた黄色い靴を履いていて、深紅の絹の飾り紐を一本は腰に、もう一本はつばの広いアロー繊維の帽子〔麦藁《むぎわら》帽子のようなもの〕に巻きつけていた。日曜日には二回ミサに参列していた。この教会は隣りの山村、ラ・カルピンテラの教会のように、エメラルド・グリーンを基調にしていた。教会のそばにはティリビ川〔サンホセ市の南郊〕が流れていて、せせらぎは人がくすくす笑ったり、歌を歌ったりしているように聞こえる。ティリビ川の淀みや流れには夜な夜なジョローナ〔泣き女〕の痛々しい叫び声があちらこちらから聞こえてくる。

これには立派な紳士の信頼に足る証言がいくつかある。

ペドロ・ビリャロボスは子供のころ、顔にあばたができたが、これ以外の病気にかかったことはない。微熱の症状が出ることはあったが、これは遺伝的なもので、そのほかには何もない。女性問題を起こしたことはある。三度結婚したが、三度とも妻に先立たれていたのではなかったか。その他にも女を囲っていたはずだ。今はそんなことはない。もう年寄りだから。女をたらし込む秘訣や災厄を避ける秘法は彼には大いに役立った。媚薬、まじないの文句の書付、ヨタカの粉末、トカゲの骨、何かの骨などをいつも持ち歩いていた。これら一式そろえるには五ペソ*もかかった。そういうわけで、その時は肉を買う金さえ残らなかった。長年、警察に勤めたので、規則はそらで言える。上司は彼の業績を大いに評価した。みんな何か取り柄はあるものだ。

すっかり暗くなった。教会の中庭では頭上にろうそくの弱々しい明かりが消えそうになりながら揺らめいていた。ティリビ川の近くの噂が伝わってくる。ひょうたんの容器の中で小石の音に合わせて、カエルが歌っている。ガジュマルの木が日陰を作っている。そばに、古く苔むした、丈の低い石塀があるが、ガジュマルの木はこの石塀に枝を優しくかざしてやっている。この石塀は小さな教会の中庭と表の通りを隔てている。ガジュマルの木の陰でのんびりおしゃべりをするために集まってくる人もいる。ここは彼らにとって暑い日の夕方のお気に入りの場所の一つである。話題はホセ・マリア・ペレスさんの晩年の出来事に落ち着いていく。このホセ・マリア・ペレスさんは村の住民の中でも有名人の一人である。神への祈りを欠かさない老人で、働き者で、とても善良な人間である。

ノベナ〔神や聖母、または死者などに捧げる九日間の祈り〕の時と、年の終わりにロザリオの祈りをず

っと捧げているのもこの男である。聖週間〔復活祭〕とキリストの聖体の祝日の行進では、自ら高く掲げた十字架を持ち、行進の先頭に立つ。さらに、少し皺のある聖フランシスコの法衣を紐でぴったり結わえつけて着る。

日曜日の宗教上の務めを果たしさえすれば、楽しかったかどうかは問題ではない。彼の喜びは、この日曜日のつかの間の平穏な喜びに限られていて、宗教的気分を月曜日に持ち越すことはない。ホセ・マリア・ペレスさんは月曜日にはいつものように朝早くからお昼の弁当とシャベルかマチェテ〔山刀〕を肩にかけ、仕事に出かけるのである。

ペドロ・ビリャロボスは周知のように、さも自分で見てきたかのように事件を語る。まず、火口《ほくち》から火を取り出し、葉巻に火をつける。葉巻を巻いたぼろ布の匂いがかすかに周囲に広がる。みんな押し黙って話に耳を傾ける。

「その朝、わしらはコーヒーの木の剪定《せんてい》を始めただ。ペレスどんは朝早く近くのポロ〔エリスリーナ属の開花植物〕の木に上着と弁当の入った袋をかけて、農具を持って仕事に行っちまっただ。角のとこで木を剪定してただ。ちょうどそこんとこでシプリアーノ・フォンセカどんがびっくり仰天しちまっただ。ああ、神様、こいつの罪をお許しくだせえ。フォンセカどんは大きな音を立てて、ばたんと倒れちまっただ。首のとこを袋でくるんで家に連れてけえっただ。昨日、秘跡の終油〔病者の五官に塗り、罪のゆるしと、可能なら病気の治癒を祈る〕が額に塗りつけられただ」

その場にいて、秘跡の終油の件を目撃した者もいる。前日、驚愕のあまり、そのまま固まってしまった老人に神父は聖油を持っていってやったが、老人は全く話すことができず、ほとんど身動きできなかった。幸い、日曜日だったので、神父はミサを執り行っていた。

ペドロ・ビリャロボスはまた、話に加わってくる。

その農園で幽霊に出会った者は多いそうだ。幽霊が出ることを否定する者はだれもいない。その幽霊というのは、死者が生前果たすことができなかった約束を果たそうとしているのか、それとも黄金の入った壺が埋められていて、その精が出てきているのか、だれにもわからない。ともかく、次々と死人が出たことは確かなのだ。その都度、死体も運んでいかなければならない。農園の管理人の仕事をしている男が次のように言っていた。

ある月のきれいな夜、犬がキャンキャン吠えて、うるさくて寝られないので、何事かと思って、包丁を手に外に出てみた。十分警戒していたが、近くで何か大きく揺れた。もちろん、風のせいではなかった。背筋にぞっとする寒気が走った。そいつはすっと家の中に入ってきた。女房がお祈りを始め、震えあがった亭主の背中を毛布で思い切り、はたいてやった。その夜からあとは、犬がキャンキャン吠えることはなくなった。昼間は地面に子供や馬の足跡がつき、馬のいななきや馬の走る音が聞こえたりするが、外に出てみると、何もない。また、真昼間にランタンのろうそくが点《つ》いていたりする。

その農園の真ん中に、三月〔乾季の終わり〕の暑い盛りの時でさえ、まるで魔法のように、いつも寒くなっているところがある。その農園の中の家に長いこと、死ぬまで一人で暮らしていたカルタゴの神父についての話もある。この神父は毎朝五時にミサを執り行った後、一日中部屋に閉じこもって、だれとも話をしなかった。手伝いの老婆さえ、神父の姿を見ることはなかった。コーヒーや昼食、夕食ができたことを知らせるときは、持ち歩いている小さな鈴を鳴らして、神父に会うことなく、引き下がる。食事が済んで神父が食卓から離れた音が聞こえると、老婆は食器を下げに戻り、

神父はまた部屋に閉じこもるのであった。神父は地下に埋められた黄金の精だったのだろうか。ドゥエンデ〔小人〕か、それとも悪魔だったのだろうか。

神父自身についていえば、少し前、不吉なことが身に降りかかった。何日も前から、一人でいると、どこにいても光が追いかけてきた。光は何度も現れたが、ついに霊の相手をしてやろうと、光に話しかけた。その前にグアロ〔サトウキビ焼酎〕を一杯ひっかけたが。

「さて、望みは何だね。じゃが、わしが無事に家に戻れるよう、お願いしておくが」

そいつは死んじまったゴヨ・カルボだった。息子のラフェルと話したがっていた。ミサを執り行ってもらう約束だったが、まだ何回か足りないと言っていた。実際、その時は無事に済んだが、家に着いた時、死人のような冷たい手が背中を上から下へ、下から上へなで回すのを感じた。足の骨が外れそうになったが、何とかベッドに這い上がった。女房は、こんな時には効き目があるというので、熱い灰を亭主の背中に塗って、よくさすって悪霊を追い払った。部屋に聖水を撒き、神父によって祝福が与えられたヤシの葉も燃やした。最初のうちは死んじまったゴヨの言いつけをラフェルに伝えていたが、ラフェルは聞き流した。それからはラフェルに次から次と不運が舞い込んできた。それまでは運に恵まれ、生活は安定し仕事も順調だったのに、今ではすっかり運に見放され、財産を全てなくしてしまった。

ここ、トレス・リオス〔「三本の川」の意〕で一時、政治に足を突っ込んでいたが、やがて死んでしまった。「マニフィカート」の祈りを最後の方から逆に唱えることができると自慢していた。窮地に陥ったとき、祈りを逆に唱えると、神様のお恵みにあずかれるんだとか。悪霊か、それとも何か他のものか。もしカデホス〔犬の妖怪〕だったら、何もしてはいけない。

ある晩、カレータ〔二頭の去勢牛が曳く荷車〕を曳く牛とともにカリージョから家に向かっていると、ばったりそいつに出くわした。初め、小糠《こぬか》雨のような音が聞こえたが、来た道から馬蹄の音がしていた。その直後に見えたのは真っ赤な炭火のような二つの目だけだったが、それは十三歳ぐらいの男の子、あのホセ・ホアキンだったそうだ。その子はある晩、父をおどかしてやろうと、橋の下に隠れていたのだ。父親は息子をこっぴどく叱りつけた。だが、悪いのは母親であった。母親が息子に父親をおどかすようにそそのかしたのである。父親に愛人がいたので、母親は夜遅く帰れないように、父親をおどかしてやろうと思った。そこで子供が貧乏くじを引いたのである。そして、その時まで……。

ラフェルは、夜遊びが癖になっている男を探し求めているラ・セグア〔馬女〕を見たことは一度もない。女たらしではなかったからというわけではない。いつも何か思い出の品を身につけるのが好きだったからに違いない。カルメル修道会のスカプラリオ〔修道士の肩衣〕かカルロス党の標章を大体いつも身につけていた。

髪を束ねず、喪服を着て、さっそうと歩くスタイルのいい女を見ると、すぐに声をかける男がいるが、女は聞こえないふりをして進んでいく。男は盛んに声をかける。女は男が近寄って来るがままにさせておく。男が女をものにしようとして、無遠慮に近づき、「いかしたメスティーソさん」とか何とか声をかけると、ラ・セグアはふり向き、こんなふうに馬の歯をむき出しにして、耳もピンと立てる。死にそうになった奴は生き返らせてやらんとな。ラ・セグアは女たらしの男にだけ姿を見せる。品行方正な男には敬意を表す。女には……。

ここで、話を聞いていた者の一人が話の腰を折った。ラ・セグアの話の細部はペドロ・ビリャロボスのでっち上げだというのだ。そして、恐ろしい化け物の他の側面を証明する個人的なケースについての話になる。

夜十一時ごろカルタゴから馬に乗ってやってきた男がいた。フィエロ〔「鉄」の意〕川を通りかかったとき、木の根元で男の子の泣き声が聞こえた。馬から降りて子供を抱き上げた。子供をなでてやると、泣き止んだ。子供と一緒にまた馬に乗ろうとしたとき、その子は男に何と言ったと思う?

「おらの歯をよく見て」

こんな顔でこんな歯で、まったくメス馬の……。

息を吹き返した男はディエゴ神父に一部始終を告白した。

ペドロ・ビリャロボスは言う。そう、そんな時は告白するに限るだ。けんど、聖体拝領[**]の前には少なくとも三回告白しなけりゃならんが。

さらに続けて言う。

ソトはそのころリン・ホセで警察官をしとったが、深夜一時ごろ、カレータの音を聞いただが、カレータは牛に曳かれていないだ。ソレダ地区あたりを巡回しとっただ。最初、顔に薄気味の悪い風を感じただ。まるで崖っぷちに立った時の風のようだっただ。それから、来た道を振り返ってみただ。怖くなって走って相棒の警官のとこへ行っただ。おっかなくて、顔を壁にぴったりくっつけていただ。体中震えが走っただが、一杯ひっかけるとこもないだ。お天道様が顔を見せるまでじっとしとっただ。教会で人魂が輪になって祈っとるのが見えるっちゅうのはチェペ・チャコンの嘘じ

ゃ。夜十時、十二時、一度は午前一時に扉の下に半分ほどラ・セグアが姿を現したことがあるだが、よく見ると、蝙蝠の群れだっただ。墓場にはもちろん現れるだ。けんど、夜、絶対にそこには近づくな。アラフエラにいる奴の知り合いに、気味の悪いことが起こっただ。もちろん、夜ほっつき歩いていたからだけんど。どんちゃん騒ぎが好きなやつで、踊ったり、結婚のパーティーに出たり、ロザリオの祈りをしたり、お通夜に行ったり、そんな時、奴がいないことはなかっただ。土曜日、家に帰ってくる時間は午前一時だっただ。その夜、馬に乗ってイティキスのあたりを通っていただ。グアピノール〔ジャトバ、日本名オオイナゴマメ〕の木の近くにやって来ただ。そこは帰り道、必ず通らにゃならんとこじゃが、急に馬が言うことを聞かんようになって、止まっちまっただ。見ると、家が一軒あって、部屋中に煌々と明かりが点《つ》いとるだ。ちょうどそこにグアピノールの木があっただ。回廊には大きなテーブルがいくつか並んでおって、食事しながらにぎやかに歓談しとるだ。けんど、そこにおる人の顔はだれ一人として、よう見えんことに気がついただ。両の手でどんなに目をこすってみてもよう見えん。中から身なりが立派で、髪もきれいに梳《と》かしつけたご婦人がでてきて、男に言っただ。馬から降りて、お嫌いでなければ、タマル〔粽《ちまき》のようなもの〕でも食べていくように、物腰柔らかに言っただ。男は馬から降りて、回廊の柱に馬をつなぎ、だれも座っていないテーブルの席に着いただ。熱々のタマルが出されただ。タマルを包んでいるバナナの葉っぱをむいただ。一口いただこうとしたとき、塩がないのに気がついただ。それで、そのことを誘ってくれたご婦人に言うただが、急に真っ暗になっちまって、男は塩のことはそれっきり何も言わんかっただ。家も明かりも何もかも、なくなっちまっただ。気がつくと、男は木の上におって、熊手で押さえつけられとっただ。馬は他の枝にぶら下がっておって、窒息しそうになっとただ。急いでマチェテで

老いぼれ馬の顔の覆いを切ると、バタンと床に大きな音が響いただ。さっと老いぼれ馬に飛び乗り、頼むから早く家に帰れと言うただ。家に着いた時にはちょうどここ、胃の入り口にひどい痛みを感じただ。びっくりしたせいか、それとも長い道のりだったせいじゃろう。それからというもの、夜八時以後、一人で出かけることはなくなっただ。

この話はこれで終わり、おしゃべりしていた連中の間にしばしの沈黙が支配した。川のうわさ話には尾ひれもついている。木陰に人が大勢集まっているところでは、あまり高くないところに、ときどき、ろうそくの明かりが妙な様子で点々と灯っているが、黄金の鑿《のみ》の先っぽで見えざる手が静かに夜のとばりに穴をあけているかのように見える。上の話に出てきた男たちの中には、点いたり消えたりする残り火のような光は魔女が吸っている葉巻の先の火だろうと言う者もいるようだ。遠くに、はるか遠くにカレータのガタガタ行く音がはっきり聞こえる。だんだん遠くへ行ってしまうが、どちらの方向へ行っているのかはよくわからない。

＊　現在のコスタリカの通貨単位は「コロン」（「コロンブス」のスペイン語形）だが、一八九六年以前は「ペソ」であった。「コロン」導入後も「ペソ」は通称として使われてきたが、さすがに二〇二〇年代には使用されていないようである。

＊＊　キリストの肉体を象徴するパン、といっても小さな甘くないせんべいのようなものを神父にいただく。

# 首なし神父

さほど遠くないといってもいい、火打ち石銃の時代のことだった。我々の祖先が、華やかな近代文明の束縛を受ける前、貧しく質素だが、常に満ち足りた気分で、喜びにあふれた暮らしをしていた古き良き黄金時代のことである。

わが国の人々は素朴な農民たちから成り立っていた。母なる国スペインからやってきた征服者のガリシア〔スペイン北西部の自治州〕人たちはスペイン国王の富を殖やすために、黄金と土地を求めていたが、わが国の農民たちは彼ら征服者の習慣を引き継ぎ、家庭をこよなく愛し、また信心深かったが、一方、騙されやすく、迷信深い欠点もあった。

わが祖先たちは毎年行われる教会の祭りに加えて、壮麗さでは見劣りする二つのフェスティバルの方をもっと楽しんでいた。一つは四月二十七日のフェスティバル。もう一つは独立記念日で、ドン・トマス・グアルディア〔一八三一―八二〕将軍麾下《きか》の軍団によるクーデターの記念日でもあり、これは九月十五日に祝われる。この日はスペインの支配から解放された日として中米各国の独立記念日になっている。

フェスティバルのプログラムは短いものだった。人々は屋外で楽しく踊り、酒もふるまわれた。花火が打ち上げられたり、爆竹が鳴らされたりして、騒々しい限りである。叫び声も上がり、時にはふるまい酒の多寡をめぐる殴り合いの喧嘩もあった。

農民たちはみな鋤《すき》やマチェテ〔山刀〕を持っていた。野良仕事で汚れた手をいくらかきれいにして、ひび割れた足をきれいに洗い、夕方出かけて行って、家族で楽しんだ。いつもは灯油ランプやラードのランプを使っているが、この夜ばかりは月明かりの下で、マリンバやアコーディオンやギターの音に合わせて踊る。

いよいよ、これからカジェ・デル・クラ〔「司祭通り」の意〕の出来事についての話に入る。ファン・ラファエル・レージェスどんはパタラ地区で一番愉快な老人で、どんなことがあっても必ず四月二十七日と独立記念日のフェスティバルには参加した。そのためには祭り以外の日は一家を養うために一生懸命働かざるを得なかった。もちろん、その間、羽目を外して遊ぶこともなかった。

彼の村には世間とかかわりのない世捨て人が大勢いた。昔は今よりも石灰石を焼いて生活の糧にする人が多くいたが、世捨て人たちは石灰石を焼くこと以外に考えることはなかった。このような人たちにとっては記念日がいつかは、はっきりわからなくなってしまった。だが、ファン・ラファエルどんは祭りに出かけたい一心で、町へと向かった。祭りでは見るべきものがたくさんあった。切符売り場は一晩中開いていた。主だった町の家の玄関はイルミネーションで飾られていた。町の広場では朝までどんちゃん騒ぎが続き、お役所は文民大統領を祝う人々にグアロ〔サトウキビ焼酎〕を配る。レージェスどんはお祭り騒ぎにすっかり興奮してしまった。老齢のため、今では家族の世話になっているのに、徹夜で踊ったり、飲んだり、噛みたばこをくちゃくちゃ噛んだり、人の輪に

入って広い世界の出来事を知ったり、時には洒落を言ってみたりした。仲間が世間話や込み入った話をしたり、軽口を叩いたりして楽しんでいたが、話に取り残されないようにした。

たまたま独立記念日が日曜日に当たっていたので、祭りは土曜日の夜になった。明日は大変な騒ぎになることだろう。乞うご期待である。レージェスどんは土曜日はいつも明け方、家を出て、町へ行き、買い物などをして楽しんだ。どんちゃん騒ぎを逃すことはなかった。仕事も娯楽も両方しなければならない。実のところ、ドス・リオス〔「二つの川」の意〕通りを通って、町の人々の目に留まらないようにすることはできた。年に一度だけの独立記念日を祝うのだが、次の年は生きているかどうかわからない。チャンスを活かさない手はなかった。好機逸すべからず。奥方が言うには、レージェスどんはお祭り騒ぎが好きで、呑兵衛だった。確かに義務は完璧に果たしていた。生活に必要なものを買い、お金に余裕がある時は国営酒造所のラム酒かグアロをしこたま飲んでいた。そして倒れたり、起きたりしながら、夕方やっと家にたどりつくことができた。ただ、革袋は一週間分の食料でいっぱいになってはいたが。奥方はこうも言っていた。酔っ払いは何もかもなくしてしまう。記憶以外は。

奥方は主人を許していた。というのは、奥方専用の台所の戸棚には何でもふんだんにあったからだ。クアレスマ〔四旬節〕中の金曜日以外、ひもじい思いをしたことはない。主人は信心深かったので、金曜日の断食を守っていたのだ。わずかなフリホーレス〔小豆のようなもの〕や塩や米を借りて来いと言われたこともない。

隣りのピエダデス〔「慈悲」の意〕家では、亭主が毎晩遅くまで馬鹿騒ぎに出かけていくが、女房は一晩中起きていなければならなかった。ひどい時には一週間それが続き、よく鞭でたたかれたも

のだった。大抵のことは我慢できるが、オカマ野郎の亭主が女房に手をあげることには我慢がならなかった。

さて、レージェスどんは、その土曜日、夜が明けるか明けないかのうちに発った。葦毛の牝馬に乗り、日曜日のミサに参列するときの、彼にしては一張羅の服を着ていた。派手な赤ワイン色の絹のサッシュ〔飾り帯〕を腰にぐるぐる巻いていたが、ショートコートの縁はほつれていた。首に花柄のスカーフをつけることは忘れない。また、柄《つか》が骨と銀でできている長めのナイフももちろん持っていく。これは宗教儀式のときには欠かせない。

町にいる間、買い物をしたり、冗談や与太話で人を笑わせりした。国営酒造所で作られたグアロを何杯も飲んだが、酒の違いがわかる呑兵衛であるレージェスどんの意見としては、国営酒造所のグアロは非合法のインチキ密造酒のグアロより美味だが、アルコール度が低いんだとか。夕方「サンパラドス」〔サンホセ市南郊「デサンパラドス」の略〕経由で帰途に就いた。

馬の鞍の上に荷物がいっぱい入った大きな革袋をかけて町に入ったときは、すでに本番に備えてマリンバの練習をしていて、ランプには火が灯されていた。名付け親のペドロどんは、闘牛士でもあるが、その家の中に老いぼれ馬をつないだ。革袋は鞍の上に載せたままだが、もちろん十分用心はしている。この他にサンザシの枝とバンレイシの棒も鞍に載っているが、サンザシの枝は拍車の代わりに、バンレイシの細い棒は鞭の代わりとして使っている。まず、挨拶をして、一家の安否を確認してから、お祭り騒ぎに出かけて、好きなように楽しむ。出かける前には必ずホット・チョコレートを一杯飲み、ビスコチョ〔塩味のクッキーのようなもの〕とエンブステス〔あんドーナツのようなもの〕もいただかなくてはならない。

レージェスどんはファンダンゴとプントを踊った。杯を重ねた。口論もいくらかしたが、友だちが仲裁に入ってくれて、無事、名付け親の家に帰れた。そして、馬に乗って帰路に就いた。寝ないで待ってくれている家族のことを思うと心が弾んだ。馬は速足で家に向かった。

夜明け前、まだ暗く、寒かった。馬上、うとうとしたので、手綱が緩み、馬は速足になった。大きな馬に乗ったレージェスどんは、馬が家への道をよく覚えていることがわかっていたので、馬を信頼して、安心して、行くがままに任せていた。

サン・アントニオ地区を通りかかったときは何事もなく、みな寝静まっていた。犬が何匹か吠えたので、眠気が覚めた。ダマス川を渡り、自分の村に入ったとき、馬は足を速めた。もうすぐ、餌にもありつけ、荷物も主人も下ろすことができるからだ。

もうすぐ、「首なし神父通り」という名の曲がり角だ。そこで、道が分かれ、丈の高いガジュマルの木が陰を作っている。だが、そこはいわくつきの場所だった。幽霊が出るという噂でもっぱらだったのだ。幽霊が出たという話が数多くの人の口から口へと伝わっていた。しかし、レージェスどんは臆病者でもなく、神経を病んでいる人間でもなかった。むしろ、酒を飲んだら、気が大きくなる方だった。

小さな広場があった。その前に農園の下働きの者たちが住む家が一軒建っているだけだったが、礼拝堂も見えた。目をゴシゴシこすった。そこにこんな建物があったという記憶はない。けれども、疑いを晴らすために、ミサを告げる鐘を鳴らした。その建物が幻でも、別世界のものでもないことを自分の目で確かめようと思って、馬から下り、礼拝堂に入った。中は薄明かりに照らされていた。跪いて、ミサに与《あずか》ろうとした。すべては順調だった。だが、「ドミヌス・ヴォビスクム」〔ラテン語

で「主はあなたと共に」の意〕を歌うとき、司祭は顔を向けなかった。よく見ると、神父に首がないではないか。びっくり仰天して、跳びあがり、バタバタと大きな音を立てて、一目散に逃げだした。祈禱席の下を通ると、すさまじい物音がして、鐘が鳴り続けているのが感じられた。それ以上のことはわからなかった。

近くの牧草の上に意識不明になっているところを、町に荷物を運ぶ早起きの車曳きに発見され、助けられ、家まで運んで行ってもらった。数日、とても具合が悪く、なかなか意識を取り戻せなかった。やっと意識を取り戻しても、言葉を失っていた。悪いものを見たに違いない、と家族の者は言った。

「首なし神父通り」に幽霊が出たというニュースはたちまち広まった。もの好きな連中がことの詳細を詮索しはじめ、好き勝手なことを言い出した。とてもおしゃべりな叔父のメリトンは話をこうまとめた。

悪魔が待ち伏せしていたんだな。レージェスどんは自らの罪を償うために、自分自身の葬式に参列していたのだ。レージェスどんが「適当でない時間」にその道を通ることは二度となくなった。町へ行くときは、早く帰ってきた。カレータを牛に曳かせていくときは、牛が熱中症にかからないように、早起きした。だが、いつも仲間たちを待たなければならなかった。仲間は一人より二人いたほうがいい。

町の人はモラルが高くなったことだろう。町では国営酒造所の酒の消費量が少なくなった。気の利くやつだったらアグア・カリエンテ〔「熱湯、温泉」の意〕の密造酒をその地区に運ぶだろう。もち

ろん、「首なし神父通り」を夜、通ったりはしないだろうが。

その後、歳月が流れた。この事件を覚えている者はもうほとんどいない。例の通りは「首なし神父通り」の名を残している。幽霊の伝説は教訓として語り継がれているが、これを他山の石とする者はだれもいない。

# 首なし海賊

ヘスス・マリア川とグランデ・デ・タルコレス川の二つの川の河口の間に広がるロロス〔「オウム」の意〕海岸に伝わる伝説がある。それは植民地時代の曖昧模糊とした話であり、漁師や塩田労働者が毎年毎年、仕事の合間の夕暮れ時、ティビベスの大岩に立って、絶景を眺めながら、話題にする言い伝えである。

　伝説によると、シャープとダンピアという海賊がバルボア海を荒らしまわり、スペイン植民地を恐怖に陥れていたころ、彼らはしばしばヘスス・マリア川の奥深くにまでフェラッカ船〔三角帆の小型帆船〕を乗り入れていた。目的は船の損傷を修理するためだが、そのための費用はちゃんと積み立てていた。大岩のところに水平線の見張り番を置いた。仕事をしていない者は狩りをしていたが、みな酒を飲んでいた。幹部連中は次に襲う場所について計画を練っていた。

　ある日、南からダンピアが船に黄金を満載してやってきた。途方もない量の黄金だったので、それを独り占めにして、隠してしまおうと考えた。最も恐れられている男に計画を打ち明けた。この男はハイエナのように残忍な心と鉄の意志を持つ経験豊富な海賊で、「悪魔の息子」と呼ばれてい

た。この男に獲物を山分けしようと持ちかけた。話がまとまって、手下どもを騙して、見張り地点の大岩のところに行かせて、二人で黄金を浜辺に移した。立派なグアナカステ〔マメ科の熱帯植物〕の巨木の根元に深い穴を掘り、穴に黄金を投げ込んだが、その様子はまるで黄金の滝のようだった。ところが、ダンピアは二人の秘密というものは秘密ではないということを思い出し、幾度となく裏切り行為に使った短剣で相棒を刺した。男は倒れ、息も絶え絶えに父なる悪魔を呼び出したが、そのままこと切れた。すると、悪魔が出てきて、死者の口から体の中に入り込み、「ここだ！」と叫んだ。ダンピアはぞっとして、体が激しく震えた。サーベルを取って、死者の首を胴体から切り離すという、なんともおぞましいことをやってのけた。首はコロコロ転がって、黄金が隠されている穴に落ちて行った。「もうこれで口もきけまい」とダンピアは言った。だが、何という悪魔の力だろう。首なし海賊の体は地面から起き上がり、海に向かって腕を伸ばし、「ここだ！」と叫んだ。

ダンピアは怖ろしくなり、見張りの大岩の方へ逃げて行って、手下どもを呼んだ。ダンピアのあとを首のない胴体が追いかけてきた。「ここだ、ここだ！」と叫びながら。

海賊どもはおぞましい光景に息を飲んだ。彼らの心に戦慄が走った。みなフェラッカ船に飛んで逃げていった。錨《いかり》が抜かれ、恐怖に駆られて大海原へ逃げて行った。大岩のところでは、恐ろしい幽霊のような首なし海賊が海に向かって手を伸ばし、「ここだ、ここだ！」と叫んでいた。

ヘスス・マリア川の左岸の立派なグアナカステの木の根元に、「悪魔の息子」に守られて、黄金が眠っている。首なし海賊の幽霊は黄金を分かち合おうという怖いもの知らずの男を待っているのだ。

年老いた漁師たちの話では、満月の夜の真夜中にティビベスの大岩のところに首のない幽霊が出

て、奇妙な叫び声をあげて、岩々を歩き回るという。また、十月にはだれも乗っていない不思議な小舟が潮に流されることなく、浜辺のグアナカステの老木を前にして、同じところにじっと留まっているという。

これが見張りの大岩のところで、冬〔雨季、四月から十一月〕の間は眠り、夏〔乾季、十二月から三月〕になると目覚める、首なし海賊の幽霊の伝説である。年老いた漁師たちが日暮れ時、ティビベスの大岩からその美しい風景に見とれながら語る伝説である。

# ラ・トゥレ・ビエハ

塩田で日雇い仕事をしていた、神経質で用心深いケチなやつ、エリアス・カマチョ本人がプラジャ・デ・ロス・ロロス〔「オウム海岸」の意〕で話しているのを聞いたことがある。マリア・ロサレスという、根性の座った女を女房にして暮らしていたが、この女は男勝りで、亭主と一緒に働いていたが、亭主の方は意気地なしで、仕事もろくにできなかった。仕事というのは、塩を含んだ藁束《わらたば》を焼いて塩を取り出す仕事で、これはいったん始めたら、途中でやめることができない。

カマチョの話はこうだった。

これから話すことは正真正銘、本当のこった。親方のドン・メリコ・グティエレスはいけ好かない奴だったで、何日か仕事をほったらかすことにしただ。そんなある日のこと、わしとこいつ（と言って、マリアを指さす）は八時ごろ、床に就いたけんど、犬が吠えるんで、目が覚めただ。マリア、うるせえな。何で犬があんなにキャンキャン吠えとるだ。女房は壁の小窓を隠しとるぼろきれを開けて外を見ただが、その夜は月が明るかっただ。「あんた。起きて」と女房が言っただ。「めん

どくせえ。どうせ怪しい奴でもいるんじゃろう」とわしは答えただ。じゃが、犬どもが蜘蛛の子を散らすように逃げちまったで、わしは起き上がって、ズボンをはいただ。

「嘘言うんじゃないよ。先に起きたのはあたしじゃないか。あんたはあとからついて出てきたんじゃないか」とマリアは口をはさんだ。

まあ、その、とにかく二人とも起きて、そいで……犬どもが。わしは家の犬を呼ぼうと、口笛を吹いただが、他の犬どもといっしょに、そのわけのわからん奴に襲いかかろうとしとっただ。それで、そいつが遠くに行ってしまうのがわかっただ。じゃが、何かが足を這い上ってくる感じがしただ。で、マリアに言っただ。「灯りを持って来い。蟻んこが足にくっついとるような感じがするで、照らしてみてくれろ」。女房が照らしてくれたで、よく見てみると、でっかいのや、ちっこいのや、いろんな大きさの蟻が道を作ってゾロゾロやって来とるだ。蟻んこどもが紐のようになって動いとるだ。色も大きさもまちまちじゃが、あんまり多すぎて、どこからそんなに湧いて出ているのか分からん。足に這い上って来とる蟻を手で振り払うて、家ん中に入っただ。蟻んこどもはもう家に入りかけとっただ。マリアには蟻んこは取りついておらなんだが、蟻んこだらけで気色のわりいこった。

「ああ、あんた、あの晩、足に脂を塗っとったじゃないか。あんたの好きな脂の匂いをクンクン嗅いで」とマリアが言った。

で、わしらはまた寝ただ。そうすると、また変な叫び声が聞こえてきただ。最初は遠くで、そいから近くで、しまいにゃ、はっきり聞こえただ。「うい、そっち行くぞ。うい、そっち行くぞ。うい、今行くぞ」ってな。

犬どもは遠吠えする奴もおったし、うちの犬みたいにしゃがみ込んじまった奴もおった。うちの犬は仕切り壁の穴を通り抜けて、ベッドの下に潜り込んじまっただ。親方の二匹の犬と他の犬どもは気色の悪い奴を相手にしとることがわかっとっただ。とうとう犬どもはわしの家の中庭に出て行っただ。こいつ（とマリアを指して）は狭い出入り口から出てきて、わしに言うただ。「こっち来て、見てごらんな」

行ってみると、ちっこい女がおっただ。身の丈、わずか一バラと三分の一〔約一メートル〕じゃが、がっしりしとって、鍔《つば》がだらんと下がった帽子をかぶっておって、胸のところに袋を二つ持っとっただ。ラードが入っとる袋のようなやつをな。けんど、そりゃ大きな袋で、腰のあたりまでの長さがあっただ。「今行くよ。ほら」と言うと同時に、両手で袋の一つを持ち上げただ。中身がいっぱい詰まった袋をだれかにやっとるようじゃっただ。袋はぱんぱんになっとっただ。犬どもは遠くからワンワン吠えとるだ。

「それ以上のことはできなかったよ。神様のご加護を願って、オロティナの友達がくれた神聖なヤシの葉っぱ一巻きを引っ張り出して、震えながら、どうやってやったかはよく覚えてないけど、それをかまどにくべたよ。びっくりして、しょんべんちびったのはエリアスだったかな」とマリアが

言った。

「ええい、黙らんか。恥ずかしくないんか。お前のためにフアナと別れたというに。こんな暮らしのせいでつまらんものも幽霊もたくさん見てきたんでないだか」

するとマリアが言った。「あたしらがどんなに苦しい生活をしておるか、これでみんなにもわかってもらえたってわけだ」

　カマチョは話を続けた。


　そいで、ヤシの葉っぱとお祈りのおかげで、ちっこい女は行っちまって、犬どもも静かになっただ。その後、いつだったか、一部始終をウスタキオっちゅうニカラグア人に話したら、奴はこう言っただ。「そうだな、そいつはトゥレ・ビエハだよ」

　そいつが言うにゃ、その化け物は若い娘っ子で、やっと十三歳になったかならんかじゃったが、過ちを犯しただ。数か月は隠しおおせただ。じゃが、急に具合が悪うなって、家政婦の仕事を辞めざるを得んようになっただ。そいで、両親は娘を叩いただ。娘はベッドに倒れ込んで、赤ん坊を生んじまっただ。ちゅうわけで、仕事に戻れるようになるまで、毎日仕置きされることになっただ。実際、身を誤ったせいで、いい仕事を辞めにゃならんようになったでな。九日後、娘は起きられるようになって、調子がええ時は、家事の手伝いをしておっただが、父親は毎日娘を鞭で打っただ。馬鹿な娘は赤ん坊から逃れようと思って、乳をやらんようになっただ。罪のない赤ん坊は一晩中泣いただ。母親に見捨てられて、赤ん坊は一か月もせんうちに、小さな白い棺に納められて墓地に運ばれただ。罪を犯し、病気になっちまった娘は泣きながら、プンタレーナスへ行っちまっただ。そ

こでホセという名の中国人の安宿で女中として雇われただ。

　じゃが、熱が続き、時には高熱を出すこともあっただ。食事も摂らなんだで、一度は母親になった気の毒な娘はだんだん力がのうなり、プンタレーナスの港にやって来てから十五日後に埋葬されることになっただ。埋葬の費用は病院が持っただ。

　哀れな娘の父親は、娘が死んで、チャカリータに葬られたという知らせを聞いても、娘の墓の在りかを聞くでもなく、お決まりの文句を繰り返すだけじゃっただ。「神様のお許しがありますように」

　娘を孕《はら》ませたマチョ（金髪のアメリカ人）の子供はこの世では居場所がなかったんで、おふくろさんより先に逝っちまっただ。特に、娘の方は馬鹿なやつで苦労ばっかりしただ。

　それからというもの、ちっこい女が赤ん坊に乳をたっぷり飲ませてやろうと、乳を滴らせながら、赤ん坊を探し回っとるだ。こぼれ落ちた乳のあとをたどって、蟻んこどもがたくさん乳をなめにやって来るだ。そのちっこい女がトゥレ・ビエハと呼ばれとるだ。古びたトゥレ〔イグサの仲間〕の帽子を頭にすっぽりかぶって、しわくちゃで、粗末ななりで、髪はボサボサじゃ。早う乳をやろうと、服のボタンを外したとたんに乳が出るだ。

　カマチョは話をこう締めくくった。「そのちっこい女は家の中に入りたがっとっただ。レモンの木で作られたカレータがあるじゃろう。先日、そこの廊下の床にミルクのしずくがポタポタ垂れとって、すばしっこい蟻んこも、とろくさい蟻んこもいっぱいおっただ」

# ラ・トゥレビエハ

もともとはドス・セルカス〔「二つの囲い」の意〕と呼ばれていた集落は後にデサンパラドス〔「見捨てられた」の意〕の村になった。ここは山に囲まれ、ティリビ、ダマス〔「ご婦人方」の意〕、そしてククブレスの三つの川が流れ込む荒野の谷間で、コスタリカの植民地化にともない、フランシスコ会の神父たちが居を構えたところである。神父たちは古くからある二つの集落、アセリとクリダバのほぼ中間地点を選んだのである。そこは強烈な日差しが照りつける時と、降り続く雨の時には、厳しい自然から逃れて、安息を得るのに格好の場所だった。

そこは草木が美しく生い茂る、素晴らしい環境だったので、人々は想像力をたくましくして、一連の伝説を作りだした。伝説は農民の詩心なのである。

ガルシア・モンへは「金の子馬」というタイトルの伝説を取り上げた。フランシスコ・マリア・ヌニェスは「プルデンシオどんの空飛ぶ棺桶」その他の伝説を取り上げた。忘れられないうちに書き留めておかなければならないのはラ・トゥレビエハの伝説である。

かつて人々は川で水を浴び、川の水を飲み水にしていたが、当時の川の水は水晶のように澄み切

っていたのである。木立の間には溜め池が隠れていることもあった。それらの溜め池には詩情あふれる名前がついていて、麗しい伝説の源になっているのである。ティリビ川とダマス川が合流するラ・ウニオンの淵の伝説、カンカチョの伝説、ラ・セルバ〔「森」の意〕の伝説など、多数の伝説がある。

さて、ここではトゥレビエハについて述べよう。田舎の女たちはトゥレ〔イグサの仲間〕の藁《わら》帽子〔麦藁帽子のようなもの〕をかぶっていたものだが、トゥレビエハは先のとんがった帽子を、目が隠れるぐらい深くかぶっていた。帽子はたいていプラタノ〔調理用バナナ〕やコーヒーの実のしみがついて、黒く汚れていた。帽子は強い日差しや雨から守ってくれたが、虫、中でもスズメバチからも守ってくれた。スズメバチが髪の毛に絡まると面倒なことになるのである。

トゥレビエハは年も取り、悪知恵もついた女だった。帽子をかぶったまま寝ることもあったそうである。体つきは醜く、汚れていた。まるで、おしゃぶりのような体つきだった。

悪童どもはそんな女にトゥレビエハ〔古いトゥレの帽子〕というあだ名をつけて、からかった。女は怒って、木の枝を持って悪童どもを懲らしめてやろうと追いかけたが、うまくいったためしはない。女が威勢のいいところを見せると、かえって悪童どもはいたずら心を募らせるのだった。

トゥレビエハはコーヒー園に薪（といっても小枝だが）を採りに行っていた。途中、プラタノを房ごと採って、頭に載せていた。藁帽子は日に日に黒くなっていった。

ある日、帽子が風に飛ばされ、たまたま増水していたティリビ川の急流の上に落ちて、流されてしまった。女は帽子を取り戻そうと急流に跳びこんだが、増水した川に呑み込まれ、溺れてしまった。

それからというもの、その場所では悲しげな声で、とぎれとぎれに「ラ・トゥレビエハ、ラ・トゥレビエハ」と言うのが聞こえるという。川に水浴びに行く子供たちはこの声を聞くと、とても怖がるのである。

人々はこの話から次のような教訓を得た。物欲のために命を危険にさらしてはならない。

# ラ・ジョローナ(1)

コスタリカには他のすべての国と同様、庶民の口から口へと伝えられてきた伝説や伝承があるが、元の形からだいぶかけ離れてしまっていて、永遠に忘れ去られてしまう恐れがある。

子供のころ、「ラ・ジョローナ」〔泣き女〕、「山の主」、「ラ・セグア」〔馬女〕や「エル・カデホ」〔犬の化け物〕などの伝説に登場する人物に降りかかった不幸な出来事について話を聞くたびに、どきどきしたものだが、これらの話は今日《こんにち》なお、古臭い迷信にとらわれている無知な人々の心を恐怖で満たしている。

できるだけ正確に、これらの話のもとになっている出来事について述べようと思う。まずは、「ラ・ジョローナ」から始めよう。

パカクア族はケサロによって治められていたが、スペイン政府が自らの支配を確固たるものにするため、フアン・バスケス・デ・コロナド〔一五六二―六四　コスタリカ総督〕をコスタリカに派遣してきたころ、この部族はコスタリカで最も多くの人口を抱える部族の一つであった。

部族の名前でもある、美しいパカクアの谷に防護柵があり、遠くから見ると、先住民の大都市の

ように見えた。町の中心にはケサロの宮殿と呼んでもいいような、広大で、高く聳《そび》える建造物があった。その建物は柵でしっかり囲まれ、大勢の護衛の兵士に守られていた。

族長の祖先は、現在支配下に置いているパカクア族ではないと、族長は公言していた。先祖のうちの一人は勇猛な戦士で、太陽の子たちが支配する国、つまりペルーからやって来たのだと、族長は言っていた。マンコ・カパック〔クスコ王国の初代国王〕の直系の子孫で、王族の間に起こった争いのために国を捨てざるを得なかったとのことである。

様々な事情があって、コジャ・ウアコという人物がペルーからコスタリカまでの広大な領域を、途中留まることなく、遠路はるばるやってきた。目指すはメキシコ帝国で、その壮麗さと権勢は南北アメリカ大陸に知れわたっていた。

この男がパカクアにやって来て、族長と知り合うのだが、族長はこの外国人を厚遇した。というのは、他の強大な族長たちと戦って、部族全体を奴隷の状態から救ってくれたからである。

パカヤの族長はすでに老齢であったが、富と権力を引き継ぐ息子がいなかったので、コジャ・ウアコを養子に迎え、部族の者たちに、この男が後継者であることを知らしめた。部族の者たちは喜んで彼を受け入れた。

このようにして、インカの末裔がこのコスタリカに新しい家族を作り上げたのである。

ケサロの伝説は真実のものとして受け入れられた。彼とその息子たちはコスタリカの先住民ではなく、端麗な容姿と豪胆さで知られる種族だったようである。ほっそりした体つきで、目は黒く、ワシのように眼光鋭く、鼻筋はまっすぐ通っていて、体は見事に均整がとれている。これが族長一族の外見上の特徴であった。

だが、最も大切なものは、部族の貴重な宝石と言える、ケサロの娘のトゥリラであった。娘は才能も豊かであったが、その美貌はだれもが認めるものであった。声は美しく、聞く者の心を虜にした。足取りも軽やかに草原の草を踏んで歩くが、決して草を傷めることはなかった。その目は天空の星を相手に、美しさと輝きを競った。族長にとっては、娘は魂に命を吹き込むニンフ〔妖精〕のエゲリア〔水の妖精の名〕であった。部族にとっては、みなを幸福で満たしてくれる守護神であった。

ケサロはスペイン人の裏切りによって捕らわれの身となっていたが、部族の長老たちの一行がトゥリラを先頭にして、パカクアを出て、植民地政府のあるカルタゴへ向かった。バスケス・デ・コロナドにケサロを自由にしてくれるように請願するためであった。このことは歴史に記されている。ただし、それは全面降伏によってしか得られないものだったが。スペイン人たちは娘の類まれな美貌に魅了された。その中にフアン・デ・ペレス・ルビオがいた。彼の胸には族長の娘に対する恋の炎が燃え上がった。それは決して消えることのない炎であった。

ペレス氏は郷士〔小貴族〕であった。その揺籃の地はロス・カルメネス・デ・グラナダ〔「グラナダの庭園」の意〕であったが、栄光と冒険を夢見て、衝動に駆られ、夢を実現するためにアメリカ大陸にやって来たのである。

彼は背が高く、ハンサムで、アラブの熱い血潮が流れている典型的なスペイン人で、だれからも愛されていた。ペレスが肩に古風なマントをかけ、この上なく優雅に、そして軍人らしい顔つきをして通り過ぎていくと、家の窓から溜め息を漏らす美女が何人もいた。

族長の娘も同じように、このスペイン人に恋の炎を燃やした。娘には初めからこの男が自分に気があることがよくわかっていた。エロスが毒矢を娘の心に射ち込むと、ビーナスは自分の崇拝者を

さらに二人増やしたのである。

ケサロはすでにスペイン人と同盟を結んでいたが、いよいよ出発の日がやって来た。恋する二人は、もう会えなくなることを恐れ、絶望的な気持ちになった。ペレス氏は娘に対する熱い気持ちと、娘を生涯の伴侶にしたいという望みをケサロに告白する決意を固めた。

族長はこのスペイン人の告白を聞いて、大いに驚いた。族長はこの申し入れに応じるわけにはいかなかった。というのは、ずっと以前に、トゥリラが子供のころから、娘を族長ガラビートに嫁がせる約束を正式に交わしていたからである。ただ、娘の方はガラビートを歯牙にもかけていなかった。

このスペイン人の気持ちは純粋で、崇高なものであり、トゥリラの方も彼に対する愛情が心の底深くに根を下ろしていた。愛が成就する見込みのないことを知らされた時の二人の悲しみはどれほど深かったことだろう。ケサロの頑《かたく》なな心を和らげ、昔の約束を撤回させるために、どんなに涙を流して懇願したことだろう。だが、族長の心は揺るがなかった。どうしてもガラビートとの約束を守るべきだと思っていたのである。

愛情のためには、いかなる障碍《しょうがい》もないように、二人の恋人たちはこっそり会う約束をした。場所はパカクアの郊外。会う時間は、新月から上弦の月までの毎晩。

カルタゴからパカクアを目指し、この大胆不敵なスペイン人は八レグア〔約五キロメートル〕の距離を、人も通らないような小道をかき分けて進み、ついにパカクアに到着した。そこには愛する女が今か今かと心をときめかせて待っていた。

しかし、秘密はいつか露見するものである。二人の秘密を知った者がすべてをケサロに知らせた。

二人の逢引の場所を知って、ケサロは二人を脅かしてやろうと思った。ただ、自分の不名誉となる場面を目撃する者が他にいないよう、自分一人で行くことにした。不埒《ふらち》な行いに対する相応の罰としてスペイン人を自らの手で成敗しようと思った。

森の中の開けた場所に恋人たちはいた。そこに族長が現れたのである。二人の驚きようといったらなかった。族長は、恋人の腕に抱かれた娘を見ると、怒りに我を忘れ、スペイン人に襲いかかった。ただし、スペイン人に武器を取って、身を守るように警告を与えることは忘れなかった。

ケサロは槍の名人で、彼の得物はこれだけだった。スペイン人は剣に手をかけた。闘いが始まったが、双方の得物が異なる闘いの行方は予想できなかった。

トゥリラは父親の姿を見て逃げ出そうとしたが、か弱い女のことゆえ、それもかなわず、気を失って倒れてしまった。ふと気づいた時には、二人の闘いはますます激しくなっていて、お互い目掛けてぶつかり合っていた。娘は死の危険を承知のうえで、父親にこのように言った。

「お父様、あの人を許してください。あの人は神の前では私の夫なのです。私は死ぬほど彼を愛しています。あの人も同じように愛してくれています。二人の愛は、私が母親になってから、ますます深くなっているのです。お父様のお怒りを恐れて、息子は隠していました。でも、今ここに連れてきます。お父様に息子を祝福してもらいたいのです。そして、夫とも仲良くしていただきたいのです。私たちの結婚がみんなに認められていないのは、私がまだ夫の信じている宗教、キリスト教に十分通じていないからなのです。将来、法律の上でも私の夫となるあの人と、お父様が和解してくださいますよう……」

娘はこれ以上、話を続けることはできなかった。ケサロは娘の方を向いたが、視線をそらしてい

た。そして、このように言ったが、怒りのために声が途切れがちだった。
「だまれ、この親不孝者が。お前のような不埒な娘のために、わしの名誉が穢《けが》され、人の笑いものになってしまったのだ。わしの名誉を穢した奴に死をもって復讐しようという決意が、それでいくらかでも鈍るとでも思っているのか。絶対にそんなことはない。わしの不名誉の証であるお前の息子の居所をわしは知っているのだ。わしはお前の息子をどうにでもできるのだ。滝の音が聞こえるだろう。そこにお前の息子を放り投げるように手下に命令した。呪われるがいい。悪霊が永遠にお前に付きまとい、父親の顔に泥を塗った娘に対する見せしめとして、何千年も身の不幸を嘆き、泣き続けることになるのだ。呪いが降りかかるといいのだ」

　トゥリラは、この父親の言葉を聞いて、恐怖で身をこわばらせ、甲高い悲痛な叫び声をあげた。両の目は眼窩から跳び出さんばかりで、恐怖でわなわな震えていた。が、突然、手負いのヒョウのように起き上がり、髪をかきむしり、恐ろしい悲鳴をあげながら、森の中へ姿を消した。気が狂ったのだ。

　ケサロとスペイン人は前にもまして憤怒の形相で闘い続けた。息子殺しの罪をお互いになすりつけあって。両者とも傷ついたが、体中が真っ赤に血に染まっていることには全く気がつかなかった。闘いの決着をつけるために、両者は相手に躍りかかった。互いに相手の得物で体を刺し貫かれ、どっと崩れ落ちた。聞こえたのはこの体が崩れ落ちる音だけだった。

　このことがあって以来、静まり返った夜、森を行く旅人が川岸にやって来ると、血も凍らせる、悲嘆にくれた怖ろしい声が聞こえるようになった。

　それは父に呪われ、息子を探し回るジョローナなのである。

# ラ・ジョローナ(2)

日射しを避けて、私たちは夜、旅をした。だが、一晩中すさまじい風が吹き、木の葉も小枝も埃も舞い上げられ、まともに進めなかった。木は傾き、大枝も小枝も悲痛なうめき声をあげた。月は闇の中にずっと隠れたままで、道の脇の木の枝が作る緑の天蓋から、かすかな明かりが射しこむだけだった。木立がいくらかまばらになってくると、山の輪郭が見えてくる。山には、まるで地獄の蛇が山裾を這い上がるかのように、野火が燃えているのが見える。夜、山に咲く赤い花のようでもある。

私たちには農園の管理人がついていた。つらい野良仕事に耐えてきた、正直な田舎者で、かいがいしく仕えてくれたが、迷信深くもあった。

私たちは川の周りを回ってから、森に入った。馬から降りようとすると、あばら家が見えた。そこからさほど遠くないところで、川の方に向かって悲痛な叫び声が上がった。猛獣が近くに来ているのかと思い、本能的に猟銃を手に取った。だが、叫び声を聞いて動揺したのは管理人だった。管理人は言った。

「道を急ぎましょう。私は髪の毛の先まで震えています」

私は不安になった。何の叫び声なのだろう。ならず者ではないかという考えは浮かばなかった。コスタリカでは夜の夜中でも、どこであっても、武器を持たずに行くことができる。商人たちも追いはぎの心配をすることなく、元手になる金を持ち運べる。コスタリカ人は生来、そんな悪事を働かないものなのである。

従者の管理人はおびえた様子で、ラ・ジョローナ〔泣き女〕の話をした。


ガルシ・ムニョスの谷からは遠いが、レベンタソン川の源の近くに、とても美しい女が住んでいた。スペインによるアメリカ大陸征服が始まったころのことである。女はイベリア半島の出身で、マリアという名であった。谷に住む若者に思いを寄せていた。この世に、この二人ほど似合いのカップルはいないと谷の人々は思っていた。新大陸の森を駆け巡る太陽と月に譬《たと》えられた。二人は夢を幸福で満たすために結婚するつもりだったが、善きカトリック教徒として神の御前で二人を結び付けてくれる司祭を待たねばならなかった。さっさと一緒になるようにアドバイスする者もいた。この未開の地で荒々しい自然の中でつらい労働に耐えてきた入植者たちは、征服者たちのしきたりを守る義務はないと思っていた。心の中ではそんなしきたりを笑っていたのである。だが、二人は純情だったので、そんな彼らの考えには与《くみ》しなかった。

そのうちに、若者ははるばる沿岸地方にまで出かける用事ができた。コスタリカの植民地化のためにイスパニョラ島〔ハイチとドミニカ共和国が位置するカリブ海の島〕から馬や食料を運んできた仲間たちに、トウモロコシをカレータ〔荷車〕に乗せて運んでいくのである。旅は苦難に満ちたもので、

なかなか先に進めなかった。涙ながらに恋人と別れた後、若者は道々いろいろなことを心に思い描いた。その中に、エストラーダ神父を伴って帰路に就き、帰ったときに神父に結婚式を執り行ってもらい、二人が手に手を取り合っているところを祝福してもらうという夢もあった。

マリアが寡婦同然に取り残されたひと月のうちに、下の集落にヒメノという若者が現れた。年のころは二十四歳。とてもハンサムだったが、ろくでなしであった。ムラスの道を通って、パナマからやって来ていた。ムラスの道はタラマンカ山脈を横断していて、ひっそりとした谷間とイストモという、人の往来の盛んな町を結ぶ、ささやかな交易ルートになっていた。

黄金を探したり、動物を狩ったりして、レベンタソン川の周辺の探検に乗り出したころ、ヒメノはマリアと知り合ったのである。それ以来、すっかりマリアにほれ込んだ。マリアを訪ねていく言い訳には事欠かなかった。

ヒメノは頻繁に狩りをしていたが、ある夜、暗闇の中でいつもの道から外れてしまった。恐ろしい嵐になったので、マリアの小屋を探すほかはなくなった。嵐にあった船が望みを託して灯台を目指すように。木の茂みと悪戦苦闘し、断崖絶壁から落ちそうになったり、猛獣の餌食になりそうになったりしたあげく、やっとマリアに出会った。一晩の宿を乞い、聞き入れられた。マリアはヒメノを放ってはおけなかった。

暖かく燃える火が衣服を乾かしてくれた。食事は質素であったが、おかげでヒメノは元気を回復した。

ヒメノが森の中にポツンとある、貞淑なマリアの小屋が見つけられたかどうか、また、小屋に閉じこもっていたマリアが情熱の火に駆られてヒメノを誘惑したかどうかは、私にはわからない。

火に暖められていたのは若い二人だけだった。女の方は自らの信念と自らの徳を信じるほかに身を守るすべはなかった。男の方は、最初は女の貞操を尊重していたが、だんだん自制できなくなり、女に言い寄った。最初は控えめだったが、すぐに大胆になった。初めは哀れっぽく願いを聞いてもらおうとしたが、激情に突き動かされてきて、しまいにはけだもののように女に襲いかかった。女は固く貞操を守ろうと抵抗したが、男はますます荒々しくなった。

「あなたはお酒のせいで、おかしくなっているみたいよ。今すぐここから出て行って」

ヒメノは女の意志が固いと感じとり、一計を案じた。本心を隠して一芝居打つことにした。女の前で絶望したふりをした。そして、それはそれはやさしく語りかけた。気が狂ったようになって、自殺するふりをした。

ハンサムなヒメノが一途な気持ちを見せつけたので、女の目にはまるで悪魔が誘惑しているかのように見えた。

マリアはヒメノを説得してあきらめさせるつもりだったが、根負けして、ヒメノを追い出す気力がなくなってしまった。マリアは結局騙されてしまったのだ。小屋にヒメノの死体が残されている場面を想像して、恐怖に震え、ついには気を失ってしまった。

翌朝は、とても美しかった。太陽は湿った大地を温め、芳《かぐわ》しい香りが立ち込めた。葉っぱに残された水滴はすべすべした小石のようにきらめいた。

罪を犯したヒメノが小屋から出てきた。

容姿端麗な女が黒髪を振り乱して、庭の苔の生えた岩の上で泣いていた。

「ああ、神様。あなたは人に慈悲を垂れるようにおっしゃいますが、私はその慈悲の心のために罪

を犯してしまったのです。私たち人間はあなたに似せて作られているのです。私たちをお試しになった結果がこれですか。あなたが治められている世界で、あなたは善も悪もすべてお与えになります。でも、悪に打ち勝つ槍はくださいませんでした」

その後、一年が過ぎようとしていた。

ムリーリョ〔スペインの画家〕の《麗しの聖母マリア》同様、ロウのように蒼白な顔の女が髪を風になびかせ、男の子を抱いて川の方に駆けていく。何度も「あの人がやって来る。やって来る。でも私は昔の私じゃない」と叫びながら。

女は森の中を飛ぶように駆け抜けた。

さほど遠くないところに、水が石と永遠におしゃべりをしているような、せせらぎの音が聞こえた。

女は川岸にやって来て、立ち止まり、一息ついた。そして、狂ったように子供にキスをすると、子供は泣き声をあげた。それから、女は子供を突然、川の淵に投げ込んだ。

月の光が急に木々の上から射しこみ、子供が水の中でもがいている姿を映した。

嵐のような恐ろしい声が森を震わせた。まるでだれかが死刑を執行されているかのようだった。

「この極悪人め、天はお前を見放した。お前が生きていようが死んでいようが、もはやどうでもいいことだ。さあ、お前はヒメノとの間で間違いを犯し、貞操を失ったが、取り戻さねばならない」

山ではすさまじいハリケーンが唸りをあげて、木の枝を引きちぎっていた。雨が奔流のように落ちてきて、稲妻が水晶にようにきらめいて、天を裂き、全く何も見えなくなった。恐怖は募るばかりだった。

これがジョローナの話だ。

言い忘れたが、ジョローナは流浪のユダヤ人のように、水があるところではどこでもわが子を探して、いつまでもさまよっているのだ。月の光に照らされ、月の光に導かれて現れる。だが、月の明かりは消えてしまう。川はあざ笑うように流れ、子供を連れ去っていく。女は絶望の叫びをあげる。

「あの人がやって来る」

不運にもこの女に近づくと、女の息子と間違えられて、腕に抱かれて、命を落とすという。

# ドゥエンデたち（1）

以前、どこかで聞いたことがあるような話を、ラス・フローレス〔「花々」の意〕市の学校の先生がしてくれた。先生の名前は伏せておく。

あるとき、絵画のように美しいバルバの谷で、モンテーロ氏の子供が一人、行方不明になった。両親は悲痛な気持ちで、あらゆるところを探し回ったが、見つからなかった。捜索に加わってくれた近所の人もいて、いろんなところを探し回ったあげく、二日後に見つけることができた。村から遠く離れた牧場にいたのである。どうやってそんなに遠いところまで行ったのか、問いただすと、小人が何人かいて、キャンディーをくれたり、遊びを教えてくれたりしたので、ついていったとのこと。しかし、村から遠いところまで来ると、小人たちはその子をつねったり、いろんな悪さをしたりした。子供が泣くと、小人たちは笑って、踊りだした。

この事件は当地ではよく話題に上った。確かにこの怪奇現象は調べてみる価値があった。

それにしても不思議だ。怪奇現象に詳しい人は、ドゥエンデ〔小人〕が家に近づかないように、にぎやかすぎるぐらいの音楽をバックに、ハチャメチャに楽しい踊りを踊るようにアドバイスして

いる。

　フェリシアーノどんの話を聞くとしよう。

「ある時、わしはまだ暗いうちにリオ・セグンド〔「二番目の川」の意〕を出ただ。九時半にサン・アントニオに止まる汽車に乗るつもりだっただ。それまでにずいぶん時間があっただ。リオ・セグンドからサン・アントニオまで三十分もかからねえだ。ラ・リベラの四辻の近くを通っていると、ぬかるみがあっただ。泥んこにならんように柵の中に入って進もうとしただ。六バラ〔約五メートル〕も行かんうちに、また元の道に戻っただ。そのまま歩いて行っただが、何ちゅうこっちゃ、サン・アントニオに辿りつけんかっただ。不思議なこともあるもんだ。わしは知らん道を行っとっただ。あの場所はわしのこの手と同じぐらい、よう知っとるちゅうに。何としても汽車に乗り遅れんように、サン・アントニオまで行こうと先を急いだだが、おいおい冗談じゃねえだ。気がついてみると、完全に道に迷っとっただ。さらに先へ進むと、パイナップル園の柵に行き当たっただ。それでまた戻っただが、鉄条網にチクチク刺されちまっただ。困っちまって、あたりを見回しただが、そこから出られそうもなかっただ。すると、突然、何もなくなっちまっただ。いや、正確に言うと、そこにまた道があっただ。わしが一体どこにおったかわかるだか。サン・フランシスコまであと少しのところだっただ。

　わしは歩を止め、急いで道を引き返しただ。駅まであと少しのところで、汽笛が聞こえただ。わしは手を振って、口笛を吹いて合図をし、大声も張り上げただが、機関士の奴、止まってくれなんだ。そいで、わしは乗りそこなっただ。くそ忌々しいドゥエンデのせいで一日棒に振っちまっただ。奴らはわしをからかって、笑いものにしてくれただ」

# ドゥエンデたち(2)

ドゥエンデたちのことを聞いたことがない人はいるのだろうか。悪魔についていく勇気はなく、地獄の玄関先までやって来て、天でも地でもない、どっちつかずのところにいる精霊のことを。昔はドゥエンデの姿を見たり、その存在を感じたりすることができ、祖父の時代には格好の話題だった。ところが、今ではめったに姿が見られなくなってしまったので、地域のみながこの問題を取り上げなかったら、ドゥエンデに関する甘く切ない思い出は消えてなくなってしまうことだろう。ドゥエンデは、伝説によると、とても小さく、青い服を着ている。同じく青い色の帽子をかぶっていることもあれば、青いマントを羽織っていることもある。人を、特に子供を道に迷わせるが、時には泥棒を迷わせることもある。ドゥエンデがこれという相手を見つけたら、特に相手が女性の場合、その手口を見極める必要がある。一八六〇年ごろはドゥエンデもセグア〔馬女〕もジョローナ〔泣き女〕も魔法使いも跋扈《ばっこ》していたが、当時の産婆たちが語ってくれた話に次のようなのがあった。

ある時、所帯持ちの女に惚れこんだドゥエンデがいた。ドゥエンデがあまりにものぼせ上がって

いたので、女は家の周りの柵のところにも自由に行くことができなかった。ついうっかり出てしまうと、ドゥエンデに付きまとわれてしまう。家の外で何かおいしいものを食べようというそぶりを少しでも見せるわけにはいかなかった。そんなそぶりを見せると、ドゥエンデはたちどころに準備万端整えてくれるのだ。そういうわけで、その家の女房はでっぷり太っているのだ。いつもおいしいものを食べて何が不足なのか。

だが、女房は言う。ドゥエンデなんかいなくなったらいいのに。何で好きこのんで、ドゥエンデと一緒にこんなひどい暮らしをしなけりゃいけないの。一方、ドゥエンデは嫌いな人間を道に迷わせたり、ものを盗ったりした。パロモという場所のそばで家畜の囲い場が見つかってから、もうすぐ四十年になる。囲い場は山の木が最も繁茂しているところにあって、そこに牛がたくさん現れた。それらの牛は放牧地から魔法のように消えてしまった牛だった。放牧地では牧場主たちがちゃんと見張っていたのだが。牧場主はだれ一人として、盗人の詮索をしなかった。現場は普段、人の出入りがなかったが、そこに小さな足跡が残されており、これはドゥエンデの仕業に違いないと思ったからだ。

盗難に遭って、不愉快な思いをしないように、みな自分の牛を取り込んで、十分注意を払った。ドゥエンデとは友達にはなれないけれど、敵に回してもいけない。ドゥエンデというものはいたずらっ子で、それ以上のものではないのだ。当時の人たちはドゥエンデについて、次のように言っている。ドゥエンデが所帯持ちの女に惚れても、亭主はドゥエンデをありがたがらなかった。ドゥエンデが用意してくれたおいしい食事のために女房がでっぷり太り、亭主もその食事が気に入ったとしてもだ。ドゥエンデはこまごまとしたことまで女房の世話を焼いてくれるが、それでもドゥエン

デに感謝はしなかった。

ドゥエンデを追い払うにはドゥエンデでも弾けるように、女の子用の小さなギターをテーブルの上に置いておくとよい（ドゥエンデは二人以上いるかもしれないので）と言われていた。もし、ドゥエンデがギターを弾いたら、天国を思い出して、悲しくなり、その場から立ち去ってしまう、と考えられていたからだが、これはうまくいかなかった。ドゥエンデは忌々しいことに何にも触らなかった。試しに何度かやってみたが、一度たりとも物音は聞こえなかった。結局、ドゥエンデから逃げ出すことにした。どんなものも置き忘れてはいけない。ドゥエンデは新しい住まいを見つけることだろう。

こうして、一家は逃げ出したのだが、バシン*を置き忘れてきてしまった。引っ越し当夜、ドゥエンデがそのバシンを持ってきてくれて、得意満面に言った。「大事なものを忘れていったので、持ってきてやったよ」

粗末なバシンのために、ドゥエンデが舞い戻ってきて、生活の方も元どおりになったのである。

＊　寝室用便器壺、尿瓶。かつては普通に使われていたようだが、訳者は見たことがない。形状は深めの洗面器といったところである。
一九九〇年代前半にコスタリカ人の家内の親戚を訪ねて行った時のことである。道路が舗装されていない、かなりの田舎で、トイレは屋内にはなかった。庭に穴を掘って、穴の上に腰かけ便器を作り、その周りを囲った小屋がトイレだった。穴が排泄物でいっぱいになれば、その穴を埋めて、また別の穴を掘る。埋められた穴の中のものはそのうちに固くなる。

この家には電気は来ていたが、トイレは昔のままだった。水洗式のトイレも電気もないころは、夜トイレに行くのも大変だったことだろう。それで、主に小用に便器壺が使われていたようである。

# バシンのドゥエンデたち

家のパティオ〔中庭〕を囲む大部屋で女たちがトウモロコシの実を穂から一粒ずつ引っ剝がしている。みんな胡坐《あぐら》をかいて、ひょうたんの容器をスカートの膝に乗せ、ピラミッドのように堆《うずたか》く積まれた白や黄色のトウモロコシの穂を囲んで、大きな音を立ててトウモロコシの硬い粒を引っ剝がしている。

いつもの仕事で、頭を使うこともないので、作業中のおしゃべりに花が咲く。話題には事欠かない。はるか昔の思い出、ご近所のうわさ話、宗教儀式、幽霊話や別世界のことなど……。

ここでは私たちの記憶に刻まれている次の話を取り上げよう。語ってくれるのは太っちょで片目のおばさん、トウモロコシの粉を挽かせたら右に出る者がなく、お祈りさせたら近所でかなうものはない、ラフェラおばさんである。

ドゥエンデというのはひげもじゃの小人だよ。耳は犬のようにぴんと先がとがってる。足は鶏の足みたいだね。足跡を見ればわかるよ。あたしは小さい時から何度もビリリャ川の岸の砂にドゥエ

ンデの足跡が残っているのを見たよ。ラ・カハ地区の農園で育ったんでね。ドゥエンデは午後に現れて、子供たちを道に迷わせる。けど、害はない。遊び相手にするのに連れて行ってしまうのさ。たいした「悪ガキ」さ。

　ときどき、どこかの家に住みつくことがあるけど、邪険に扱われると、悪さをするのさ。雌鶏が産卵用のかごに入っているところを脅かしたり、屋根に土くれを投げ上げたり、うす皿をひっくり返したりするのさ。時には、食事の準備に皿を並べていると、皿に汚物をのっけたりしてね。厄介なことにならないように、ドゥエンデはそっとしておいてやらないと。昼過ぎにドゥエンデが出てきたら、こっちはあいつらが見えないふりをして、馬鹿な真似をしないといけない。

　そうね、あたしゃ、バリアルのあたりに住んでいたドン・レージェス・バルガス一家を思い出すね。そこの家は牧場の真ん中にあったっけ。そこにドゥエンデたちが住みついて、悪さを始めたのさ。一家の生活はメチャクチャさ。

　ドゥエンデたちはそこの女の子たちに惚れていたそうだね。

　ドゥエンデたちの悪さをいちいち全部話してられないよ。真夜中に眠っている子供たちを揺りかごから引っ張り出したり、女の子たちがトルティーヤをうす皿に載せていた時、ドゥエンデたちが現れて、皿に灰や人糞や牛糞を撒いたり、洗濯物を日向に干していると、泥で汚したりと、もうどうにも我慢がならなくなったのさ。

　家を数か月空けて、よそへ移るようにレージェスどんはアドバイスされた。もちろん、ドゥエンデたちには気づかれないようにこっそりやらなきゃならない。引っ越しがばれたら、ドゥエンデたちも新しい家についていくからね。レージェスどんはこっそりカレータ〔牛に曳かせる荷車〕を二台

用意して、ある日の正午に一台に家族を乗せ、もう一台には台所用品などの小物を載せて、音もなく、牧場から遠ざかっていった。十五分ぐらい進んだところで、レージェスどんの女房のダミアナおばさんが言った。「何か忘れてきたような気がするわ」

レージェスどんは女房に向かって叫んだ。「バシン〔寝室用便器壺〕を忘れた。どうする？」

すると、カレータの下から子供の馬鹿笑いのような声が聞こえてきて、だれかの声がしたのさ。

「やれやれ、心配はいらないよ。ここにあるよ」

# タラスの山々を跋扈《ばっこ》するドゥエンデ

グロテスクな姿で、たちの悪いドゥエンデが、タラスとドタの山々のパリタ川とケブラダ・セカ〔「干上がった渓流」の意〕川の岸辺を跳梁していることに疑いの余地はない。少なくとも、私の祖父母と両親、またずいぶん前にめったに人が出入りしないその場所で暮らしていた農民たちが、そのことを保証してくれた。出目で、奇妙な服を着た、この小人たちは、伝えられるところでは、子供をさらって、巨大な岩の間や森のガジュマルの巨木の洞《うろ》を利用したねぐらに連れ去っていた。ドゥエンデたちは川岸をうろつきまわり、岩の間を飛び跳ねたり、笑い声をあげたり、だれにもわからない言語か方言でぺちゃくちゃ話したりしていた。ドゥエンデを見た人は多いが、捕まえようとした人はいない。ドゥエンデは体がとても小さい。おそらく身長は五、六十センチぐらいしかないだろうが、力は巨人のように異様に強い。たいてい青、黄、赤の服を着ていて、食べ物は森の植物の根っこや実である。親の監視が行き届かず家の農園から出てきた子供を、ドゥエンデたちはさらったり、道に迷わせたりするのが大好きだそうだ。どういうつもりで子供をさらって、ねぐらに連れて行くのか、だれにもわからない。子供を送り返すこともあれば、そのまま返してくれないことも

ある。私の両親も祖父母も、他の農民たちと同様、思い出すだけでも髪の毛が逆立つ、ある出来事の証人だった。

　それは遠くの町、タラス地区にあるサン・ヘロニモという村でのことだった。そこにはとても貧しい家族が数軒あった。ある農園から他の農園へ行くには荒れた山地を通るのだが、それには徒歩で数時間かかることがあった。そんな農園の一つに夫婦者がいて、息子が一人あった。夫婦の最初の子供で名をベルナルドといい、年のころはまだ三、四歳だった。母親が夫のために昼食の準備をしていたとき、子供は農園の外で石をおもちゃにして遊んでいた。一緒にいたのはバリン〔「鉄砲玉」の意〕という従順な犬だけだった。朝はまだ早く、生い茂った草の間から露のしずくが真珠のようにキラキラ光っていた。ベルナルドの母親は仕事が忙しく、子供が家から離れて、少し遠くに行ったことに気づかなかった。犬が何度か吠えたが、母親は気に留めなかった。母親は仕事が終わると、息子を探しに出たが、子供を遊ばせていたところで見つかったのは、子供がおもちゃにしていた石ころだけだった。あたりを探したが、何も見つからなかった。母親は本能的に、そこから遠くないところを流れている川に向かったが、そこにも子供はいなかった。母親は岸の灼《や》けた砂の上にまぎれもないドゥエンデの足跡を見つけて驚き、恐怖で体が石のようになってしまった。そこかしこにおぞましいドゥエンデのまだ新しい足跡があった。ドゥエンデの足跡にまじってバリンの小さな足跡も残されていた。そのころ、夫は農園から遠くないところで山の草を刈り取って、種まきの準備をしていた。母親は気が狂ったように叫び声をあげて、夫に知らせに行った。父親も母親も大声で息子の名を呼びながら、川上も川下も探し回ったが、見つからないので、急いで近所の人を呼びに行った。近所には男はわずかしかいなかったが、事件のあった場所に来て、早速ベルナルド

の捜索にとりかかってくれた。曲がりくねったところもなく、みんなそのあたりのことはよく知っていたのだが。川岸にできた薄暗い横穴を片っ端からおどおどしながらも覗き込んだ。絶望的な気持ちで子供とバリンの名を呼んだが、大きな近寄りがたい大岩の間からはあざけるようにこだまが聞こえてくるだけだった。男たちは汗だくになり、空腹も覚えてきた。気持ちは萎えかかってきたが、みんな行方不明の子供を懸命に探した。ベルナルドとバリンは大地に呑み込まれたかのようで、どこにも姿が見えず、生きているのかどうかさえ分からなかった。その間、母親は不安でたまらず、手にはロザリオ〔十字架付きの数珠〕を持ち、あばら家で涙をボロボロこぼしながら祈っていた。

太陽が山並みの間に傾いていき、森では夜のとばりが下りようとしていた。と、突然、子供が消えた場所から何キロも離れたところで、労苦を厭《いと》わず捜索に携わっていた男たちの口から歓喜の叫び声が上がった。その叫びは勝利の叫びというより、驚きの叫びで、森の静けさを短剣のように切り裂いた。そこに子供がいたのだ。事実、ベルナルドは青みがかった深い淵の中から、にゅっと突き出た巨大な花崗岩の上に座って泣いていた。擦り傷もなく、暴力を受けた形跡もなかった。殴られた様子もなく、服は濡れていなかった。一方、バリンの方はというと、川の中ほどにある大岩の周りをぐるぐる泳ぎ回っていたが、疲労の色が濃かった。並々ならぬ努力の末、川に急ごしらえの橋を架け、子供を救い出した時の心優しい農夫たちの喜びようは言葉では言い表せない。子供は危険な目に遭って、わなわなと震え、大声で泣いていたが、慰めるすべもなかった。時折、すすり泣きながら「気持ちの悪い小人たちが、気持ちの悪い小人たちが……」と繰り返すのだった。

ベルナルドは家に戻ったが、村でベルナルドが話すことといったら、例の事件のことだけだった。信心深い母親は悲しみに暮れていた時に立てた誓いを果たすために、ベルナルドに茶色のスカプラ

リオ〔カルメル修道会の修道士の肩衣〕を着せた。村で貧困と窮乏の中に暮らしている人はみんな同じことを考えていた。ベルナルドはドゥエンデたちに連れ去られたのだと。一番身近にいる司祭はタラスのサン・マルコス地区の司祭だったが、彼にもこの事件が知らされた。その不思議な、興味をそそられる事件について、完璧な説明ができるものはだれもいない。邪悪なドゥエンデたちの仕業という理由の他に説明はつかなかった。子供の母親は、子供を「悪魔祓い」するように勧められた。その子はいまだに泣き続けている。その子には悪さをしにやって来るドゥエンデの姿がいつも見えているのだ。その素朴で貧しい家庭に心の平穏はなかった。村の司祭のお墨付きをえて、今日《こんにち》では「エクソシズム」と呼ばれている「悪魔祓い」の儀式が執り行われた。子供に修道衣を着せ、家を聖水で浄め、悪霊を脅して、それでやっとベルナルドは失われた心の平穏を取り戻すのだ。この話はエドガー・アラン・ポーの小説にありそうだが、タラスのサン・ヘロニモで起きたことで、存命中の証人も大勢いるのである。

# サルディナルにやって来たドゥエンデたち

サルディナル〔「イワシ漁の網」の意〕という名で呼ばれる以前、その村は「エル・タマリンド」〔「タマリンドの木」の意〕という名で呼ばれていた。イサベル・マティアス〔「イサベル」は女子個人名だが、姓としても用いられる〕という先住民の男が、ラモン・ガルシアの留守中に収穫物に課される税を取り立てにニコヤからやって来ていた時のことである。税は先住民居留地一マンサーナ〔約八十四メートル四方、約七〇八二平方メートル〕当たりいくらと決まっていた。近くの川のすぐそばにゴジータ・モラレスという老婆が住んでいた。

ドーニャ・ゴジータ〔ゴジータおばさん〕はニカラグアの出だった。善良な女だったが、生来、人付き合いが悪く、訪問者は断固として断っていた。決して外出せず、日曜日のミサにさえ行こうとしなかった。古い、うち捨てられた柵囲いのあばら家に住み、もっぱら豚の飼育を生業としていた。六か月ごとにシエテ・クエロス〔「七つの革」の意〕、現在のフィラデルフィアの町で売るために適当な豚を選ぶのだが、豚の買い付けにはプンタレーナスからカルタゴの商人がやって来ていた。

中には悪辣な商人もいて、かつては美人であったこの老婆は何度も嫌な思いをさせられた。それ

で、その村のほとんどの人間との付き合いを断つことにしたのである。

ドーニャ・ゴジータは、だれにも会わず、だれにも挨拶をすることもなく、一人でもろもろの家事をこなして、ひっそりと暮らしてきた。極端な人間嫌いのため、他人から疎まれていたが、六十五年間、持病も抱えつつ、その地で暮らしてきた。もし、罪の償いをさせるために邪悪なドゥエンデたちがやって来なければ、そのまま天寿を全うしたことだろう。ところが、ある日、不幸なことにドゥエンデたちがやって来たのである。

ある朝、一匹の子豚が片足を引きずっていた。よく調べてみるために、捕まえようとしたが、子豚は鳴き声をあげて、近くの森の低い木立の方へ逃げ出してしまった。老婆はあとを追いかけ、生い茂った木立の間の空き地で追いついた。しかし、たまたま、たちの悪いドゥエンデたちが老婆を見ていたのである。老婆をからかおうと、老婆の体を毛むくじゃらにして、みっともない格好にしてしまった。

女物の服を着たゴリラのような、なんとも珍妙な格好だった。こんな姿を見たら、今ならだれだって笑ってしまうだろう。だが、老人を敬っていた時代には笑うわけにはいかなかった。老婆が自分の土地に入ろうとして、小川を渡っていると、イワシ釣りを楽しんでいた子供が老婆を見て驚き、きゃっと叫び声をあげて逃げ出した。

その湿地のすぐ近くで狩りをしていた狩人が、子供の恐怖にかられた叫び声を聞いて、現場に急行した。老婆が柵の中に入ろうとしていたまさにその時、狩人が発砲した。化け物は倒れた。狩人には山に棲む獣に見えたのである。村の他の者たちも銃声を聞いてやってきた。化け物の体に近寄ってみると、それはドーニャ・ゴジータで、苦痛に満ちた臨終のうめき声をあげていた。すると、

不思議なことが起こった。瀕死の老婆の体から毛が消えていったのだ。いったいどうしてそうなったのか、いまだにだれにも分らない。

その出来事を見るや否や、現場にいた人たちは蜘蛛の子を散らすように逃げだした。かつてこんな光景を目撃した者はだれ一人としていなかった。数時間後にシエテ・クエロスから司祭がやって来て、事件のあった場所一帯に聖水を撒き、勇敢にもその場にやって来た村人たちとともに、死者のための祈りをあげて、遺体を埋葬した。その後、現場に戻る者はおろか、ドーニャ・ゴジータの土地に近づく者とてなかった。

歳月は過ぎていった。だが、その悲しい出来事を忘れる者はほとんどいない。家族が集まって、祖父母が孫にはるか昔の伝説を語るが、サルディナルで起きたドーニャ・ゴジータの事件についての話は、日曜日にミサに行きたがらない子供たちを教え諭すのに特に効果がある。「たぶん、ばちが当たったんじゃ」

ドゥエンデについて言えば、二度とサルディナルのあたりに現れることはなかった。神様、二度と奴らが戻ってきませんように。

# 世話焼きドゥエンデ

これはパタラ地区〔サンホセ市南東郊外〕で起こったことである。あるつましい家族がいた。貧乏人の子沢山で、ガタガタの家に住んでいた。雨露と寒気が幾分しのげるだけだったが、家賃を払わなくて済んだ。

彼らの他にこの家を使いたがる者はいなかった。というのは、この家は以前は金持ちの家だったのだが、ろうそくの火が消えてしまうように、突如としていなくなってしまったからである。近所の人たちに残されたのは、この一家の記憶だけである。確かにそれはいい記憶ではない。その一家はゆで卵に塩を振らないほどのけちだった。

さて、このつましい家族がこの家に入った最初の夜から、台所で物音が聞こえた。床でコインがくるくる回っていた。家族の者は暖をとるために一つの大きなベッドの上でピッタリ体を寄せ合って寝ていたが、そのベッドのそばまで、外からだれかが入ってきたような足跡がくっきり残っていることもあった。

獣脂ろうそくの先に火をつけて、異状のないことを確かめてから、「母さん、ここはキツネのね

ぐらだぞ」と父親は言った。すると、母親がそれに答えて言った。「違うわよ。キツネじゃなくて、イタチがトウモロコシの穂かニワトリを探してうろつきまわっているのに違いないわ。私たちにはそんなものはないから、ごちそうにありつこうたって無理ね」

長男のフアンは、近所の農園で働いていたが、幽霊話を聞くために、農園の作男たち用の厨房に入り浸っていた。そのフアンが最後におずおずと意見を言った。

「僕は、ここに幽霊が出るんじゃないかと思う。『水差しがあるぞ』という声が聞こえたよ。早起きのカレータ曳きが言っていたけど、厨房から光が見えて、廊下の方に動いていったのを見たって。それで、礼拝堂の執事だったフアンどんが逃げ出しちまった。フアンどんの子供たちは一晩中、一睡もできなかったって。こっちで物音がしたかと思うと、あっちでは灯《つ》りが点く。お皿もくるくる回って、頭が変になりそうだったって」

「だけど、そりゃ一体何だろうね」と母親が言った。この母親は死人に語りかけることもできるぐらい、肝っ玉が据わっているのである。

「母さん、ここはドゥエンデのねぐらだと思うよ」と息子は言った。

「そんないい加減なことを言うもんじゃないよ。神父様は常々、魔法やドゥエンデや幽霊なんか信じちゃいけないと言ってるだろう」

「でも、僕はここを出て行くのがいいと思う。ちゃんと日取りを決めて、ドゥエンデたちを置いてけぼりにしてやろうよ。もしばれたら、後をついてくるよ」

話はこれまでになった。だが、怪異は続き、結局、一家は避難場所を探さざるを得なくなった。

ある金曜日の夕暮れ前、ドゥエンデたちがまだ眠っているものと思って、一家は砂利運び用のカ

レータで引っ越しした。

これでやっと、怖い思いをせずに一晩ゆっくり寝られるはずだった。

子供たちのうちの一人は腎臓の具合がよくなかったので、夜ときどき小便をしていたのだが、その子が突然叫んだ。

「バシン〔寝室用便器壺〕を忘れてきたよ」

その子は、だれかが持ってきてくれているのではないかと、一人一人の顔を見回していたが、突然やさしい声でこう言うのが聞こえた。

「ここにあるよ」

そして、木製のバシンが床に当たる音が聞こえた。

父親が最初に驚きの声をあげた。

「またドゥエンデか。けど、こいつは許してやらんとな。結構、世話を焼いてくれるからな」

# フロール・デ・マリアの守り神のドゥエンデ

フロール・デ・マリア〔「マリアの花」の意〕は町一番の美少女だった。この子のそばを通り過ぎる者はみんな立ち止まって、ひと声かけないではいられなかった。聞かれたことやお世辞には大人のように返事をしていた。とはいっても、やっと五歳になったばかりなのだが。

「あの娘を一人にしてはいけないよ」と親戚の者たちは言っていた。

「いつ『悪魔の目』に睨まれて、災いが降りかかるかわからないからね」

「でも、知らない人にもにこにこしていて、顔見知りの人にはかわいいことを言うあの子に災いが降りかかるなんて、考えられないよ」

人によっては、この子はおませだという者もいた。ご先祖様の血なのだろう。この幼い美少女はちょっとした風格さえ漂わせていて、それが近所の人たちにも愛されていた。顔色はピンクで、つやつやしていて、熟した桃のようだった。手は小さく、ふっくらしていて、タマル〔粽《ちまき》のようなもの〕を連想させた。

だが、かわいらしいフロール・デ・マリアが最も気にしていたのは何か見えざる者の存在で、彼

女が言うには、絶えず自分に寄り添い、気にかけてくれているとのことだった。

「一人でドアのところに行ってはいけませんよ」と母親は言っていた。

「ママ、一人じゃなかったらいいのね。ピンピンが一緒にいるでしょ」

寝る時間になって、マリアを花嫁用のようなベッドに寝かせようとして抱き上げると、悲しそうな顔をして言った。

「ピンピンも一緒に寝かせてくれないの。ほら、あんなに悲しそうな顔をしているじゃないの。ほら、一人にされて、泣き出したじゃないの」

周りの者はしゃがんで、見えざる者に手を差し伸べて抱き上げ、フロール・デ・マリアのそばに寝かせてやるふりをしなければならなかった。

すると、フロール・デ・マリアは微笑んで、ありがとうの言葉と一緒に言った。

「ピンピンって本当にいい子でしょ」

娘がかわいくて仕方がない両親は困惑して、いつも娘と一緒にいるピンピンというのはだれなのか調べてみようと思ったが、あれこれ考えてみても、結局は同じ結論にたどり着くのである。幻覚なのだと。

やがて、ある日、村に「ジャセス」*を売りに来ていた先住民の老婆がフロール・デ・マリアの家にやってきた。そして、彼女にいつもついて回っている、見えざる者についての話を聞いて、言った。

「驚かなくてもいいよ。悪い奴じゃあないよ。むしろ、守り神さ。親切なドゥエンデで、あの子を守ってくれているのさ。あの子はとてもやさしくて、きれいだから、そいつは二番目の守護天使**に

なってくれたのさ」

一方、村の物知りたちは神話の本を眺めまわした後で、このような答えを出した。

悪魔的性格だが、巨大な善の力というものもある。太陽は善の力の一つである。光と火は生ける鬼神である。

フロール・デ・マリアは末永く幸福だろう。その善良な心のおかげで、正しい道に導き、幸せを願ってくれている守り神に恵まれているのだから。

＊　片手で軟式テニス用のような軟らかいボールをテーブルに打ちつけて、それが落ちてくるまでにテーブルに広げた小さなまきびしを拾いあつめて一か所にまとめ、落ちてきたボールを受けとめる遊び。およびその道具一式のこと。

＊＊　守護天使とは一人一人についていて守り導く天使のこと。神が人間につけた天使で、その守護する対象に対して善を勧め悪を退けるよう、その心を導くとされる。カトリック教会や正教会など、キリスト教のある教派で信じられている。

# きよしこの夜

これは貧乏人の子沢山の夫婦の物語である。だらしない夫婦で、いつも喧嘩ばかりしていた。生後数か月しか経っていない末っ子はしばしば放ったらかしにされ、おむつも換えてもらえず、汚いこと、この上なかった。それで、夜となく昼となく、泣いていた。まったくひどい親がいたものである。

十二月はクリスマスの月で、愛と平穏に満ちた月ということで、ドゥエンデたちはこの子に素敵なクリスマス・イブを過ごさせてやろうと、ねぐらに連れて行った。

夫婦は子供がいなくなったのに気がついて、泣きまくった。普段、世話もせず、放ったらかしにしていることで、お互いに罪をなすりつけあっていた。赤ん坊は、いたたまれなくなって、家から這って出て行ったのだと夫婦は思った。

赤ん坊は、とても楽しい一夜を過ごした。暖かくしてもらい、温かい牛乳を飲み、金色のベッドからぶら下がっているおもちゃを取ろうとして、小さな手を伸ばした。その周りでドゥエンデたちみながパーティーを楽しんでいた。

ドゥエンデたちは赤ん坊に歌を歌ってやった。「きよし、この夜……」

それから、ドゥエンデたちは赤ん坊に素敵な服を着せ、すっかりきれいにして、家に送り返してやった。赤ん坊は、だれかに別れを告げているかのように微笑み、かわいい手を振っていた。

両親が子供をよく見てみると、額に星があるように思え、歓喜の涙を流した。涙は日々の糧を得るために子供を顧みることがなかったことを悔いる涙でもあった。

その後、この家庭は幸福だった。夫婦は子供たちが幸せに暮らせるように、努力を惜しまなかった。毎日のパンに事欠かないように、一生懸命まじめに働いた。楽しく暮らし、日々、明日への希望を新たにした。

目には見えないが、何か温かく見守ってくれている存在がみなのそばにあった。

夫婦は末っ子のそばに何かを見つけた。それは一通の短い手紙で、小さいけれどもはっきりとこう書かれていた。それで、夫婦はその存在を確信した。

「家庭に平穏があり、心に意志があれば、貧乏は悲しむべきものではない。両親がかつて子供を放ったらかしにしていたのに、その後、不幸な境遇から抜け出すために、一生懸命頑張って働くことの幸せを覚えたのは、この子が持っている善き星のおかげである。

この子の微笑みが素敵なクリスマス・イブに大いなる奇跡を起こしたのだ」

# 黙って家から出ていっちゃいけないよ

この話は伝説によく登場するバルバの町で起きたことである。

ある時、つましい夫婦が町の役所にやって来て、何年か前に子供がいなくなったと言った。近所のあらゆるところや親戚のところをいろいろと探してみたが、見つからないのだと。いなくなったわけもわからなかった。

悲しそうな顔で、子供がいなくなった正確な時間を思い出そうと、あれこれ思いを巡らせたが、結局、思い出せなかった。家のパティオ〔中庭〕で子供の話し声を聞いたのが最後だったことをやっと思い出した程度である。だが、日が暮れたというのに、そんな時間にいったいだれと話をしていたのか。

この夫婦は評判も良かったので、市当局も心配になって重い腰を上げ、調査に乗り出した。コーヒー園や牧場も、また、川という川の岸辺も調べたが、成果はなかった。子供は大地に呑み込まれてしまったのだ。

捜索は難航していたが、ある朝、思いがけず、子供の手を引いた労働者がやって来て言った。牛

を探しに行っていた時、医師のバウドリット先生の牧場で見つけたと。

子供はいろいろ質問されたが、要領を得なかった。まるで夢遊病者のようだった。

やっと楽しいひと時を思い出したかのように、顔に笑みを浮かべて言った。

「小人たちがギターを教えてくれたんだよ。一緒に上手にギターが弾けたら、ギターをくれるって。ギターの音を聞きながら、小人たちのあとについて行ったんだけど、気がついたら、道がわからなくなっていたんだ。それから、つねられているような気がしだしたんだ。そのあとはよくわかんない。寝ちゃったんだ。目が覚めたら、おじさんがいて、家に連れて帰ってくれたんだよ」

「坊や、こっちも大変だったんだよ。知らない人に誘われても、言うことを聞いちゃいけないよ。家の人に行ってもいいかどうか、まず聞かないとね」

# 牛なしカレータ(1)

植民地の中で、唯一コスタリカだけは、スペイン人たちが自ら大地を耕さなければならなかった。他の植民地では奴隷が行っていたのであるが。コスタリカではそうしなければ、死ぬほかなかったのである。このような背景をもとに、ペドロという男の伝説が生まれたのである。ペドロは「悪魔」というあだ名でみんなに知られていた。先住民に対して残虐な行いをしていただけではなく、いついかなる時でも不信心ぶりを露わにしていたからである。

ペドロは一人暮らしで、同郷の者と同様、割り当てられた土地を耕していた。農作業に使うカレータ[*]と、それを曳く牛を二頭持っていた。しかし、ペドロのカレータは、カレータというより、大砲用の砲車と言ったほうがいいくらいの粗末なもので、車軸は丸太で、車輪は一枚板で、タイヤのような外輪はなく、車輪止めは木でできていた。ただし、それは車軸と同じ木材ではなく、これ以上お粗末な車輪止めは他になかったが、悪魔のペドロはそれをよく知っていた。

小さな礼拝堂に見守られて発展してきた、その小さな村ではカトリックの祭りが続いていたが、それも最終盤にかかっていた。この村は貧しいなりに、総力を挙げて、祭りを立派なものにしてい

た。五月十五日、サン・イシドロ・ラブラドール〔農耕の守護聖人〕のこの祭りほど立派な祭りはないのである。

その日はミサのあとで、カレータに祝福が与えられることになっていた。カレータの数は多くはなかったが、みんなカレータを運び込んだ。その日、ペドロも自分のカレータを運んでいったが、悪事を企んでいたのである。ペドロは他のカレータから離れたところ、礼拝堂の扉のすぐ近くにカレータを止めた。これを見た司祭はペドロに他のカレータが止めてあるところに一列に並べて止めるように言ったが、悪魔のペドロは司祭にこう答えた。

自分はカレータを祝福してもらいに来たんじゃない。自分のカレータはもう悪魔に祝福してもらっているのだと。俺は礼拝堂の中にこのカレータともども入っていくために来たのだと。

そして、言葉どおり、カレータを曳く牛をけしかけて正門から中に入ろうとした。ペドロが怒りに任せて、先がとげとげになっている棒で牛を突いたが、牛は頑強に抵抗した。

このあからさまな冒瀆《ぼうとく》行為に対して、その場にいた人たちは憤慨し、ペドロの暴挙を阻止し、ペドロをその場から追い払おうとした。しかし、ペドロは悪魔の形相で、牛をますます鞭で叩き、大声で悪口雑言の限りを尽くした。

その時、司祭がペドロとカレータに呪いをかけた。もちろん、抵抗していた牛は別である。「お前はカレータともども永遠にさ迷い歩くのだ」とペドロに言うと、その場にいた人々は恐怖にかられ、牛がカレータから解き放たれ、カレータだけが教会から遠ざかっていき、悪魔のペドロがその後を追った。

その日から、悪魔に祝福され、神に呪われた悪魔のペドロのカレータは、カレータを曳く牛もい

ないのに、ひとりでに動き、その行く先々で恐怖を引き起こした。
もし、真夜中にあの「タカタカタカ」という音が聞こえたら、三聖頌[**]を唱えるがよい、信心深い女たちよ。そして、お前たち、女の子は毛布を頭からかぶって、十字を切れ。悪魔がやって来て、何らかの危害を加えようとしているのだから。それから、お前たち、男どもよ。女房を家にほったらかして、真夜中にほっつき歩いていると、牛なしカレータの「タカタカタカ」という音が聞こえてくるぞ。そいつは悪魔のペドロのカレータで、悪魔自身が御者なのだ。そんなときは、さっさと逃げよ。悪魔がすぐそばに来ているのだから。

「タカタカタカ」と遠くから聞こえてくる。この音を聞いたとたんに恐怖にとりつかれるが、もし恐怖に打ち勝てたら、その音がだんだんこちらに近づき、玄関先までやって来ているのがわかる。すると、突然、音が遠のくのだ。そんな時間に起きている人はみな、その音を聞くのだ。「タカタカタカ」というあの音を。

ああ、牛なしカレータよ。一体何が起きるのだろうか。

カレータはアラフエラの町を通っている。どんな災厄が訪れようとしているのか。みんな牛なしカレータの話でもちきりだ。子供も老人も恐れるあのカレータの話で。夕べ、うちを通りかかったという者がいる。うちも同じだと、また別の者が言う。アラフエラの町があたかも一軒の家であるかのように、同じ時刻に、全く同じ時に、みながカレータの通る音を聞くのである。牛なしカレータのあの恐ろしい音を。

＊　カレータとは二頭の去勢牛が曳く荷車。現在でも田舎に行くと使われているカレータは、二〇〇八年に荷車と、牛車

を曳く去勢された牛と、牛車使いの三つ合わせてユネスコの世界無形文化遺産に登録された。

＊＊　三聖頌は、「サント（聖なるかな）」を三回唱える。「南無阿弥陀仏」、「くわばらくわばら」のようなもの。

# 牛なしカレータ(2)

サンホセがまだ寒村でしかなかったころのこと。ある修理中の教会に、教会の柱や聖壇や聖人像を作るのに使われるセドロ・アマルゴ〔「苦いセドロ」の意。薬用になる〕の木材が大量に保管されていた。この木材は、クエスタ・デ・モラス〔「桑の坂」の意。今では店が立ち並ぶ地区になっている〕の先の森から伐り出されてきたものである（伐採するときは、もちろん下弦の月の時でなければならない。この時、樹液がいわば「引き潮」の状態で、あまり出てこないのである）。

ある晩、エスカス〔サンホセ市西郊〕の悪党が一人、こっそりカレータを曳いてやってきた。あたりには人影もなく、静まり返っていた（この当時の夜警は、棍棒《こんぼう》も遠くを照らすランタンも持っていなかった）のを幸い、木材を盗んだ。その木材で自分の家や、牢屋に使う大部屋や、サトウキビ圧搾所を作った。それでもまだ、木材が余ったので、板材やきれいなカレータも作った。だが、聖ヨセフ〔サン・ホセ〕は生前、大工だったので、天国でもその仕事をしていて、木材に関することすべてに目を光らせ、悪党の所業の一部始終を天国の大工工房から見ていたのである。

このずる賢い泥棒は病気になり、やがて死んでしまった。そのころは、あまり天の許しはなく、

まして、教会による許しもなかった。この泥棒は罪の許しを得ることもなく、聖物冒瀆《ぼうとく》の罪により死んだのである。この男に対する罰はだれの目にも見えるものだった。聖なる木材で作られたカレータが夜な夜な、カレータを曳く牛もなく、さまよい続けることになったのである（どうして罪のない牛も処罰できようか）。このカレータには骨組みの木材だけで、囲い板がなかった。カレータの前の方に梶棒《かじぼう》がついていて、それが高く持ち上げられていて、船首についている魔除けの怪物のようだった。カレータの底の広いスペースには、ガラスのような目をかっと見開き、星を見つめている泥棒の硬直した死体が入っている。このカレータはどこにいるのだろうか、奇妙な道をガタガタと進む音が聞こえてくる。車軸止めがわざと緩く取り付けられているので、カレータが揺れるたびに、やかましく軋《きし》む音が聞こえる。まず遠くで聞こえ、それから近づいてきて、通り過ぎていく。だが、それを見たのは真に勇気のある者だけなのだ。

# 牛なしカレータ(3)

この恐ろしい化け物は日が暮れると、町の通りに出没する。月が出ていようがいまいが、そして人通りが多かろうが少なかろうが、ものすごいスピードで車輪をガタガタ轟かせていく。その響きはまるで地獄から聞こえてくるようだ。行先など知ったことではない。行く手を遮るものがあれば、だれかれ構わず、轢いていく。カレータを曳く牛の姿も、カレータを操る牛飼いの姿もない。だが、カレータには悪魔自らが乗っていて、見事な手綱さばきを見せているのだ。その手綱さばきはどんな名人の御者も及ぶところではない。

このカレータが出没するのは、犬猫同様、日ごとに相手を取り替えるふしだらな男女の住む町なのだ。神様はたいそう不愉快に思われ、悪の道に堕ちた者どもの行いを正し、正道を歩めるように取り計らわれた。そのために、このつらい浮世に「牛なしカレータ」が遣わされたのである。

あるとき、この極彩色の化け物が、ある町に現れた。住民は恐怖のどん底に落ち、日が暮れると、その化け物に遭遇するのを恐れて、家から出る者はいなくなった。

このような怪談に詳しい人物である、フェリシアーノどんが語ってくれた、身の毛のよだつ話を

ご紹介しよう。

今は亡きラファエラ・ガジーナ〔ガジーナは「雌鶏」の意〕が亡くなったときのことじゃ。ああ、ガジーナというのは本名じゃなく、ふざけてそう呼んでいたんじゃが。わしは通夜に出ておっただ。立派な通夜でな。食い物も密輸物の酒も仰山あって、広間に入れんぐらい腹をすかせた奴らが来ておっただ。今は亡き故人の親御さんらは結構金持ちじゃった。

そのころ、わしはエスタニスラオ・カルバハルどんの娘で、チリチリ頭のピラールにぞっこん惚れておっただ。ピラールは通夜の席におったが、わしは彼女に好かれたい一心で、おどけてみせたり、悪ふざけをしてみたりしただよ。彼女の気を引くためにどんなに苦労したことか。ヨタカの粉を塗ってみただが、だめじゃった。コガネムシの角の粉も試してみたが、これもだめ。教えられたことを片っ端からやってみたが、結局、同じことじゃった。果てはエスカスの年寄り魔女に、ぼろ布で人形を作って、その中にピンを入れるように言われただ。それを、きっかり昼の十二時にエスタニスラオどんの家の屋根に放り上げるんじゃ。

そのとおりにしただよ。それからというもの、ピラールはまるで雌犬のように、わしのあとについてくるんじゃ。ちょっとかわいそうじゃったな。じゃが、ピラールの家の近所のおしゃべりばあが、わしが人形を屋根に放り上げるのを見ておって、一悶着あっただ。

通夜当日の朝、女房の親父が屋根に上って雨漏りしているところを直しておったら、ピラールにまじないをかけるのに使ったアレがめっかってしまっただ。親父はかんかんになって、すぐ屋根から下りてきて、ピラールにあの人形を渡しただよ。大騒ぎしているところへ、あのおしゃべりばば

あがやってきて、わしがまじないをかけたと言いやがった。しめやかに通夜が営まれていたころ、わしは何が起きているのか、薄々気がついとっただ。

すぐさまピラールはロケットのように飛び出して、わしに恥をかかせようとして、みんなにアレを見せよっただ。そいから、わしの顔にぼろ人形を叩きつけて、言っただ。「あんたみたいな不細工な男は嫌いよ。この恥知らずの悪魔」

そん時から、わしはすっかり落ち込んじまっただ。穴があったら入りたかっただよ。マチェテ〔山刀〕を取り出して、通夜にいた奴らみんなとけんかして、追い出しちまう手もあっただな。自殺して、こんなみじめな人生とおさらばしたかっただよ。

あのころは毎晩、牛なしカレータが出てきて、そりゃ大変じゃった。祈禱師が一通りお祈りした後で、「子供たち、もう十二時じゃ。牛なしカレータが来る時間じゃぞ」と言うんじゃ。すると、怖いもの知らずのメスティソのハシント・ハラどんが死体運搬用の担架から、起き上がって叫んだんじゃ。「ここにおる者はみんな女の腐ったような奴らか。わしと一緒に牛なしカレータを止めに行ってくれる者はおらんのか」

「わしが行くわい。ちくしょうめ」と、わしは答えた（男じゃからな）。女たちはみんなわしらに行かんように言うただ。ドアというドア、窓という窓に閂《かんぬき》をかけてしもうただ。じゃが、泣き落としの手は通じん。女どもを脇へどけて、ドアをグイっと押し、柵を飛び越え、木戸を勢いよく開け、何度も十字を切って、ワーッと大声をあげて、一気に例のカレータが出没する通りに飛び出して行っただ。

少し行くと、トゥルントゥルンという音が後ろから聞こえてきただ。ハシントはひるんだが、わ

しは叱りとばしてやっただ。「おめえ、それでも男か。この臆病者め。何としてでもカレータを止めるんじゃ。やりそこなったら、それはその時のこった」。ハシントは勇気を出して、わしより先に飛び出して行っただ。

カレータが埃を巻き上げて、みんなのところに近づいてくるのが見えたとき、わしは足がガタガタ震え、背筋に冷たいものを感じただ。

そのあとのことはよう分からんが、気がついてみると、わしはあんまり高くない松の木の上におっただ。足は震えておったが、柵の間を逃げ回っただ。上着が木のてっぺんに引っかかって破れただ。マチェテは捨ててきただ。ズボンは針金に引っかかってズタズタになってしまっただ。

やっと、通夜の場にやってきただ。わしは何があったのか聞かれたが、ろれつが回らなんだ。密輸酒をたっぷりひっかけ、辛子《からし》と雌鶏の脂身と蜂蜜を首に塗ってもらっただ。で、やっと口が利けるようになって、わしらに起こったことを話しただ。もう遅かったし、ハシントが見つからんかったで、何人か奴を探しに行っただ。少しして、奴は腕を抱えられて帰って来たんじゃが、顔色は死人よりも白く、目が座っとって、体はカチンカチンに固まっとっただ。

その晩、神父さんがやって来て、もうじき臨終だと思って、奴に終油の秘跡を授けてくれただ。医者は生き返らそうと、いろいろ手を尽くしてくれただ。何日もベッドで生死の境をさまよったが、そのうちやっと起き上がっただ。じゃけんど、目はやぶにらみになって、口の方はどもりになってしもうて、一生治らんかっただよ。

# カデホス（妖犬）(1)

「騙されちゃあいかん」と、おじはしょっちゅう言っていた。あらゆる伝説には普遍的な道徳意識が認められる。伝説が多くの人の共感を呼ぶのがその証拠である。

　巧妙に仕立て上げられ、人々に忘れ去られることなく、いつの時代にも人々を楽しませてきた話があることは疑いがない。その一方で、お粗末で不正確な伝説も残ってはいるのだが。どうしてこんなことが起きるかというと、未開の時代のものか、文明化して以降のものかを問わず、それらの伝説はずっと人々の意識の奥底に生き続けている言い伝えに基づいているからである。

　私は自信を持ってこう言えるので、もし、わが国の有名なカデホスの伝説をドイツやフランスに広めようとしても、カデホスは「赤ずきんちゃん」の話の中のオオカミと同一視されてしまうことは間違いない。

　そんなお話はモラルに反するという人もいるが、そんなことは知ったことではない。

　さて、諸君、我々はみんな知っていることだが、親を敬い、親の言うことにはつべこべ言わずに従うのが子の務めである。あなたがそうしているかは知らないが……

動物というものはいつの時代でも迷信によく登場する。古代エジプトは文明の最先端を行っていたが、多くの動物が畏怖の対象だったことは言わずもがなである。我々の祖先、アダムとイブが蛇のせいで楽園を追われたことはだれもが知るところである。中世においては、足の恐ろしく大きい、見るもおぞましい姿をした悪魔がいたるところにいたし、現代においても、各家庭や自分自身の中にも悪魔が巣くっている。フクロウのホーホーという鳴き声がまことに不気味に聞こえてくる。あえて猫を殺そうとする者もほとんどいない。ヨタカは相変わらず、夜、出歩く者を道に迷わせている。ハシボソガラスやキジバトはコオロギや黒い蝶と同じく、死の予言者である。雄鶏が時ならぬときに鳴くと、地震が起きる。犬が遠吠えしているときは、悪霊が見えているのだ。ピューマに道を教える小鳥〔ラ・フー・デル・レオン〕についての話もある。だれも見た者はいないが、子供たちは誓いを立てるとき、ミコ・マロ〔「邪悪なオス猿」の意。地獄のピューマ〕にかけて誓うのである。

　カデホスを見たという者はほとんどいない。遠吠えしているのか、唸り声をあげているのかはわからないが、遠くから声を聞いた経験をした人たちはいる。だが、カデホスが近くを通るとき、石畳の歩道を爪でひっかくような気配を感じたという人は数限りない。カデホスなんかいないという人はめったにおらず、自身科学的であると自負している人でも、カデホスは夜、山をうろついたり、街中で大好物の蟻塚を探し回っている熊の珍種だと説明していて、その存在は認めているのである。

　カデホスは血に飢えた猛獣ではない。ましてや、ばか騒ぎが好きな者のところにやって来るのでもない。人を襲ったこともなければ、人に危害を加えたこともない。カデホスは気づかれないようにそっとやってくるので、外出して楽しく過ごそうという気持ちにはなかなかなれない。もし、恐怖に打ち勝つことができたら、カデホスがこちらに視線を向けたとき、恒星アルデバラン〔牡牛座

で最も明るい星」のように真っ赤に燃えた二つの目に気づくだろう。歩を縮めれば、カデホスの歩みも遅くなる。もし、逃げ出せば、カデホスは視線をそらさないで、目をギラギラ光らせて、距離を保ったまま、追いかけてくる。ここから「無言の非難」という成句が出来上がっているのである。

子供がなかなか寝付かないとき、寝ぼけ眼《まなこ》の親や一日の仕事で疲れた女中がカデホスの話を語って聞かせる。カデホスが歩道のタイルに爪を立てる音を聞いたり、家の外までやって来て、立ち止まり、息を弾ませているのを窓の隙間から聞いたりした者はほとんどいない。そんな時は、どんなに無鉄砲な者でも絶対に物音を立ててはいけない。こちらが深い眠りに落ちていない間は、カデホスが行ってしまうことはない。

生意気盛りの未成年者が仲間内でこっそり酒を飲んで、気が大きくなって、夜遅く帰宅している途中、もじゃもじゃの毛がびっしり張り付いたねぐらの入り口でカデホスが目をギラギラ光らせて待ち構えていることがある。

この毛むくじゃらの化け物はマチェテ〔山刀〕も銃弾も役に立たない。カデホスは自分を捕らえようとする試みをあざ笑っている。カデホスは常に人との距離を保っている。あえて、こちらから近づいて、危害を加えようとすると、カデホスは姿を消してしまう。

これこそが、つまるところ、カデホスの一番の特徴で、杖や剣や大砲を使ったとたんに煙のように消えてしまうのである。まるで気体のように木のドアをすり抜けたり、たとえコンクリート製であっても、壁を通り抜けたりするのである。だが、カデホスは逃げたりはせず、まるで、気が立っている雄鶏のように駆けずり回る。カデホスは自分を襲おうとした者を尻目に、何事もなかったかのように、適度な距離を保って、あのギラギラした目を向けるのである。

さて、この黒い毛に覆われたカデホスはオオカミか犬の仲間かと思われるが、ぎらぎらと燃えるような目で、見る者を恐怖に陥れる。カデホスは人が無意識に持つ邪悪な想念から生まれているようである。

それはホアキンという名の若者だった。この若者は古色蒼然たるカルタゴの町に住む老人の息子で、どんちゃん騒ぎが好きな放蕩息子だった。毎晩のように遊び歩いていた。父親はなだめたり、すかしたり、また叱責したりもしたが、その甲斐もなく、ホアキンは全く聞く耳を持たなかった。両者とも意固地になっていたが、状況は父親に不利であった。父親は気分が晴れず、だんだん不満が昂じてきて、爆発寸前であった。

ある時、ホアキンは遊び惚けて、何日も家に帰ってこなかった。これで父親の堪忍袋の緒が切れた。やっと息子が帰ってくると、父親は息子を自分の部屋に連れて行き、怒りに満ちた目で息子を睨みつけた。息子の目にも父親同様、怒りの炎が燃えていた。父親は家にいない間、何をしていたのかと息子を詰問したが、息子は無言で、力なく震えていた。父親の怒りはもっともだったのだ。息子が親の言うことを聞かないことをこっぴどく叱りつけ、「お前は勘当だ、とっとと出て行け」と言ったが、息子は上の空で、返事もせず、家から出て行こうともしなかった。

父親は激怒して、息子を痛罵し、呪いの言葉を投げつけた。息子のこれまでの行状に対する当然の罰だった。これまでどんなに心を痛め、痛憤に耐えなかったか、心情を縷々《るる》吐露した。すると、呪いの言葉が息子に降りかかった。あたかも稲妻が一瞬で塔を破壊してしまうかのように、息子はその姿を不気味な動物に変えられてしまった。この獣はどこにでも現れて、追いかけてくるが、た

だ歩き回っているだけで、大人しくしていて、害を加えることはない。親の言うことを聞かない者は、このように永遠の地獄の苦しみを味わうが、泣き叫ぶほかに苦しみを和らげる方法はない。人けのない道をうろついているとカデホスに出くわすが、だれも捕まえることはできない。逃げはしないが、消えてしまうのである。

# カデホス（妖犬）(2)

その夜は陰鬱で、嵐が吹いていた。雷鳴は大地を揺るがし、大地の裂け目に鳴り響き、高い山の頂にまで轟いた。嵐のために木々の枝はきしみ、折れ曲がり、甲高い叫び声やかすかな声が聞こえてきた。甲高い叫び声は絶望のあまりの嘆きのようであった。かすかな声は苦痛に満ちた未知の世界について噂をしあっているようであった。雨がノアの洪水の時のように激しく降っていて、雨音の激しさのため、その夜は一層恐ろしく感じられた。

稲妻が空をつんざき、炎があちこちで上がった。枯れ木のてっぺんや枝が、蛇がのたくるような青白い炎に包まれ、ねじ曲がってしまった。まるで、メドゥーサや生き返ったエリニュスたち〔復讐の三女神〕の振り乱した髪の毛のように。私の心はどんなに恐れおののいたことか。子供のころ、吹き込まれた古い迷信は胸の奥底に長い間、眠っていたけれども、再びより一層の恐怖とともに甦ってきたのだ。気味の悪い化け物や、髪を振り乱した骨と皮だけの魔女、それから、私をびっくりもさせ、脅しもしたりして、笑いものにして楽しんだ、いたずら好きなドゥエンデたち、さらには、体は人間の女で顔は馬の恐ろしいセグア、これらは結局のところ、恐怖が作りだす幻影である。こ

れらが古き良き時代の作り話であることに疑いの余地はない。夜中に目が覚めると、あたりが静寂に包まれるなか、毛むくじゃらの手に顔をなでられないように、頭まで毛布をひっかぶっていたものだ。また、亡者や真っ白なお化けがぼんやりした光の中に現れ、青白い目でじっとこちらを見ているかもしれない。気味の悪い光に包まれた亡者などを見ないためにも毛布をひっかぶっていなければならないのだ。

私が最も恐れていたことは、カデホスが実際に私の前に現れることだった。世間の信用がある立派な大人たちの言うところでは、この不思議な恐ろしいものは、うら寂しい道で護衛のようについてきて、いつも羊が鳴くような声をあげる。足の指を大きく広げている様子は、まるで悪魔の足を見るようだ。この足で足音を響かせるのだ。真っ赤に灼けた炭火のような目でじっと見つめられると、旅人の血管に流れる血が凍りついてしまう。

私の心配は根拠のないことではなかった。私は目的地に続くはずの道から逸れてしまい、私の馬は元の道を見つけられず、ますます森の奥深く迷いこんでしまった。道も急な坂になり、命の危険さえ感じられた。自分の位置を知るために、そんな危険なところで馬を降りて夜が明けるのを待とうとは思わなかった。X村の近くにいたことはわかっていたのだ。猛獣の咆哮が聞こえ、私に近づこうとしていた。しかし、私にはなすすべもなかった。状況はますます悪化していた。すると、突然私のそばに、考えるだに恐ろしい、あの獣が現れたのである。この恐怖の瞬間に私は死を覚悟した。だが、すぐに臆病風を払いのけ、こう考えた。この世界には超自然の存在などないのだ、この獣は昼間は隠れていて、夜になると出てくるのだ、人を助けに出てきてくれることもあるのだと。

だが、私の考えは間違っていた。取り乱した状況のなかで、この獣を見たのだ。稲妻が一瞬走り、

その光で見ることができたのだ。この獣は犬の体をしていて、毛は長く、毛むくじゃらであった。しっぽは異様なほど長くて太く、目はギラギラ輝き、足はヤギの足のようだった。こいつが私に言った。

いいか、わしはずっと前から存在しているのだ。わしはいつも人間の友だちだった。人間にはずいぶん前、悪の限りを尽くしていたけどな。そのころは、わしも人間の姿をしていた。だが、わしのせいで悲惨な目に遭った人たちを救いたいと思った。また、それが義務だとも思った。

やっと、わしのこの姿と命を捨てるときがやって来たのだ。一つお前に秘密を教えてやろう。善をなすために生まれてきたにもかかわらず、破滅への道へと進むためにこの正しき道を踏み外した者で罰を受けずにすんだ者は一人もいないのだ。数限りない悪事を働いて、人々を苦しめたり、物欲や色欲にとらわれて一家の恥になる行いに及んだり、正しい教育を受けず、道を完全に誤った人々に取りついている歪んだ本能を持つ者の仲間入りをしたりした者はみんな罰を下されるのだ。

わしはカトリックの司祭だった。わしの務めは村の人々の魂に癒しを与えることだったが、村人たちは信仰心が篤く、民度も高かった。彼らはあらゆる分野の知識に通暁していた。彼らは心穏やかに、幸せに暮らしていた。村の学校には教師の名に値する立派な教師がいて、村人は市民の権利と義務、神に対する責務などを学んでいた。その村には清らかな福音の種が蒔かれ、立派な果実が実った。憎悪も怨嗟《えんさ》も迷信も狂信も見られなかった。みながお互いを兄弟だと思い、親、夫婦、そして友人の模範となっていた。

村人たちはどんなに神を褒め称えてきたことか。自らの魂が穢《けが》れることのないよう、どんなに神

に祈りを捧げてきたことか。我々の肉体も魂もお造りになった神をどんなに敬ってきたことか。善は善であるがゆえに、善を行わなければならないということは村人たちの心にしっかり刻み込まれていたのだ。彼らは自らの行いが決して利己主義にならないように努めていたのである。彼らは常に権威を尊重し、恩人には感謝の念を抱いていたのである。まるでキリスト教が広まり始めた時代が戻ってきて、花が開いたようだった。キリストによって予言された自由、平等、兄弟愛が何世紀もの時を超えて、謙虚で慎み深い農民の間に定着していた。

　これらの農民の美徳によってわしの邪悪な意図は挫《くじ》かれ、わしの恥ずべき行為が非難された。わしの考えでは、わしがこの教区にやってくる前からすでに浸透していた現代的な考え方を放逐することが必要だった。それで、わしは信者たちの信仰を捻じ曲げ、わしの属する階層の人々がでっち上げた嘘八百を並べて、信者たちの信仰を狂信的なものにしようと決心した。福音が捨て去られ、カテキズム〔公教要理〕に取って代わられた。異端を信じる者や、わしらの考えに同調しない者たちを非難した。わしは、そうしてあの寛大な心の持ち主であった人たちの胸に憎悪を植え付けたのだ。信徒会のおかげでわしはたんまり金がもうかった。そのほか、教会のあらゆる行事でもな。貧乏人たちが仕事で得たものをもらったり、お布施をいただいたりしたので、貧乏人は貧しくなる一方だった。そのおかげでわしは金持ちになったのだが、立派なお屋敷に住み、絹の服を着て、テーブルにはごちそうが並べられた。言ってみれば、贅の限りを尽くしていたイエス・キリストのようなものだ。その顔は見るだに恐ろしく、教会に十分の一税や初物を納めない者を罰しようと、常にしかめっ面をしていたわけだ。

　わしの仕事はこうして始まり、続いていった。立派な聖職者という仮面の下、家族の名誉を穢し、

教会の懺悔室で清く美しい魂を堕落させていった。わしの物欲のために、雪は泥になり、平和はいがみ合いに、神への愛は、憎悪とは言わないまでも、恐怖に変わっていった。その村に怨嗟、不平不満、犯罪、流言蜚語《ひご》がはびこり、ついには国中が恥辱にまみれたのだ。

　こうして、一五八九年の年が過ぎて行った。時には良心の呵責《かしゃく》が頭をもたげてくることもあったが、悪徳にまみれたわしはそれを押し殺した。ちょうど今夜のようなある晩、わしの魂は自分の醜悪な行いを前にして、恐怖で満たされた。悪の道から立ち返り、自分が犯した悪業の償いをしようと心から思った。わしの心の中で善と悪が戦ったが、勝ったのは悪の方だった。すると、突然わしを呼ぶ声が聞こえた。その声を聞いて、わしは今まで経験したことのない悪寒に襲われた。その声は一呼吸おいてからわしに言った。

「お前の人生は穢れていて、人々に災いをもたらしてきた。お前はこの村を悪で満たし、お前の所業のせいで村にあった美徳は悪徳に変わってしまった。かつて笑顔があったところに今あるのは涙だ。平穏はスキャンダルに、無垢なる心は腐敗に変わってしまった。天罰による見せしめとして、これからお前は獣としての生涯を送るのだ。人に嫌われ、恐れられ、日の出ている間は姿を現すことなく、夜の闇の中に生きるのだ。新しい姿、動物の姿をしている間はだれもお前に危害を加えることはない。だが、その姿は三百年間続くのだ」

　今日、やっとその罰が終わり、人間の姿に戻るのだが、その瞬間に生を終えるのだ。

　そう言い終わると、カデホスは後ろ足で立ち上がった。すると、その体は大きくなり、覆っていた毛が消えていった。さらに目をこらしてみると、闇の中の姿はだんだんはっきりしてきて、年老

いた神父の姿に変わった。老神父は私に別れを告げると、ポアス火山の頂へと続く道をたどっていった。その後、神父の姿を見ることはなかった。

その神父は姿を獣に変えられていたけれども、いまだに犯した罪を償っていないという話である。彼は悔恨の念にさいなまれた挙句、気が狂い、ポアス火山の火口に身を投げて死んだ。いや、彼は死んでいないと考えている人もいる。その人の話によると、ポアス火山の奥底で地震を起こし、人々を苦しめ続けているということである。

## ポアス火山のセグア（馬女）

あれは一九三〇年代から五〇年代にかけてのころだった。わしら牛飼いは隊列を組んで、毎週毎週アラフエラに菓子を売りに行っていた。

実際、この行商の仕事は大変骨が折れるものだったが、他の者もやっているので、わしも男らしいところを見せなきゃならんと思った。この行商の旅に出るのは本当に勇気のある者に限られていた。

一度、行商の旅に出ただけで、二度とやろうとしない者もいた。

その事件が起きた日について話そう。わしは行商の一行の中の最年少だった。わしは幼い時に父親を亡くしたので、母親を助けるために働かざるを得なかった。

その日の午後五時になって、ポロ地区を出発した。カレータ十三台からなるキャラバンを作った。土地の最上のものをカレータに詰め込んだ。カレータを曳く牛の多くはその地区の最良の牛だった。

夜になった。いかにも何か悪いことが起こりそうな不気味な夜だった。そう、この辺りにはセグアが出るというもっぱらの噂だった。

わしらがポアス川にかかる橋に着いたときはみな疲れ切っていた。その夜は真っ暗闇だったが、牛たちは道をよく知っていたので、カレータをつなぎ合わせ、わしらは三つのグループに分かれた。そうして、先頭の集団に合流することにした。

川を渡るとすぐ、わしらは恐怖を和らげようと、にぎやかに話を始めた。

「みんな、あのカレータに乗ってやってくる奴を見てみろ」とファン・バレラが言った。

「何だろう」と、みな口々に言った。

わしらは手に手に松明《たいまつ》を持ち、勇気を振り絞って近づいていった。

「娘っ子だ」とファン・バレラとチェペ・ガルシアが言った。

「なかなかの別嬪だぜ」と仲間の一人が言った。

「こっちに来いよ、チェペ。あの娘と話をしようじゃないか」とファン・バレラが言った。

さらに近寄って行くと、娘が手を差し伸べてきた。みな、その手を取ろうと先を争った。と、「ヒヒーン、ヒヒーン」と馬のいななきが響いた。暗闇の中で聞こえたのは、ただそのいななきだけだった。わしらに見えたのは大きな歯だった。わしらはすぐに逃げ出した。途中、カレータは互いにぶつかり合った。逃げる途中で何度か、ばらばらにならないように、わしらは大人数でかたまるようにした。恐ろしくて、だれも取り残されたくなかったからな。

三十分も過ぎたころには、わしらは平静を取り戻した。すると、ファン・バレラとチェペ・ガルシアがいないことに気づいた。

わしらは彼らを探しに行った。見つけたときは、奴らのズボンはびっしょり濡れていて、そこらあたりに悪臭が立ち込めておったよ。

# ラ・ツェグア（馬女）

わがコスタリカ共和国のデサンパラドス〔「人けのない、見捨てられた」の意。サンホセ市南郊〕の村から二キロメートルばかりのところに私の農場があるが、そこへ行く途中のことであった。供に従えていたのは田舎者だったが、純朴なやつで、純真無垢な気持ちを幼いころからずっと持ち続けていた。私はそのような世間ずれしていない、純粋な魂の持ち主を愛していて、そのような人との心のふれあいを楽しんでいる。その彼が話すことを注意して聞いた。私はもっぱら聞き役で、話の合間に時折、質問を投げかけた。木々はそよ風に揺らぐこともなく、その道を行く者はだれもいなかった。見事な満天の星の下、夜は荘厳なまでの静寂に包まれていた。静寂をかろうじて破っていたのは近くの谷の小川のせせらぎで、小石をなめるように穏やかに流れていた。すると、突然、パカパカと馬が速足で駆けてくる音が聞こえた。ただ、蹄《ひづめ》が踏みしめているのが土なので、音はいくらか柔らかくなっていた。

「だれか来るぞ」と、私は供の者に言った。

供の者は田舎育ちで、耳には絶対の自信があった。耳をそばだてて聞くと、自信を持って、こう答えた。

「こっちの方には来ませんよ。もっと先の方に行ってますよ」

と、言い終わらないうちに、突然、馬が立ち止まったかのように、足音が止んだ。また、馬がパカパカとリズミカルに速足で進むかと思われたが、無茶苦茶なスピードで、大きな足音を響かせて進んでいった。従者は迷信を恐れているようで、重々しい声でつぶやいた。

「あの旅人はラ・ツェグアに出くわしたんでさあ。だけんど、恐れることはありませんよ、旦那。わしらの前には出ませんよ。わしらは二人だし、運がいいことに、わしらは二本の足で歩いとりますから」

「ラ・ツェグア？　それはどんな獣だ」と、私は不思議に思って聞いた。

私のこの質問に対して、お人よしの従者の口元に笑みがこぼれたような気がした。私の無知が信じられないというように。

「でも、旦那、あんたみたいによく本を読んでいるような人がラ・ツェグアのことを知らないなんて、信じられませんよ。そいつは紛れもない化け物ですよ。旦那様がそいつに出くわさないよう、神様、お願いしますだ」

「いや、私は本当にそいつのことは知らないんだ。よく教えてくれ」

私たちはすでに農場のすぐ近くにまで来ていたが、相変わらず馬が駆けずり回っている音が聞こえていた。犬どもは私たちの匂いを嗅ぎ、ワンワン吠えたが、警戒している様子ではなく、吠えること自体を楽しんでいるようだった。その夜は爽やかで、天の星は大地に淡い黄金の光を注いでいた。小川はかすかな音を立てて、チョロチョロと流れていた。あたりは不思議な話におあつらえ向きの舞台になっていた。私たちは歩みを緩めた。純朴な従者は、迷信深い人間の特徴で、あたりの

妖しげな雰囲気にすっかり呑み込まれた様子で言った。

「ラ・ツェグアを見た者はみんな、見る前と見た後とでは変わってしまうんでさあ。元気で、力も強く、日に焼けて、仕事を苦にしたこともないような奴らが、そいつを見た後では、血の気も失せ、やせ細り、弱々しくなってしまうんでさあ。ショックのあまり死んだ者までいますぜ」

と言って、さらにこの恐ろしいラ・ツェグアを見たせいで、命を落とした例をいくつか挙げた。

さらに続けて、

「どこでもそいつが見られるというわけじゃあないんでさあ。出やすい場所というのがあるんです。ここら辺にはいつもいますぜ。そういうわけで、ここらあたりじゃ馬に乗って一人で旅する者はめったにおりやせん。旅人はたいてい二人一緒に行くんでさあ」

「二人だとラ・ツェグアは見られないのかい」と、私は聞いた。

「一人だけの時に出るんですよ」

私が従者の話に興味を示したので、従者は満足げにさらに話を続けた。

「人里離れたところ、特に、木立の間の細い道で旅人を脅かすのが趣味なんですよ。道の真ん中に出てきて、弱々しい甘ったるい声で、いかにも死にそうな調子で言うんですよ。

『もしもし、私は疲れ切っているんですが、病気の母に会いに行かなければならないんです。どこそこの村に連れて行っていただけませんか』と言って、その場から一番近くの村の名前を言うんです。こいつは悪魔のように何でも知っているんですから」

「で、そいつは人間なのかい。それとも、人間の姿をしているだけなのかい」と、私はまた聞いてみた。

「そいつは娘っ子でね。色白のきれいな女で、黒い大きな目をしていて、髪の毛はカールしていて、かわいい口元をしているんでさあ。そいつを見たものはみんな心を奪われますよ。疲れ切った顔をして、声にも元気がないんですから、だれだってかわいそうに思いますよ」

その時、そよ風がかすかに吹き、木の葉を優しく揺らした。目に見えない神秘の存在が生い茂った木の枝をかき分けて通り過ぎていくかのようであった。そのため、従者の話はますます熱を帯びてきた。

「どんなに鈍い奴でも娘の願いは断れませんよ。それで、みんな引っかかるんでさあ。鞍の前に乗せてやる奴もいれば、自分の後ろ、馬の尻の方に乗せてやる奴もいまさあ。どっちにしても、娘には同じことですがね。馬が歩き出すと、鞍の前に乗っていれば、後ろを振り返り、尻の方に乗っていれば、男を振り向かせるんでさあ。それで、男はびっくり仰天するって寸法で。あのきれいな娘がすっかり変わっているんですから。顔は馬のしゃれこうべになって、目は真っ赤に燃えていて、大きな歯をむき出しにして、脅かすんですよ。口を大きく開けて、湯気の立った臭い息を吐きかけて、鋼のような二本の腕で男を締め付けるんでさあ。馬の方はと言えば、自分がとんでもない奴を乗せているのに気がついた様子で、闇雲に走り出して、だれにも止められないんでさあ」

「それで、どうなるんだ」

「下心があって、そのきれいな娘を乗せてやった奴らはみんな死んでしまうんでさあ。目ん玉をひん剝いて、ひっくり返っているんでさあ。死に損なった奴らは、前にも言ったように、一生役立たずになってしまうんでさあ」

私たちは農場のゲートに着いた。犬が大きな声でワンワン吠えていた。そうこうする間、私はも

の思いにふけっていた。この作り話には何か立派な教訓でもあるのだろうか。人生の道を歩むとき、ラ・ツェグアに出くわさない人がいるのだろうか。美女の魔術的な肉体的誘惑を一向に感じない人がいるのだろうか。一瞬で本物の金と偽物の金を見分けられる人がいるのだろうか。……そうして……やがては心身ともに衰えて、最後には死が。

私たちはみな、おのおのの人生において、肌に引っ掻き傷や皺がある大小さまざまなラ・ツェグアに出くわしてきたのだ。

# カルロスとラ・セグア（馬女）

コスタリカの田舎者は、ラ・セグアという美しい女がいて、暗くて寂しい夜道で一晩中獲物を待ち構えていると信じている。だが、この女は普通の女ではないので、彼らに恐れられているのだ。実際、夜更けに家に帰る途中で、運悪くこの女に出くわすと、命を落とすこともある。それでは、この恐ろしい女に遭遇したある男について話をさせていただこう。

カルロスは農園で働く若きコスタリカ人で、未亡人の母親と一緒に小さなコーヒー農園に住んでいた。この農園のコーヒーの木は強くて丈夫で、毎年コーヒー豆がたくさん採れた。コーヒーの収穫時期は、カルロスは母親ともども忙しくとも満ち足りた気分で過ごしていた。真っ赤に熟れたコーヒーの実が摘まれ、彩り鮮やかなカレータに積み込まれ、牛に曳かれてコーヒー加工場に運ばれていく。そこでコーヒー豆を乾燥させて、外国へ船で送るための準備を整えるのである。

だが、夜明けから日没まで一日中働く必要のない他の時期、カルロスは母親にとって心配のタネだった。カルロスは夜、町に出て行って、酒を飲み、夜更けまで不良グループの若者たちと過ごす

のだった。

母親は常々、息子のことを心配して、諭していた。明け方近く夜道を行っていると、ラ・セグアに出くわすかもしれないと。特に、夜遅くまで外をほっつきまわって、飲んだくれている者はこの化け物に仕置きされると言われていたのだ。だが、カルロスは母親の言葉を笑い飛ばして言った。

「おっかさん、そんなことは迷信だよ。本当にラ・セグアがいるとは思えないな。おれは怖くなんかないよ」

ある春*の気持ちのいい夜、カルロスは町に出かけて一晩過ごそうと、支度していた。が、母親は息子がラ・セグアに出くわすのではないかと心配して、もう一度注意した。息子はまた母親が心配するのを笑ったが、母親は言った。

「だけど、カルロス、今日、コルドサの旦那が言ってたけど、ほんの一週間前、あの札付きの不良のペドロ・アギラールが、サンホセへ行く道で死んでいるのが見つかったんだよ。目ん玉をひん剥いて。よっぽど恐ろしい目に遭ったんだね。

ペドロはラ・セグアを見たんだとみんな思ってるよ。ラ・セグアの恐ろしい姿を見て、ペドロは死んだんだと。何でもラ・セグアは怖ろしい化け物の姿に変わるんだそうだよ」

カルロスは今度も母親の心配を笑い飛ばして言った。

「ペドロ・アギラールは多分飲みすぎて、馬から落っこちて、それで死んだんだ。ラ・セグアのせいじゃないよ。心配いらないよ。おれは飲みすぎたりなんかしないから。いつもどおり、ちゃんと無事に帰って来るよ。遅くはなるけどな」

カルロスは愉快なことが大好きだったので、いつものように夜、町に出かけて、酒を飲み、友だ

ちと冗談を言い合って、楽しく過ごした。

その夜、ずいぶん遅くなって、カルロスは馬に乗って、月明かりの下、帰路に就いた。うら寂しい道を家がある山の方へ向かって進んだ。あたりは静寂に包まれていた。時折、気がふれた女の叫び声や馬がパカパカ蹄《ひづめ》の音を響かせていく音が聞こえて、静寂が破られた。

と、突然、目の前にゆっくり何か白いものが動いているのを見て、カルロスは寝ぼけ眼をこすった。それは若い娘で、疲れ切った様子で、トボトボと歩いていた。カルロスは娘のそばに止まった。娘はこれまで見たこともないような美人で、驚きのあまり息をのんだ。娘の黒髪はカールしていて、卵型の美しい顔を包んでいた。目は大きく、黒く、唇は血のように真っ赤だったので、その顔はいっそう白く見えた。カルロスはすっかり見とれてしまったが、娘が息も絶え絶えなのに気がついて、これは助けてやらなければならないと思った。カルロスは娘の行き先を聞き、何かできることはないかと尋ねた。

美しい娘が言うことには、山の上に住む叔母の家に行くところで、叔母は病気で助けが要るとのことだった。そのうえ、何時間も歩いているので、馬の後ろにでも乗せてくれればありがたいのですが、と言った。カルロスは生来、善良な性格だったので、喜んで乗せてやって、一緒に山へと続く道を上っていった。

カルロスはふり向いて娘のきれいな顔を見たいという誘惑に打ち勝てず、キラキラした目の白く美しい顔を見ようと振り返った。だが、そこに見たのは美しい顔ではなく、これまで見たこともない恐ろしい顔だったのだ。カルロスの驚きといったらなかった。

カルロスの背後にあった顔は美しい娘のそれではなく、馬の頭蓋骨のようだった。目から火のよ

うに真っ赤な光を放ち、大きく開いた口には大きな汚らしい歯が二列に並んでいた。吐きかけられた息はひどい悪臭を放ち、気分が悪くなるほどだった。カルロスは化け物から逃げようとしたが、骨ばった足で腰にしがみつかれていた。カルロスの馬もとんでもない化け物を乗せていることに気づき、狂ったように駆けだし、だれにも止めることはできなかった。カルロスは手綱を握りしめ、振り落とされないようにし、同時に化け物を振りほどこうとした。それはカルロスには永遠と思われるほどの時間だったが、ついに化け物が甲高いグロテスクな声でカルロスに言った。

「お前は本物のワルじゃない。あたしに悪さをするつもりはなく、あたしを助けてくれるつもりだったんだから、お前は生かしておいてやろう。夜遅くまでほっつき歩いて、飲んだくれている馬鹿な若者どもへのいい教訓になるだろう」

　そうして、化け物は哀れなカルロスを放してやり、夜の闇へと消えて行った。カルロスは恐怖でガタガタ震え、これからは心を入れ替えると約束して、馬に拍車をかけて、大急ぎで家へ帰っていった。また、ラ・セグアに出くわしたら、今度は生きて帰れる保証はないのだ。

＊　コスタリカでは、乾季を「夏」、雨季を「冬」という。「春」は多くの木が花を咲かせる三月を指す。

# ペニョン・デ・ラ・ビエハの伝説

その川は、狭い道を一万頭もの野生の馬が暴走していくかのように、激しく泡立ち、大きく波打ち、飛沫《しぶき》をあげてごうごうと流れていた。波頭《なみがしら》が泡立つ様子はまるで馬のたてがみが風になびいているようだった。

空は巨大な氷の塊のようで、そこから雨だれが永遠に落ち続けるかのようだった。山の方では、獰猛《どうもう》な大きい犬が唸りをあげているような風が容赦なく吹きまくっていた。木々の上には稲妻が火の鞭のように走り、怒り狂ったピューマのような唸り声が森に響き渡っていた。

夜だった。たぶん夜の八時ごろだろう。サン・カルロス地区の遠くの農場から時折、牛の悲し気な鳴き声が聞こえてくる。寒さに弱いので、大きなセイバの木の下に身を寄せ合っているのだろう。霧に覆われた丘の上に粗末な農民の家があり、その隙間からランプの明かりがちらちらと見える。まるで、航海に疲れた船乗りに、食事にありつける安全な場所の在りかを教えてくれる灯台の信号のようだ。その家では農園の下働きの労働者の一団が、灯油ランプの明かりに照らされて、湯気の立ったブラック・コーヒーをすすりながら、風雨をしのいでいた。その間、彼らの心はおとぎ話や

伝説の青い野原に遊んでいる。そんな話に夢中になっているので、川を転がる岩の立てる大きな音や山の方で吹く風の唸りもまるで聞こえないかのようである。牛の悲しげな鳴き声は、煉獄に落ちた魂が物語る嘆きのようである。

労働者たちの最後の話が終わると、牛追い仕事をしているチェンドという名のカウボーイが尋ねた。

「どうして、ペニョン・デ・ラ・ビエハ〔「その女の大岩」の意〕にキリスト像が建てられたんだ」

これを聞いて、年配の労働者たちはゾクッとしたように見えた。彼らの体に悪寒が稲妻のように走ったようだった。

すると、ヘラルドという、もの静かなわりにおしゃべり好きな老人がみなの方を向いて言った。

「これから、ある伝説を聞かせてやるが、きっとお前らは震えあがるに違いない。そんな話は本来、こんな夜にする話ではないのだが」

ヘラルドのこの一言で、それまでかかっていた魔法が解かれたかのように、川の中の石がぶつかり合い、大きな音を空に轟《とどろ》かせた。そして、あばら家のすきま風はますます冷たくなってきた。労働者たちは頭陀《ずだ》袋を外套代わりに背中にかけた。ヘラルドは葉巻を一服吸い込み、ゆっくり間合いを計るように煙を吐き出し、話を始めた。

「何年か前、ケサダ村には美人が何人もおった。悪いことは何もしとらんのに、どういうわけか、人生の伴侶に巡り合えず、そのうち禁断の情事に耽る女もおったが、彼女もその一人じゃった。その女の名前はこの際どうでもよいが、サン・フアン・デ・ディオス病院〔「神の聖ヨハネ」の意。サン

ホセ市にある」で看護の勉強をしておったとき、この病院の男前の医者と関係を持った。それがこの女の初めての禁断の情事じゃったが、その結果、女の子ができた。

時が経ち、その子も十二歳になろうとしておった。その子は親譲りの上品な顔立ちで、親の不行跡のせいでその美貌が損なわれるということはなかった。母親の方は、そんな事情のため、娘に母親としての愛情を注ぐことなく、育ててきた。話が娘のことになると、露骨に嫌な顔をした。一方、娘の方はというと、母親を愛してやまなかった。時折、動物の世界でもこんな感情のすれ違いが起きることがある。犬が主人に仕置きされ、餌も与えられないのに、主人のあとについて行き、主人を守るのはどうしてじゃ。猛獣が餌をくれる人間ではなく、仕置きする人間の方に愛情を抱くのはどうしてじゃ。

そいつらは合理的に考えられず、畏怖の念を抱かせる人間の方を愛するからじゃろう。

金持ちで教養もある男と結婚できるほどのいい女が、酔っ払いで、女を殴り、ろくに食い物も与えてくれない、つまらん男に恋をして、結婚してしまうことがあるじゃろう。で、女の方はそんな男を憎むではなく、逆に愛し、男に従い、忠実であろうとする。逆に愛想をつかしてもよさそうなものを。

親を毛嫌いし、親を助けるでもなく、苦しめるだけの息子もいる。息子がいなくなったとしても、親は無視して放っておけばいいところを、心配になって、神様に祈ったりする。一方、よくできた息子を愛することもなく、大した理由もないのに殴ったり、無視したりする親もいる。息子の方はというと、恨むでもなく、憎むでもなく、ますます親を愛し、親の言うことを聞くが、すると、ますます親は息子を苦しめるんじゃ。動物は自分を罰する主人に愛情を抱くが、それは動物は畏怖の

念を抱かせる、自分より上位のものに愛情を感じるからじゃ。このことはわしもまあ理解できる。しかし動物と違って、対等であるべき人間同士で、自分を虐待し、傷つけ、無視する者に服従し、盲目的に愛するなどということは、わしには理解できんのじゃが、みなはどうじゃ」

　大きな爪で木のテーブルを軽くトントンと叩きながら、ドン・ヘラルドはゆっくり終わりかけた葉巻を一服吸い込み、考え込むように葉巻の燃えさしを不格好な大きな靴でもみ消し、話を続けた。

「さて、話に戻ろう。その女はソレダ〔「孤独」の意〕という名前じゃったが、みんな『ラ・オテレラ』〔「ホテルの女主人」〕と呼んでおった。小さなホテルを持っておって、そこには訳ありの者が泊まっておった。

　ある日、若い歯医者がやって来た。こいつは、仕事は嫌いなくせして、金もうけは好きというやつで、そのホテルの一室にオフィスを構えた。

　そいつは何日もそこにとどまっておった。これはたちまち市場やパティオ〔中庭〕や町の通りの人々の知るところとなり、町の退屈な毎日に刺激を与える、いわば香辛料、または調味料となったのじゃ。実際のところ、女主人と歯医者は噂の被害者じゃったが、嘘がまことになったわけじゃ。

　時が過ぎ、娘の体つきも大人びてきた。顔は陶器でできたマリア像のように白く、緑色の大きな目をしておった。娘は外見は純真無垢そのものじゃったが、それとは裏腹に母親譲りの尻軽じゃったんじゃ。

　その夜はちょうど今夜のように、雨がいつ止むともなく、屋根を打ちつけておったが、ホテルの

女主人ソレダが病気になり、入院させねばならんかった。手術の後も、長いこと入院していなければならんかった。そうこうするうち、ろくでなしの歯医者は娘に運転の仕方を教えてやるという口実を作って、毎日午後に娘を車に乗せて、ペニョン・デ・ラ・ビエハの方へ連れて行った。

　さらに月日は流れ、ソレダの若き日の美貌は衰え、老いの影が忍び寄ってきた。病のため肌も荒れ、頭には白いものが混じるようになった。疑心暗鬼と病による痛みのため、心は頑《かたく》なになっていった。

と、ある日、女主人は娘の体の異変に気づいた。妊娠していたんじゃ。娘に対して、嫉妬と恨みが心のうちにムラムラと湧き起こり、暗闇よりもなお暗い復讐心になっていった。情け容赦なく、娘の青春を台無しにしてやろうと誓ったんじゃ。

　かつては、ピンクのりんごにも喩えられた頬にはしみが浮かび、緑の瞳に燃えていた緑の炎も消えてしまい、かつての美貌はすっかり衰えてしまった。夜な夜な、母親は身重の娘の体をいまいましげに殴りつけた。娘の方は、かわいそうに、自分のせいではない罪のために苦しんだ。愛する母親から愛する人を奪ってしまったのだと思い、苦しんだんじゃ。おそらく、自分が妊娠することになったのも正当な罰だとまで思いこんだんじゃろう。母親から受けた虐待による痛みに耐えきれず、気を失いそうになった時だけ、小さな声で言うんじゃった。『お母さん、もうぶたないで』と。灯りが点《とも》されていない、そのホテルから聞こえてくる声は、大きなセイバの木の下に寄り添っている牛たちの悲しげな呻き声のようじゃった。

　恋人を奪い取られた恨み、つらみ、苦しみなどが複雑に絡み合って、毎夜、母親は鬱積《うっせき》した思いを娘に狂ったようにぶちまけた。娘の出産は望まんかった。娘が子を持つことは、ホテルの女主人

にとって最もおぞましい罰になるのじゃった。娘に子を産ませんように、娘の胎内に宿る罪なき無力な子を殺そうと企んだ。運命によって定められたかのように、母親の罪にまみれた人生を罰するために、ある夜、やせ衰えた娘から生まれてきたのは、やせこけた、不格好な、気持ちの悪い鳥のような男の子じゃった。ホテルの女主人は憎しみの対象である胎内の子を殺すために娘を思いっきり殴ってきたのじゃが、娘は身をもってその子を守ってきたのじゃった。

娘は弱った体ながら、赤ん坊に乳を飲ませようとしたが、乳は出んかった。弱々しい声で泣きながら訴えた。『自分は熱っぽいのに、食べ物やほんの少しのアグア・ドゥルセ〔甘露水のようなもの〕をくれる人はだれもいない。フリホーレス*も以前はときどき食べることができたのに、今では全然食べられない。赤ん坊に飲ませる乳もほとんど出ない』と。娘と赤ん坊は、こうしてゆっくりと死に向かっていった。生きるということが単に存在することであるとしたら、この二人にとって、それは苦痛、苦悶でしかなかった。

そして、とうとう、ある日、夜明け前の一番寒い時に、固く抱き合った親子のところへ天使がやって来て、天国へ連れて行ってやったのじゃ」

ここまで話すと、ヘラルド老人は感極まり、しゃがれ声が途切れた。頬に涙が二筋伝わった。

「ピューマは子鹿を食った山へ戻る。猛獣は獲物を捕らえたところに戻る。人殺しは犯行現場に舞い戻ってくる。かつての場所に戻ってくるのは人も獣も同じじゃ。国を捨て、他国で戦い、そこで財を成し、その土地を愛するようになるが、死期が近づくと、望郷の念に駆られ、自分を育んでく

れた土地がたまらなく恋しくなる。子供のころ渉猟した山々、川や雲など、少年の頃の思い出が脳裏に浮かぶ。写真、本、手紙、幼いころ親しんだ歌などが、懐かしい香水の匂いを嗅いだ時のように、遠き日の懐かしい思い出を一瞬にして甦らせるんじゃ。望郷の念は募る一方で、心の奥底には悲しみが湛えられている。できることなら故郷に戻って、そこで生を終えたいと願う。

　ケサダ村では、いま話した物語はほとんど忘れられておる。墓地にぽつんと立っている十字架だけがあの悲しい思い出を甦らせるだけじゃ。村中の人が自分のことのように悲しんだあの出来事を。ホテルがあった場所には豪邸が建てられた。町は土埃に覆われたような単調な風景で、朝になると女たちが町に出ておしゃべりを始める。ホテルの女主人ソレダの愛人であった歯医者も町に戻って来ておった。じゃが、今度は目に情欲の炎の色はなく、いい女が通り過ぎるたびに燃やしていた炎はその瞳には見られんかった。

　歯医者の細面の顔には黒い顎ひげが生えておって、それは大罪人のしるしのようじゃった。やせた体にはあまたの苦しみがはっきりと刻み込まれておった。その日、晴れた朝に彼が教会で聖体を拝領したことを知って、ケサダ村の人々は大いに驚いた。また、前の晩、彼は司祭の家に行って、明け方近くまで司祭と話し込んでいたということじゃ。このことは村人を驚かせたが、それにしても、もっと驚くべきことがあった。その歯医者は、ある約束を果たすために、一軒一軒まわって、お布施を乞うていたんじゃ。

　彼は熱と咳のため、やつれ果てた体でお布施を乞うていたのじゃが、彼が村に戻ってきた日の夜は、濃い霧のためにラス・ラハスからペニョン・デ・ラ・ビエハへの道はほとんど見通しがきかんかったんじゃ。

その夜、歯医者と司祭の間の話を盗み聞きしていた人々の話では、歯医者は驚くべき話をしたという。それは今でも、例の道を通っているとき、だれでも思い出しただけで、恐怖を覚える話じゃ。歯医者は神父に語った。『ペニョン・デ・ラ・ビエハ近くの坂道を曲がると、車のライトにぼんやり照らされて、霧の中にきれいな女がいた。淡いピンクの長い薄手のドレスを着ていて、道の脇に立っていた』」

ここで、ドン・ヘラルドは話を中断すると、感極まってみなに言った。


「これから、その歯医者が司祭に言うた恐ろしい話を逐一そのまま伝えるからな。

『これはいいチャンスだと思って、車をとめて、車に乗るように言った。深い霧の中だったので、はっきりしないが、彼女はちょっと微笑んだように見えた。ほっそりした手を私の方に差し伸べると、私はその手を取って、車に乗るのを手伝ってやった。本当にいい女で、よだれが出そうなほどだった。話をしようと時折、口を利こうとしたが、あまりに感情が高ぶっていて、声が喉から出てこない。で、そのまま坂道を下り続けた。

心臓は激しく動悸を打ち、実際、耳にも聞こえた。

ふと気がつくと、手を隣りの席に伸ばし、女の白魚のような指に触れ、そして、はやる気持ちで女に近寄り、女をやさしく引き寄せた。

女に抵抗する様子がないのが不思議に思えた。息を弾ませ、美しい胸がときおり波打ち、赤い唇が震えていた。私は半ばはだけた女の両肩を腕で覆ってやった。かわいそうに、その夜は長い間、

悪天候に身をさらしていたので、体が冷えていた。そんな中をペニョン・デ・ラ・ビエハの坂を下りて行ったのだが、その女は道中、一言もしゃべらなかった。と、突然、女が私の腕の中にとびこんできた。車のインジケーターのほのかな明かりに照らされていた顔を見て、私は血が凍りつくほどの恐怖を覚えた。私を見つめるその目を見て、全身に身震いが走った。その口を見て、私は全身の神経が引きつった。女は私に襲いかかるようにキスしてきた。私は恐怖のあまり叫んだ。お前はソレダの娘じゃないか。いや、そんなはずはない。お前は死んだはずだ。

するとまるでラッパの合図のように、彼女の美しい唇から、あたりの崖を震わさんばかりの高笑いがこぼれた。激しく私にキスしながら、にっくき仇の胸に短剣を刺すかのように、足はアクセルを踏み込んだ。私たちは猛スピードで坂を下りて行った。

母に祈っていいのか、他のだれに祈っていいのかわからなかった。何日も続く熱のせいで、その女が見えたのだろうか。わかっていることは、とにかく祈りをあげながら、その崖道の底に猛烈な勢いで車ごと突っ込んでいったことだけだ。

だんだん意識が戻ってきたのは明け方近くの三時ごろだっただろうか。私はタイヤの上にいて、徐々に事情が呑み込めてきた。あまりの寒さに全身がガタガタ震えた。遠くで水が激しくぶつかりあいながら流れている音が聞こえてきた。それで、崖の底の大岩の方をまた見た。すると、川が白髪のように穏やかに波打ちながら、岩の上を流れていた。白い月が天空高く輝いていて、あたりはひっそりと静まり返っていた。

神父様、そういうわけで、ラ・ビエハのあの大岩の向こう側にキリスト像を立てて、私の罪を償い続けたいんです。キリスト像を購うためのお金を恵んでもらおうと思っているんです』

その後、その女は、帰宅途中の女たらしどもの前に現れ、彼らに近づき、崖下に落としてやろうと、キスしながら、アクセルを踏み込んでくるけれど、大岩のところに近づくと、キリスト像が現れ、女の幽霊は消え失せる。こうして、闇夜を一人でペニョン・デ・ラ・ビエハを通りかかる男たちは救われるということじゃ」

＊　米（インディカ種の長粒米）とフリホーレスは伝統的なコスタリカの食事で、とくに朝食には欠かせない。ガジョ・ピントという赤飯のような料理も一般的である。

# ペニャ・ブルハ（魔女岩）の伝説

三月のセマナ・サンタ〔「聖週間」、復活祭の週〕のころの昼下がりだった。リベリア〔グアナカステ州の州都〕の北西の美しい浜辺、ナランホ〔「オレンジの木」の意〕の海岸沿いの海を意気揚々と行く漁師の一団があった。その海岸の真ん中辺の沖の方にペニャ・ブルハ〔「魔女岩」の意〕という名の大きく立派な岩が隆起している。海が荒れているときは、波が唸りをあげて岩にぶつかっていく。もし、そのすぐそばで水浴びすれば、あっという間に波に呑まれ、溺れ死んでしまうことだろう。

漁師たちの間ではいろいろな噂が飛び交っていた。その噂話の一つに、カルロス・アレグリア〔アレグリアは「喜び」の意〕という、生粋のチョロテガ族の先住民が登場するのである。漁師たちは小舟でペニャ・ブルハまで行けるかどうか言い合っていた。そこまで行けば、日没時に絶景が拝めるのである。しかし、そんな無謀なことをやってみようという者はだれもいなかった。

そこで、カルロスは厳かに言った。「俺にボートを貸してくれたら、そこまで行ってみせよう」

カルロスはボートに乗って、岩に向かって漕ぎ出した。その間、カルロスは不安を感じたが、漁師たちも同じだった。カルロスは波に呑まれそうになったが、見事に岩に接近し、ジャンプ一番、

岩のでっぱりに取りつき、岩の洞にボートを入れて固定した。奥へ進んでいくと、絶世の美女が三人編み物をしていた。近づいていってみると、三人は一斉にカルロスの方を見て、身振りで音を立てないように伝えた。そして、小声で話し始めた。それは悲しくつらい話だった。それによると、三人は魔法をかけられ、それぞれ別のものに監視されているとのこと。一人は牡牛に、一人は老人に、もう一人は犬に見張られているとのことである。だが、彼らは今眠っていて、今ならこの勇敢な先住民、カルロスと一緒に逃げられそうだと、年長の娘が言った。すると、二番目の娘が言った。「だけど、もし、ご主人様たちが目を覚ますと、みんな殺されるわ」。そして、三番目の娘が言った。「あなた一人でお逃げなさい。このサンゴの枝を持っていって。そして、今度の金曜日に助けに来て。でも、私たちに会って話をしたこと、私たちがこの岩の中にいることは決してだれにも言っちゃだめよ。私たちがここから出られたら、きっとあなたを幸せにしてあげるわ」

カルロスは娘たちに別れを告げた。秘密は守り、必ず金曜日に戻ってくると誓った。

ごつごつした岩の縁までたどり着き、ボートを穴から引っ張り出し、陸に向かって漕ぎ出した。漁師たちはすっかりカルロスが荒波に呑み込まれ、溺れ死んだとばかり思っていたので、びっくり仰天した。

カルロスは浜辺に辿りつくと、質問攻めにあった。漁師たちはあれこれ知りたがったので、カルロスもつい岩で見聞きしたことを白状せざるを得なかった。秘密を洩らせば、自分の幸運も尽きるのだと言っても聞いてくれなかったのである。

カルロスは岩に戻ることができなかった。岩では美しい娘たちが何世紀もの間、待っているというのに。

ペニャ・ブルハからは大きな音が聞こえるが、実はそれは岩の音ではなく、怒れる牡牛の唸り声なのである。

# 黄金の鍵と馬上の人

傷ついた鳥が羽をぴくぴく痙攣《けいれん》させて、樹齢百年以上の木々の林に隠れ家を求めていく。その日の午後もそんな鳥のように、死の淵に向かって穏やかに暮れようとしていた。夜の暗闇に包まれて美しい夢の花がそっと開くのである。

時は西暦一九〇〇年。舞台はドン・ダビッド・ウルタドの所有する美しき農園。ドン・ダビッドというのは完全無欠の紳士で、思慮深く、立派な家柄を誇りにしている。夜の七時ごろ、家畜の番人たちはみな向こうの柵の方でおしゃべりをしていた。押しつぶされそうな真っ暗な夜のとばりを時おり稲妻が破った。丘の上で涙が光って流れているように見える。コヨーテの鳴き声があちこちで陰気に響き、あたりは不穏な空気に包まれている。カエルは汚い沼で、あたりかまわずケロケロ鳴いている。沼はカエルの変てこで単調な調べの鳴き声で寝ついてしまったかのようだ。遠くの方で種馬のいななきが聞こえる。こんな時間に、たぶん農園一の美しく若い牝馬とよろしくやっているのだろう。草原のはるか彼方から夜陰を破る矢のように、そこに草原の主がいるということを知らせるように、自分の群れを守ろうとする牡牛が、モーモーと大きな鳴き声を集合ラッパのように

響かせているのが聞こえる。

　これが私の時代の情景だった。ドン・ダビッドは寝る間も惜しんで、丹精込めて作り上げたこの農園からどうしたらもっと収益があげられるか、考えを巡らしていた。すると、そこにアンブロシオ・ロドリゲスという、正直、忠実、かつ勇気のある男、それゆえ、ドン・ダビッドが全幅の信頼を置いている男が近寄ってきた。彼はいつものように、ドン・ダビッドにその日の出来事について報告してから言った。

「旦那さま、ここには幽霊が出るということはご存じで」

「何だと」と、ドン・ダビッドは答えた。

「はい、旦那さま」とアンブロシオは続けて言った。「ここは出るんです」

「だが、何の根拠があって、そんなことを言うんだ」

「旦那さまは回廊から遠く離れたところでお休みになっているんで、お気づきにならないんですよ」

「で、何が起きているというんだね。言ってみなさい」

「それじゃあ、言いますが、ほとんど毎晩、十二時過ぎですが、ひっそり静まり返っているときに、だれかが馬に乗って農園にやってくる音が聞こえるんです。蹄《ひづめ》の音からすると、ラバのようですが。ラバから下りて、回廊の柱の一つにラバをつないで、あちこち歩きまわるんですが、歩くたんびに拍車の音が響くんですよ。それから、犬がワンワン吠え、ニワトリがびっくりして、けたたましく騒ぎ立てる中をまたラバに乗り、夜陰に乗じて、幽霊のように出て行くってわけでさあ」

　ドン・ダビッドは教養もあり、迷信を信じるということは全くなかったので、考え込むように黙ったままだった。この最も忠実な使用人が語ったことをどう扱ったらいいのやら。そして、おもむ

ろにアンブロシオに言った。

「お前が今言った幽霊はまた来そうだな。その時のために、私の馬を用意しておけ。それから、勇気がありそうな番人も何人か探しておけ。今度はお前と一緒に奴を追いかけよう」

そうして、その夜がやって来た。真っ暗闇の、いかにもおどろおどろしい夜で、小川のせせらぎが自然の美しい歌のように聞こえていた。草原が穏やかに鼓動を打っているようであった。だが、それは目に見えない装置の神秘の奥底から聞こえてくる不吉なことばのようでもあった。木々は幽霊の墓場を守る、見るも恐ろしい墓守のように思えた。その夜、農園を覆う暗闇のただ中にあの不思議な人物が戻ってきたのだ。そいつは入ってきたが、また出て行った。ドン・ダビッドは男たちとともに、その男のすぐ後を追って、まっすぐな道を進んでいった。十五分ほど追ったところで、男はラバに乗り、鐙《あぶみ》を踏みしめて立ち上がり、手をポケットに入れて、何か投げた。それは夜の闇の中できらめいた。そして、そのまま進んでいき、渦巻く暗闇に呑み込まれて、消えて行った。

ドン・ダビッドはアンブロシオに命じて、そいつが投げたものを拾わせた。驚いたことに、それは長さ八インチ〔約二十センチ〕ほどのどっしりした黄金の鍵だった。ドン・ダビッドは、このことはだれにも言わないように命じた。だが、家畜番たちは、その鍵は隠された財宝か、ドン・ダビッド家の重大な秘密に連なるものだと信じ込み、捜索を始めた。来る日も来る日もあたりを探し回ったが、無駄骨に終わった。

ある日、エル・アチャ〔「斧」、「松明」等の意〕とオロシの農園の間で、小石でできた家が数軒見つかった。それは人間の家というより、ドゥエンデ〔小人〕の家のような感じだった。家畜番たちは探していたものが見つかるかもしれないと期待して家に近づき、中に入って探してみたが、何も見

つからなかった。夢のような、心を弾ませるお宝を探し求めるのに疲れて、ついに探索をあきらめた。そして年月が過ぎて行った。ドン・ダビッドは亡くなった。黄金の鍵の秘密を知るものは二人だけになった。

　アンブロシオ・ロドリゲスについては次のように言われている。ある晩、農園に彼の馬がひとりでやって来た。何があったのか、調べてみたら、アンブロシオはいつものようにロス・アオガドス〔「溺死者」の意〕川を渡ろうとしたが、川はあふれんばかりに増水していた。それでも無理やり渡ろうとしたところ、アンブロシオは馬に額をこっぴどく蹴りつけられて川に落ち、死んでしまったということだ。遺体は渡ろうとしていたところから何十メートル、何百メートルも離れたところで発見された。もう一人の、秘密を知る家畜番は名前さえも分かっていない。彼も死んだものと思われた。

　こうして、あの黄金の鍵の秘密を知る者はだれもいなくなった。時は過去をベールで覆い、すべては遠き日の思い出という、薄暗がりの中にかすんでいった。時折、それは神秘の草原の数ある幻影の一つとして、我々の脳裏に甦るのみである。だが、一つ疑問が残る。あの鍵はどこかの山奥に、神を畏れぬ者の手によって隠された、とてつもない財宝の秘密を握っているのだろうか。それとも、正直な人間が根気強く作り上げたもので、あのドン・ダビッドの農園をかつて所有していた人のうちのだれかが善行を積んだおかげで、世にもまれなる宝になったのだろうか。ひょっとして、あの鍵はオロシ*〔Orosí = oro「黄金」+ sí「そのもの」〕という名の秘密を握る鍵なのだろうか。

　いつか、黄金の鍵と馬上の人の謎は解かれるのだろうか、それとも追憶の暗がりの中に埋もれたままなのだろうか。

＊　コスタリカには、カタカナで「オロシ」と表記される地名が二つある。一つはカルタゴの近くでOrosiと書かれる。もう一つはアクセント記号付きOrosíで、こちらは太平洋側のグアナカステ州にある。この話のオロシは後者。

# ラ・カルピンテラの魔法の岩

ドン・ブラウリオ・カリージョがコスタリカ共和国の大統領だった時のこと〔一八三八―四二〕。カリージョ政権は独裁色を帯びてきたので、民衆の間に不満が満ちていた。中米連邦の大統領フランシスコ・モラサン将軍はグアテマラの大統領カレラ将軍に打倒され、失脚していたが、このコスタリカの情勢に乗じて、コスタリカにやって来て、政府に反対する民衆の支持を得て、カリージョ政権を倒した。時に一八四二年四月のことである。

　コスタリカの民衆はカリージョの抑圧的な独裁政権が排除されたことを喜び、歓喜とともにモラサンを迎えた。だが、彼の目的は中米連邦という理想を実現することで、すぐさまそれを実行に移すための政策に着手した。徴兵はもちろん、資金調達のための寄付も強要した。しかし、コスタリカ人は平和を愛する国民で、伝統的に他国の問題に介入することを嫌う。また、自己の資産を守ることに熱心である。それで、モラサンの政策に大反対し、反乱を起こしたので、モラサン将軍はサンホセからカルタゴに逃亡するはめになった。彼はカルタゴで懇意の夫人、ドーニャ・アナクレト・アルネストという、男勝りで、中米連邦の熱烈な支持者にかくまわれた。だが、モラサンは反

乱者たちによって捕らえられ、サンホセに移送され、その後、銃殺刑に処された。

その後、モラサン将軍が野望実現のために蓄えた資金のことが話題になり、逃亡先のカルタゴに運ばれたのではないかと考えられた。アルネスト夫人は不撓《ふとう》不屈の上、頭も切れたので、彼女が資金を隠し、中米連邦再建計画のために取っておいているのだと信じられた。ドーニャ・アナクレトは、その資金について一言も触れることはなく、人生の舞台から消えて行った。たちまち、みなが隠し場所について、あれこれ詮索し始めた。どうやって隠したのか、いろいろ想像をめぐらしてみた。噂では、アルネスト夫人は追われる身の将軍をかくまう際、資金が反乱者たちの手に落ちることを懸念して、信頼できる使用人たちの一人を遣わして、安全な場所に隠したということだ。忠実なその僕《しもべ》はラ・カルピンテラの山に適当な場所を見つけたか、それとも、すでにそういう場所を知っていたのだろう。ともかく、そこに隠したというのである。

だれでもお金は欲しい。金銭欲に火がついて、ありそうな場所を探し回ったが、見つからない。茂みの中に聳《そび》え立っている大岩が見つかり、その下に大きな穴が開いていた。ここがそうかもしれないと思われたが、中は空っぽだった。人間というものは、たいていの場合、間違えたとき言い訳を考えつくものである。宝はすでに掘り出されていたのだということにされた。迷信深い人たちは、超自然的な力のせいにした。

その岩は回廊の形になっている穴を天井のように覆い隠している。入り口は茂みになっていて、壁面は地面と同じく黒く、いたるところから水がしみ出している。穴には無数の蝙蝠《こうもり》や、体は小さいが足がとてつもなく長い、黒い蜘蛛が棲みついている。この小さな蜘蛛は空気がちょっと流れただけで、びくっと震えるのである。この穴は気持ちが悪くて、入るにはかなりの勇気がいる。この

ように、この洞穴は何やら神秘に包まれている。次のような言い伝えもある。一日のある決まった時間に洞穴の中からちっぽけな雄鶏が出てきて、時を作り、それからまた隠れる。キリスト教世界にとっての歓喜の日、十二月二十五日に洞穴はにぎやかになって、中では火の玉が飛び交うそうだ。それで、ここは「魔法の岩」と呼ばれているのだ。

# オロンテス

すでに乾季に入っていた。私は幼年期をオロティナ地方のマスタテの農園で過ごしたが、日曜日の午後には気のいい隣人たちや家族の友人たちが、ときどきそこに集まっていたものだ。満月の夜は家のパティオ〔中庭〕でスペイン式トランプ〔全四十八枚〕をして遊んだものだ。ヒカラ〔ひょうたんの一種〕の木がきれいに掃除された床に面白い形の影を落としていて、いろいろと想像をめぐらしたものだ。葉巻を吸っている人もいれば、シガレットを吸っている人もいた。話を聞かせてもらったり、いろいろなことについておしゃべりしたりして楽しく過ごした。

サントス・シレスさんという、土地の祈禱師がいた。ほら吹きだったが、話し上手で、お話を一つしてくれたが、聞く者はみんな身を乗り出さないではいられなかった。もちろん、私もその一人だった。話は現実味を帯びていて、幼心に深く刻み込まれた。

「あの光を見てごらん」とサントスさんは言って、隣りのパイナップルの畑の方を指し示した。みな指し示されたところを見たが、だれもそれが何か、分からなかった。

「あれはな。……先住民オロンテスが見張っている光じゃ。お前さんらは知っているじゃろうが、ずいぶん昔、そうさな、何世紀も前のことじゃが、このあたりの人里離れたところに東のウエタル族の王、というか族長のオロンテスが住んでおった。敏捷で、白兵戦にはめっぽう強かったようで、大胆不敵で、機略にも長け、武勇の誉れが高かった。敵から見たら、悪魔そのものじゃった。後宮にはいろんな女が侍《はべ》っておった。先住民たちの尊敬を集めておって、神のように畏れられておった。ただ、なりは質素で、半裸で過ごしておった。腰布を巻いているだけじゃったが、胸にはピューマ、ヒョウそれとジャガーの歯でできた、立派なネックレスがかかっておって、頭には色とりどりの鳥の羽飾りのついたターバンが巻かれておった。知る人ぞ知るところじゃが、戦に行くときは、ピューマ、ヒョウそれとジャガーを従え、決まって勝利を収めて帰ってくるのじゃ。山でバクを追うときは、ひと時たりとも休むことなく追いかけ、獲物をもって居城に帰ってくるんじゃ。鹿のように速く、牡牛のように強いんじゃ。

　その当時、ここら辺の川のほとんど全部と、マチュカ川にも金が混じった石や砂が清流に流されてきておって、いともたやすく見つけることができた。先住民たちは、砂まじりの砂金を集めた。砂金を取り出すために注意深く石のくぼみを穿《うが》って、そこで集めた砂を洗い、秘密の液体をかけるんじゃが、それは先住民しか知らないか、他の奴らが知っていても、先住民にしか調達できんものじゃ。ともかく、その液体で金を柔らかくして粘土のように白くするんじゃ。そして、その金でいろんな形の細工を作っておった。カエル、トカゲ、チョウチョ、ピューマ、ワシ、その他わけのわからんものもな。先住民は別のやり方で細工をしたという者もおる。まず、マルハナバチの蠟《ろう》で形を作り、柔らかい粘土でくるむ。それから、高温の窯に入れる。そうすると、粘土でできた覆いが

熱で固くなり、蠟が融けて、精巧に作られた小さな穴から漏れ出てくる。続いて、その同じ穴に土器のるつぼの底に溜まっておった金を注ぎ込むんじゃ。翌日、粘土の型を割ると、金細工が姿を現すというわけじゃ。こういった細工の多くは神の偶像を表しておって、スキア〔まじない師〕が触れることで、超自然の力が宿るお守りとして役に立つんじゃ。そんな勇猛果敢な先住民たちは毎年、二つの大事な祭りを祝っておった。一つはトウモロコシ、もう一つはフリホーレス〔小豆のようなもの〕の収穫の時期にな。

そんな祭りの時には戦争の捕虜たちを神々への生贄《いけにえ》として捧げたんじゃ。生贄になった者は心臓を取り出される。心臓は神々の聖餐《せいさん》で、部族の司祭たちが心臓を食って、まだ煮えたぎっている血をトウモロコシの穂に滴らせて、彼らの神聖な守り神に捧げたんじゃ。先住民たちはトウモロコシやプラタノ・マドゥーロ〔熟した調理用バナナ〕でできたチチャ酒を飲んで酔っ払って、質素な祭壇や焚火の周りで歌い踊ったもんじゃ。

さて、ある満月の夜、そんな祭りもそろそろ終わろうとするころ、エスパルサ〔旧名エスパルタ。ギリシャのスパルタに由来〕から使いがやって来た。白人どもがエスパルサに侵入してきたというんじゃ。王というか、族長のガラビートは侵略者の白人どもと戦っておるが、苦戦しておる。それで、いとこの族長オロンテスに至急、援軍を乞うてきたわけじゃ。すぐさま、ほら貝と太鼓が鳴り響いて、部族の男たちが招集された。夜明けには兵士たちの行軍の準備は整っておった。オロンテスと家来たちは夜を徹して、族長の財産たる金の装身具を全部安全な秘密の場所に隠したんじゃ。

金細工がぎっしり詰め込まれた十二個の籠の中には、サイズは普通じゃが、とびっきりの値打ち物の神の偶像がいくつも入っておった。これらは近くの小川の川床にあけられた大きな穴の中に隠

された。この小川は現在、ケブラダ・スニガという名で知られておる。この穴を作るために、先住民は川の流れを変えた。立派な堤防と溝を作って、流れを右岸の方にもっていった。それから、ずっしりと重い岩と平べったい小石を金細工の入った籠の上にかぶせた。そして、水をこの水路に流し入れ、黄金の宝物を永遠に隠してしまったんじゃ。

　オロンテスと家来たちは、戦に赴き、武勇の誉れ高い勇士の名に恥じず、立派に戦った。オロンテスは傷を負いながらも、栄光とともに城に帰ってきた。

　じゃが、その後、すぐに亡くなり、財宝のすぐそばの小川の岸に、武具と王のしるしの品とともに埋葬された。財宝は家来たちによっていつまでも大切に守られた。あえて財宝に手を触れようとする者はおらなんだ。

　この地域が今日、オロティナ地区という名で呼ばれておるのは、たぶん、このエネルギッシュで、勇敢、かつ高貴な族長、オロンテスの名にちなんでおるんじゃろう。それ以前はサント・ドミンゴ・デ・サン・マテオという名じゃった。もっと前にはコヨチェ谷のロス・レジェス〔「王たち」の意〕村と呼ばれておった。

　あれから何世紀も過ぎたが、族長オロンテスの財宝は不届き者の目に触れることなく、隠されておる。宝の在りかを知る者はおらん。

　この辺りには何度か、色とりどりの光、黄色、赤、緑、青などの光がランタンの形をして、空中を上がったり、下がったりしておったことがある。それは族長オロンテスの魂で、貴重な財宝をいつも見守っておるんじゃ」

これでサントス・シレスさんの話は終わったが、私はこの話にすっかり魅了されてしまった。その後、長い年月が過ぎた。四十五年以上も経っている。だが、あの美しい夏の満月の夜、ヒカラの木の下、あの古い平和な田舎の家のきれいな庭で大人たちと過ごした時間はいつまでも私の記憶に残っている。森の木の枝に滴った露。その時の情景とさわやかな空気もありありと思い出せる。その露の雫は族長オロンテスの城があった場所のそばの草原を覆っているのだ。

# ノサラの財宝

ノサラ川の漁師たちが言うことには、夏〔乾季、十二月から三月〕の静かな夜、まるで巨大な青い絨毯《じゅうたん》の上に、青白いバレリーナのような月が水上に現れるとき、逆巻く水の底深くにある、何か失われたものを探して、川の畔をさまよう女の泣き声や嘆き声が確かに聞こえるという。

それはジョローナ〔泣き女〕だと考える者もいれば、老魔女が川辺をうろつき、漁師を脅かして回っているのだと考える者もいる。だが、ラウレアノ・ビジェガスさんという、その地方に住む年寄りが語ってくれたところによると、ノサラには魔女もいなければ、ジョローナもいないということだ。その地方に実際に存在するのは五百年前にニコヤの族長たちが埋めた財宝なのだ。

私は去年、ニコヤへ行った。目的はラウレアノ・ビジェガスさんを訪ね、セロ・ブルホ〔「魔法使いの山」の意〕から太平洋に広がる肥沃な土地を自分の目で見ることだった。

「ノサラ川について話してほしいって？　わしは年代記作者のように上手には話せんし、詩人のように洗練された話し方もできんが、わしのような無教養で武骨なスペイン語でよければ、わが愛す

るグアナカステの肥沃な土地について、いくらか話して聞かせよう。ノサラは魅力的で、将来有望な土地そのものじゃ。絶景も拝めるんじゃ。山のさわやかな空気も吸えるし、ノサラ川もさらさらと流れとる。ノサラ川はこの地方の命の源で、太平洋に出るところには、すっかり静かで穏やかになっておる。

　今でも大きなエスパベル〔ウルシ科〕の木やヤシの木が無数に生い茂っている森の中にいるような気がするよ。あのひっそりとした森の奥深くのヒバリの歌声が今でも聞こえてくるようじゃ。ノサラの土地は黒く、肥えておる。ノサラはわしらがそこに行って働くのを待っておるんじゃ。お役所仕事なんか辞めて、田舎で静かに、健康的で豊かな生活を送るのを待っておるんじゃ」


　そんな山奥にラウレアノさんの家がある。ゴリオン〔スズメの仲間〕の巣のような家だ。質素な家で、屋根は藁《わら》葺き、竹の茎で覆われている。旅人をもてなすような設備はないが、親しい友人を迎えるように私を心から歓迎してくれた。

　ラウレアノさんはすでに七十歳になっていた。孫のフアン、ニコラス、そしてルイサと一緒に暮らしている。一人息子のアニセトは遠くのアリオで暮らしていて、愛妻のティモテアおばさんはずいぶん前に亡くなっている。フアンとニコラスは二人ともよくできた孫で、朝四時に起きて、斧やナイフを研ぎ、それから朝食をとって、畑仕事に出かけていく。ルイサはチャーミングな、浅黒い肌の娘で、フォクストロットもチャールストンも踊れない。だが、朝早く起きて、トウモロコシの粒を挽いたり、家事をこなしたり、やさしく祖父の世話をしたりする。まったくもって模範的な生活だ。

ある日の午後、日はすでに赤紫色の夕焼雲が被った山の陰に隠れていた。私たちは木のベンチに腰かけた。私はラウレアノさんの話に聞き入った。

一月の気持ちのいい午後のひととき、ラウレアノさんはそれまでの人生の中で最も大事なことを話してくれた。自らの過去、若いころの色恋沙汰、ティモテアおばさんと一緒にノサラにやって来たこと、トウモロコシ畑のこと、土地の伝説などなど。ノサラ川の伝説について話してくれたのもその時だ。それは単純な物語で、今でもありありと思い出せる。これから話すのはラウレアノさんが話してくれた話だ。ラウレアノさんの話を間違えないで話せるといいのだが。


チョロテガ族は太陽神に敬意を表し、感謝を捧げるために毎年大きな祭りを三つ執り行ってきたが、そのうちの最初の祭りを他の二つよりももっと盛大に行おうと、ニコヤの族長は考えた。そのために臣下であるカンヘル、クル、そしてサパンセの三人の族長に使いを遣《や》った。

招待客はいたるところから馳せ参じた。祭りの日、八月の美しい日の夕方、ニコヤの大族長の望みどおり、祭りが始まった。

チラ族は昔からニコヤの部族と対立していたので、この機会に不意打ちを食らわせ、族長の財宝を奪い去ろうと計画した。

百戦錬磨の勇士、ナカオメの指揮下、十艘のカヌーに乗って、チラ族の兵士五十人がニコヤの海岸に上陸した。

チョロテガ族は夜通し、チチャ酒を飲んだり、踊ったりして過ごした。敵のことは全く念頭にな

かった。

ニコヤの族長の娘、ノサラは眉目秀麗、物腰も風雅で、部族一の美女の誉れ高かった。クルの若き戦士、クリメに恋をして、恋の歓びに浸っていた。日が山の頂から登りかけていた。ニコヤの部族はチチャ酒を飲み、踊り呆けていた。まさにその時、雄叫びが上がり、矢が唸りをあげて飛んできて、チラ族の兵士がなだれ込んできた。

その場は大混乱に陥り、恐怖が支配した。女たちは森に逃げ込み、男たちはなすすべもなかった。ノサラはすぐさま、チラ族の企みを悟り、恋人を起こして、言った。

「ねえ、お父様の大切な宝物を守りましょう」

二人は砦にやって来た。族長は酔っぱらって、正体もなく眠り込んでいた。ノサラは金細工のワシ、カナブン、そしてカイマンワニが入っている大甕《おおがめ》を取り、弓矢を携えて、クリメとともに森へ逃げ込んだ。

ちょうどそのとき、ナカオメが入ってきた。族長の砦に来てみると、族長は眠りこけていた。隅々まで調べてみたが、目当ての財宝は見つからなかった。

ナカオメは落胆したが、貴人たちを捕虜にして、ニコヤの財宝の在りかを言わなければ殺すと、脅した。占い師の老婆は、ノサラが財宝を持ち去り、クリメとともに逃げたと言った。欲に目がくらんだナカオメは五人の兵士にノサラを追うように命じた。

「生死は問わん」とスパルタ人のようにきっぱり言った。

ノサラは恋人とともに一日中、逃げ回った。疲れきって、オホチェ〔ラモンまたはブレッド・ナット〕の木の切り株に腰掛けたときは、黒い夜のとばりが下りてしまっていた。しかし、チラ族たちは二

人の足跡をつけていた。ノサラが腰かけて休憩してから三十分もしないうちに追手の叫び声が聞こえてきた。二人はまた逃げ出した。一晩中走り続けた。明け方、川の畔に着いた。

「この宝物はどうしよう」と、クリメがノサラに聞いた。

「埋めてしまいましょう」と、ノサラが答えた。「追手に捕まるかもしれないけど、もし捕まっても、お父様の宝物は自由にはさせないわ」

それ以上のことは考えないで、ノサラは宝を埋めるために、山に入っていった。クリメは川の岸辺で長い間、ノサラを待った。やっとノサラが戻ってきて、二人は一緒になったが、ちょうどその時、チラ族の兵士たちがノサラたちに襲いかかってきたのである。ノサラは逃げようとしたが、矢に当たって倒れ、死んでしまった。クリメも同じ運命をたどった。

チラ族の兵士たちは懸命に財宝を探したが、見つけることはできなかった。財宝はノサラが山に隠したか、あるいは埋めたのである。

ラウレアノさんが語るところによると、一月の静かな夜、ノサラ地方で不思議な呻き声や物音が聞こえるという。だが、それはジョローナではない。それは五百年前ニコヤの族長の娘が隠した財宝から聞こえてくるのだ。

財宝はノサラ地方に眠っている。だが、古代エジプト学者のように宝を求めて、大地を掘り起こしてはいけない。財宝は肥沃な大地の山の中にある。その大地は働き者の男たちが汗水たらして働いて、豊かな実りをあげることだけを待っているのである。

# ナンシテ・ドゥルセに現れたナザレ人イエス

じりじりと日の照りつける、人里離れた平原にこんもり茂ったグアナカステやロブレス・エスパベレス〔オーク〕の木に囲まれて、ナンシテ・ドゥルセ〔「甘いナンセの実」の意〕という、つましい集落がある。私はこの集落の住民についての悲しい伝説を聞いたことがある。これからその話をお聞かせしよう。

それは「受難の金曜日」〔復活祭の「主の復活」の日曜日の二日前〕のことだった。ハコボじいさんは農園を持っていたが、農園は全体的に緑ではなく、麦藁《むぎわら》色をしていた。その農園で「ナザレのイエス」〔「イエス・キリスト」〕の祈りが捧げられていた。イエス様に粗末ながらも心のこもった供え物を持って、いたるところから、この集落に人がやって来た。美しいグアリア・モラダ〔赤紫色の蘭、コスタリカの国花〕でイエス像のチュニカ〔ガウン風の衣服〕を彩り、コヨルヤシの香しい花がイエス像の周囲にかけられている。もちろん、ムギワラギクの芳香も欠かせない。夜が更けると、祈りが始まる。ハコボじいさんが祈りを始めると、みんな、厳かに唱和する。祈りが終わるころには、夜も更けてしまって、一同帰路に就く。

歳月は過ぎたが、この伝統行事は続いた。ある日、その古い集落にハコボ氏が死んだという知らせが届いた。それからは、そのつましい集落で主の祈りが捧げられることはなくなった。さまざまな噂が飛び交った。住民の口からこんなことが言われた。毎年、主イエスを祝う日がやってくると、古い集落を幽霊が通り過ぎて行って、ドン・ハコボの住んでいた麦藁色の農園に入っていく。すると、寂しい夜を包む静寂の中から、祈りの合間にすすり泣きの声が聞こえてくる。それから、その幽霊は腕に像を抱いて、農園を出て行き、村の路地の向こうに消えていく。その幽霊は何やら神秘に包まれている。それは、あのいつもの祈りを捧げていた老人で、罪を償うために寂しい農園にやってくるのだ。老人は、かつて何度も生まれ変わって、その農園で愛と悲劇の人生を繰り返したのだという。

# マタパロの花

これはポトレロ海岸のすぐ近く、サンタ・クルス郡のテンパテで採集された伝説である。

この地方でマタパロ〔寄生樹の一種〕ほどきれいな花を咲かせる木はない。淡いピンクの花びらが数限りなくあって、滑らかなシルクのようで、その香りは他の花の及ぶところではない。さらに、この花で身を飾ると、美しさがいっそう引き立つので、ずっと昔から、娘たちは春〔三月〕の朝、水を求めて川に続く小道を行く途中、あるいは牛が放牧されている中を進む途中で、マタパロの花を髪飾りにしたものだ。すると、すぐに若き心に虚栄心が芽生え、娘たちはマタパロの花で身を飾り、さらに艶めかしくなっていく。聖母マリアは、娘たちの魂が地獄に落ちていくことを恐れて、いわば魔法の力でマタパロの愛らしい花を、幽霊でも出そうな独居房のような胞子嚢《のう》に変えてしまった。それからはマタパロの美しい花は二度と太陽の下で輝くことはなくなった。しかしながら、昼のうちに芽吹いたマタパロは、真夜中の鐘が鳴るころには人の目に触れることができる。もし、娘たちがこの花を手に入れられれば、娘たちは神々しいまでの美しさになる。だが、悪魔はどこにでも潜んでいて、花を摘もうとする人間がいないかと、待ち構えているのだ。もし、若い娘がそん

な時間に悪魔よりも先に花をひとひらでも摘むと、美貌だけでなく、堅牢な貞操も手に入れ、罪を犯すこともない。だが、もし悪魔の方が先に花を摘むと、悪魔はハンサムな若者に姿を変え、娘に花を差し出す。それで、もし娘が花を受け取ると、娘の魂は有無を言わさず、地獄に落ちてしまい、地獄の罪人どものもとにとどまるのだ。

　こういうわけで、マタパロの木が落とす影は深く、神秘に包まれているのである。

## コスタリカに現れた悪魔

コスタリカの南部地帯からさほど遠くない、インターアメリカ・ハイウェイに隣接したところに、悪魔が現れたことがある。このおぞましい事件については、まだ事件に関する親類縁者が存在しているので、場所の特定は控えたい。

そこは大草原で、その果てには、土鍋型の丘が盛り上がっているが、これは自然のもので、人工的なものではない。その谷間には信仰心のことさら篤い地域があって、そこで事件が起きたのである。多くの異常な現象は神の意にそぐわなかったことが原因で、それは神が下した罰なのだと、信仰心の篤い者は考える。そのような民間伝承には心惹かれるものがある。

その土地の、信仰心の篤い人の一人がずいぶん前に話してくれたことだが、ある宗教行事のとき、聖母マリア像を行進に使うので、教会から運び出した。マリア像は女だけに担がれていく。と、突然、台座に乗ったマリア像がとてつもなく重くなって、にっちもさっちもいかなくなった。いくら頑張って進もうとしても進めない。マリア像はますます重くなっているように思われた。聖歌を歌いながら行進の先頭を行く司祭にわけを話すと、司祭はマリア像を担ぐ女たちを交代させることに

した。新たに担ぐことになった女たちはマリア像を担いでいくことができた。それを見て、最初に担いでいた女たちがやはり自分たちで担ぎたいと言って担いだが、また同じように重くなって動かなくなった。前にもまして力を入れて進もうとしたが、進めなかった。

それで、また交代することになったが、今度は選りぬきの「マリアの娘たち」と呼ばれる信徒会の娘たちで、担いで進むことができた。

このことから、マリア像を運ぼうとした女の中に「神の寵愛」を受けていない者がいて、それで、マリア様がそのような者に担がれて行くのをお許しにならなかったのだ、という噂が、行進のあと立つことになる。

行進は終わったが、ロザリオの祈りが厳かに続いた。すでに時間も遅くなっていて、礼拝堂の鐘が繰り返し鳴らされ、信者たちを荘厳な儀式に招集していた。

さて、話変わって、この地域には色黒の娘が住んでいた。自惚《うぬぼ》れやで、軽薄な、突拍子もないことを考えつく娘だった。

娘の奇妙な野心、望みからすると、この地域の生まれではないようで、よそ者といってもよかった。わがままで、規律規範などお構いなし。快適でぜいたくな町の生活を送る運命のはずだった。娘は自らの不運と貧乏を呪い、自分の家族と質素な暮らしを恥ずかしく思っていた。信心深い母親は娘のことでほとほと困っていた。娘が教会へ行き、ミサに参列し、神に近づくために懺悔してくれることを願った。哀れな母親は、神が娘に謙虚な心を授け、品行を改めさせてくれることを祈った。娘の方は母親のまっとうな望みをせせら笑った。

その日の午後、母親は娘をロザリオの祈りへ無理にでも行かせようとしたが、娘は広場に逃げだし、母親をからかい、娘を礼拝堂の中に入れたいという母親の望みをあざ笑った。娘の心は悪意に満ちており、母親の警告を馬鹿にして、大声で笑い飛ばし、おどけ面でそれに応えた。ペチコートをまくり上げ、意地悪く尻を振った。

　母親は聖女のような女だったので、娘のけしからぬ振る舞いにかんかんになって怒り、娘の行いを恥じた。教会に向かう信者たちは娘の様子を見て、憤慨し、十字を切った。母親は後先のことを考えず、怒りに任せて言ったらしい。

「お前のような罰当たりは呪われるがいい。母である私を嘲り、神様に不敬を働いたことの罰として、悪魔がお前のところに出てくればいいのよ」

　母親はロザリオの祈りが唱えられている方へ進んでいったが、突然、広場の真ん中で身の毛のよだつ恐ろしい悲鳴があちこちで上がった。広場の中には黒煙がもうもうと立ち込め、硫黄の強烈な匂いが漏れてきた。現場を目撃していた者の一人が悲鳴を上げて礼拝堂に入ってきた。ミサに参列していた信者は少なかったが、彼らも悲鳴を上げたので、司祭も事件に気づいた。

　広場に出てみると、巨大な黒雲があって、赤、青、黄色の火がチカチカ光っていた。空中には恐怖の表情を浮かべて、もがき苦しみ、悲鳴を上げている人の姿があった。

　司祭がとっさにその恐るべき光景の前で十字を切り、聖水を撒いたので、ダンテの地獄のような光景は消えてしまった。

　黒煙とチカチカ光っていた火が消え、平穏が戻ったとき、広場の中央にいたのは、あの反抗的な娘だけで、長い髪はほつれ、逆立っていて、まるで頭から針金が生えているようだった。

目を剝き、口元はいやらしく引きつっていた。顔や体には無数の引っ掻き傷が深く刻み込まれていた。体にはずたずたに裂かれた服の切れ端が何とかくっついているだけで、全裸同然のあられもない姿になっていた。

「悪魔が自ら、娘を高く持ち上げたのさ。ミサで司祭が聖杯を高く捧げるようにね」

と、ある老女が十字を切って祈りをあげる合間に言った。

「悪魔が娘を連れて行ったのよ」

と、ほかの老婆たちがロザリオに口づけしながら言った。

とかくの噂が飛び交った。その地域は昔話、伝説の類がふんだんに伝えられるところなので、もの悲しい、陰鬱な話が作り上げられた。確かなことは、ずいぶん後になっても、娘の髪は針金のように硬いままで、娘の姿はその時のまま、全然成長しておらず、二度と口を利くことはなかったということである。ヒキガエルや害獣などを遊び相手にして、サソリも蛇も娘に危害を加えることはないとか、永遠に子供の姿のままで隠れ家にこもっていて、施しを受けて生きていくしかないとか噂され、隠れ家の窓から姿を現すこともなく、家の前を通り過ぎる人はみな、恐れおののき、十字を切るのだという。

## サン・ミゲルの岩

エスカスはコスタリカの中でも一等地に位置する町である。広大な庭園のようで、エデンの園もかくやあらんと思われるような花が咲いている。

興味深い伝説には事欠かない。「サン・ミゲル」の「魔法の岩」の伝説はたぶん、エスカスの住民にとって最もなじみのある伝説だろう。この岩は、エスカスの町から南東約三キロメートルのサン・ミゲルという名の丘にある。一八二三年ごろのこと、その岩にニャ・サラテ〔サラテおばさん〕という名の魔法使いが住んでいた。

おばさんはたいそう醜い先住民の老婆で、牛と豚の臓物とバナナを食し、タバコが大好きだった。家族は息子が一人、それにオウムとネコがいた。息子は醜男《ぶおとこ》中の醜男だったが、性格はよかったので、みんなに愛されていた。また、とてつもない金持ちであった。オウムも家族の一員として興味深い存在である。昼夜を問わず、老婆のことを注意深く見守っていた。だれか人の気配がすると、老婆に知らせるのだ。ネコは老婆が食べ物を得る手助けをした。さらに、そこら辺に住みついているネズミどもを怖がらせた。また、一度ならず、老婆の住処に入ってきていたヘビを相手に自分が

すばっしこくて、力があることを実証してみせた。サラテおばさんは、やるべきことがほとんどないので、エスカスとサンタ・アナの村にしばしば出かけて行った。そこには友人も多く、だれにでも歓迎されていた。というのは、サラテおばさんは祈禱師としての評判がよく、そのうえ、時々おばさんの家を訪問してくれる仲のいい人には気前がいいことでも有名だった。

　サラテおばさんを訪ねていく人は、土産に臓物とタバコを少々持参しなければならなかった。そうすると、心からもてなしてくれるのである。そして、客が帰るときには、おばさんの住んでいる岩の近くで作っているカボチャの苗の葉っぱと新芽を一束、袋に入れて持たせてくれる。ただ、家に帰るまで袋の中を見てはいけないと言い聞かせる。多くの者はおばさんの言いつけを守った。家に帰って、中に入っているカボチャの新芽と葉っぱを見ようとすると、純金の延べ棒に変わっているのである。

　ある日、どこにでもいるような、貧乏で単純だが疑り深い男が、サラテおばさんを訪ねることにして、さっそく実行に移した。必須の土産を持っていくと、おばさんに丁重にもてなされ、カボチャの葉っぱと新芽をもらった。もちろん、帰る途中で見てはいけないと念を押された。

　だが、男は、おばさんの言葉などお構いなしに、途中の泉の畔でおばさんにもらった土産が入っている振り分け袋を開けて中を見た。片方には枯れ葉とゴミが、もう片方にはヒキガエルとヘビが入っていて、今にも嚙みつかんばかりだった。その日から、サラテおばさんは姿を見せなくなった。人がおばさんの住処に近づくと、足元の地面が揺れ、岩のある場所が真っ暗になる。

　オウムとネコについては、その後どうなったか、はっきりとはわからない。エスタニスラオという名の息子は、すでに述べたように、ひどい醜男だったが、反面、金持ちで、サラテおばさんにか

わいがられていて、首都サンホセの名家のお嬢さんと結婚した。きれいな素敵な家に住み、母親からもらった莫大な財産で、ぐうたら過ごしていた。家には友達が大勢やって来た。それは彼が金持ちだからで、しょっちゅう派手なパーティーを開いて、ご馳走をふるまった。サラテおばさんはときどき、息子を訪ねて行った。息子の方は、今や友人の中に名士もいたので、不細工な年寄りの先住民が自分の母親だということが恥ずかしくて、友人たちには隠しておきたかった。ある日、息子が友人たちといるところに、サラテおばさんがやって来た。息子はサラテおばさんのことを赤の他人のように、冷たくあしらった。すると、おばさんはエスタニスラオにこう言った。

「よくわかったよ。お前は、私が母親であることが恥ずかしいんだ。お前には何でもやったのに、お前はその私より友達の方が大事なんだね。お前の高慢ちきの鼻をへし折ってやるよ。言っておくがね、お前の嫁さんは近いうちに子供を産むけど、その子は化け物だからね」

サラテおばさんの言葉は本当になった。四か月後にエスタニスラオの妻は男の子を産んだが、その子を見たものはみなパニックに陥った。体中、毛むくじゃらで、手足の爪は長く、鋭くとがっていた。耳はウサギの耳そっくりで、顔はブタのようだった。

それからというもの、エスタニスラオは絶望の底に沈み、友達がやってきても、ろくにもてなしもしなかった。

少しずつ神経を病み、七か月後にこの世を去った。赤ん坊はエスタニスラオに遅れること三日で死んだ。妻は夫の財産が目当てで結婚したので、その後は生活が乱れ、やがて破綻し、だれからも相手にされなくなった。こうして、サラテおばさんは高慢ちきで恩知らずの息子を罰したのである。

サラテおばさんと息子の悲劇を思い出すたびに、エスタニスラオのように、いったん成功を収め

ると、親の恩を忘れ、親をないがしろにしてきた息子がなんと多いことかと、思わずにはいられない。

私は、貧しかったころ、人生の試練にさらされることがしばしばあったが、そのたびにサラテおばさんのことを思い出し、おばさんに出会って、カボチャの葉っぱと新芽をもらって、家に帰ると、純金の延べ棒になっていればいいなあと思ったものだ。

# アセリの大岩

かつて、アセリ〔サンホセ市南郊〕という名の、絵のように美しい町があった。そこを治めていたのは高名なスペイン人の美丈夫であった。その彼に当時有名だった魔女サラテが首ったけになってしまった。だが、彼はサラテを袖にした。サラテはそれを恨み、復讐を誓った。

数日後、朝になると、その町は巨大な岩になっていた。住民は山の獣にされ、例の誇り高きスペイン人ペレス・コルマはクジャクに変わっていた。サラテは小柄の太った白人女で、目は黒く大きく、恐ろしい、意地の悪そうな目つきをしていた。話すときは眉を大きく動かし、甲高い声でケタケタ笑った。

ヘアスタイルは三つ編みの房が二つ、歩みはリズミカルで、態度は堂々としていた。気まぐれにやりたいことがあれば、みんなにやらせたが、みんなの病気もよく治してやっていた。困りごとを相談に行くと、フルーツをくれた。家に帰ってみると、フルーツは宝石や金貨に変わっているのだった。

その町がアセリと呼ばれるようになったのは、魔法で岩にされてからのことである。

店を構えようと、新たにその地にやってきた住民たちは、その大きな岩の中にオリエントのお話に出てくるスルタンの妃のような暮らしをしている魔女のサラテが住んでいようとは夢にも思わなかった。

夜になると、岩が開き、動物たちのねぐらになる。その中にはあの美しいクジャクがいるが、片方の脚は金の鎖につながれている。

ある日、ディオヘネス・オルメドという男が、高名なサラテに幸運と財産をもらいにやって来た。六時間歩いて、夜やっと岩のところに辿りついた。岩の周りをぐるぐる回ってみたが、サラテとどうやってコンタクトを取っていいか分からず、疲れてしまい、岩にもたれかかって待つことにした。だが、疲労困憊《こんぱい》していたので、すぐ深い眠りに落ちてしまった。

数時間後、男はまどろみのなかで、幻を見たようだった。そばに木があって、枝に白いハトがたくさん止まっていた。ハトは彼を見て、肩のところに近寄ってきて、人間の声で言った。

「魔女のサラテと話をしたければ、岩を三回たたいて、こう言いなさい。『ああ、私の願いは叶えられないのか。何年も歩き続けてきたのだ。麗しのサラテよ、どうか私の話をお聞きください。クジャクの愛にかけて私のために岩を開いてください』」

それから、親切なハトたちは白いバラのような羽をはばたかせて飛び去った。

ディオヘネスは目を覚ました。真夜中だった。起き上がって、先ほど教えられた文句を唱えながら、大きな岩を三回たたいた。

すると、たちまち岩は光を放ち、黄金と真珠でできた、海を漂う街の様相を呈し、ブロンズ色の扉が開閉する音や犬の吠え声や高らかに響く笑い声が聞こえてきた。と、突然、夜が真昼間に変わ

り、あたりの平原を照らした。平原の真ん中に黒い服を着たサラテが現れた。深紅のショールを肩にかけ、片方の指の間に火のついたタバコを挟み、もう一方の手には金の鎖を持っていた。金の鎖には美しいクジャクがつながれていた。

　サラテは顔中に愛想をたたえて男の方を向いた。男はかわいそうに恐怖のあまりガタガタ震えていた。まるで、悲劇の幕が上がるのを待っているかのようだった。

「あなた、何がお望み。どうすれば喜んでいただけるのかしら」

　ディオヘネスは勇気を出して魔女に近づき、お辞儀をした。それから悲しい身の上を話した。やもめ暮らし、病気の子供たち、食べ物にも事欠くことなど。

　サラテは何か思い出そうとしているかのように考え込んでいた。そして、言った。

「奥さんはいつ亡くしたの。どんなお名前だったの」

「妻は死んだんじゃありません。二年前、大勢の友達と一緒に出かけたんです。川で水浴びするために山の方へ行ったんです。ところが、奇妙なことに姿を消して、二度と戻って来なかったんです。妻の名前はルピータ・オルメドです」

　とディオヘネスは言った。

　サラテはディオヘネスをまじまじと見た。ディオヘネスはすすり泣き、涙をこらえることができなかった。サラテはディオヘネスに近づき、手を取って、納得したような口ぶりで言った。

「わかりました。どの人なのか」

　そして、眉を動かし、タバコを吸い、煙を吐きだして、けたたましく笑った。男はかわいそうに、おびえ切って、血が凍りつかんばかりだった。サラテは言った。

「あなたも随分つらい思いをしたんですね。私のお気に入りのクジャクの愛にかけて私に願い事をするぐらいだから、あなたが必要とするものは何でもあげましょう」

サラテは数歩前に出て、ディオヘネスに山への道をついてくるように言った。その日の朝はとてもさわやかだった。クジャクは平原の真ん中で、やっと自由になったと思い、羽をはばたかせ、尾羽を広げて、立派な美しい扇を作り、喜びの声をあげた。それは山のすべてのものに対する挨拶だった。木々がそれに応えて樹冠を震わせると、子ヤギやガゼルたちが木の茂みから逃げ出した。

二人は一時間歩いた。サラテはタバコをふかしながら。ディオヘネスはもの思いに沈みながら。やっと広い平原に着いた。そこには美しい湖があって、竹やトロンハ〔グレープフルーツのような果実〕やレモンの木に囲まれていた。

サラテはトロンハの木に近づき、実をたくさん採って、ディオヘネスに言った。

「ほら、これを子供たちに食べさせてやりなさい」

ディオヘネスは持っていた振り分け袋を開けて、トロンハの実を入れた。

その時、白いハトの群れが竹の上に降りて、とまった。サラテがハトの数を数えてみると、十二羽いた。そして、言った。

「もう帰ってもいいわよ。このハトたちが明日あなたに私からの思いがけないプレゼントを持っていってくれますよ」

こう言って、サラテはディオヘネスに対して、勝ち誇ったようにケタケタと高笑いをした。そして、クジャクを従えて湖にとび込み、水中に消えてしまった。

ディオヘネスは当てが外れ、もの思いに沈んで、帰路に就いた。両肩にトロンハの実の入った振

り分け袋をかけて、胸の内では、艶めかしくも不愉快な魔女の約束のことを考えていた。
何でこんな役にも立たない果物をくれたんだろう。何であんなわけのわからないことを言ったんだろう。

ディオヘネスは道の半ばまでやって来た。トロンハの実はますます重くなった。ふと気がつくと、そこは断崖のすぐそばだった。これ幸いと、振り分け袋の片方を開けて捨てた。実は崖下の川に落ちて消えてしまった。

身軽になって道を進むと、息子たちが彼の姿を認め、走り寄ってきて、抱き着いた。父親をやさしくなでながら、子供たちは聞いた。

「サラテおばさんは何をくれたの」

ディオヘネスは心ならずも喜んだふりをして、言った。

「サラテおばさんはトロンハの実で遊ぶようにって言って、くれたんだ。それから、明日白いハトが十二羽、びっくりするような、すごいプレゼントを持ってきてくれるって」

子供たちは明日になったら、きれいなトロンハの実でどうやって遊ぼうか、プレゼントを持ってきてくれるハトをどうやって捕まえようかとあれこれ考え、その夜は眠れず、とうとう朝になった。

翌朝になってみると、トロンハの実は純金の実になっていた。それからしばらくすると、ディオヘネスと子供たちは、遠くから犬が吠えている声や、馬の足音、そして女たちのにぎやかな声を耳にした。みんな表通りにとび出した。そこで彼らが見たのは、あの朝、妻と一緒に嬉々として山へ出かけて行ったまま帰ってこなかった十二人の女たちだった。この時の彼らの驚きはいかばかりだったろう。

ルピータ・オルメドが真っ先に駆け寄ってきて、まず息子たちを、それから、失意のどん底に沈んでいた夫を抱きしめた。思いがけない再会にみなは喜色満面だった。

女たちが語るところによると、サラテは女たちが川で水浴びしているのを見て、ふと、女たちを白バトに変えて、宮殿に侍《はべ》らせようと思ったのだという。

クジャクはというと、サラテと結婚すればすぐにでも、元の姿に戻してもらえる約束になっている。だが、その高貴なアンダルシア人が言うには、家名を穢《けが》さないためには、まず自由の身にしてもらって、しかる後に、自分の方から結婚を申し込まなければならない、そうすることができないのなら、囚われの身のクジャクのままでいるということだ。

これでアセリの岩と魔女サラテの話は終わる。ちなみに、魔法がかかった岩と高名なバヤルド〔クジャクにされたペレス・コルマの個人名〕への片想いについてはさておき、魔女サラテは本当のところは善人で、隣人たちには優しく接していた。だからこそ、その名が残ったのである。伝説にその名を永遠にとどめ、人々は世代から世代へと、サラテの摩訶不思議な行いを伝え、その名を称え続けているのである。

## アセリの魔女、ニャ・サラテ

先住民のニャ・サラテ〔サラテおばさん〕は、母が見たときは六十歳ぐらいで、土曜日ごとにサンホセにやって来ていた。質素な身なりで、地味な更紗のスカートをはき、襟の高い白い粗布の服を着ていたが、襟におしゃれな襞《ひだ》はなかった。雨の日でなければ、両肩に地味で大きなショールをかけていた。小雨がそぼ降っているときは、黒っぽい古布をショールの代わりにしていた。ヤシの葉で編んだ帽子をかぶり、髪は三つ編みにまとめていた。後でわかったことだが、はだしで歩いていた。いつもタバコをふかしていた。紙巻きタバコをいともたやすく巻いていたが、古着や食べ物でももらうように、タバコももらっていた。

現在、パルケ・セントラル〔「中央公園」の意〕になっている広場は当時、牧草が生えていたが、その地面に頭陀《ずだ》袋の切れ端を広げて、はるばるアセリ〔サンホセ市南郊〕の家から担いで持ってきた革袋から、秘密の品々を取り出して並べるのだった。それらは森で採れたもので、アセリの村では薬として使われていた。エレチョ・マチョ〔大きなシダ〕、コパルチ〔ブラックベリー〕、オンブレ・グランデ〔「大男」の意。薬用の木の実〕、キイチゴ、チラカ〔樹脂を採取〕などなどである。また、ラボ・

デ・ミコ〔「サルのしっぽ」の意。シダの一種〕、クレソン、グイサロ〔木の実〕などの食品もその中にあった。こういったものは子供にくれてやっていた。ニャ・サラテは、とりわけ消化不良を治すことに関しては一流の腕を持っていた。また、母親のおなかの中にいる子の性別を当てることができた。妊婦が歩くとき、右足、左足のどちらの足を先に出すかを見るとわかるのである。絶対に間違えることはなかった。

無知な者たちは魔法で何とかしてもらおうと思って、ニャ・サラテに相談していた。例えば、何とかいう奴は有力者の娘をさらってきて嫁さんにしたらしいとか、呪いによって「ぼうっとなっていた」息子を心配した父親がニャ・サラテの薬で治してもらったとか、ホットチョコレートに白い粉薬を入れるだけで夫の浮気性を治した上流階級の奥方のこととか……。

一方、きちんと代金を払わない者には脅しをかけ、罰を与えることもあった。

「私は払いの悪い客を自分から探し回るつもりはないよ。けど、私に何かしてほしかったら、ちゃんと払うのが筋じゃないか」

かわいい娘に好かれるように秘密を教えてくれと言ってきた若者がいたが、いったん思いを遂げると、支払いを渋りだした。ニャ・サラテは若者が思いもよらないときに、不意に現れて、インチキは絶対に許さないと言った。さらに、「二十レアル払いたくなけりゃ、それでもいいが、用心することだね」とわめきたてた。

その後、少しずつ若者はニャ・サラテの魔法の網にかかっていって、監獄に入ったという。

ニャ・サラテが下した罰はたくさんあるが、もう一つ付け加えておこう。ある良家に闘鶏好きの男がいた。一か月半も賭けに負け続け、大金をすってしまった。そこで、運がつくようにニャ・サ

ラテのところに頼みに行った。

「いいかい、Nの旦那（名士なので名は伏せる）。闘鶏の餌をおろそかにしていたのではないのかね」

「もっとよくしてやれば、どうなるんだい。それが私のツキのなさの原因だったのかね」

「まあ、磁石を用意しておいて」

「いや、ニャ・サラテ、あんたが何とかしてくれ」

「ああ、そうかい。一つ準備しておくけど、運を呼ぶには高くつくよ。一オンス〔十七コロン〕きっかりもらうよ。前金としてその半分払っておくれ」

「そんな金ないよ。財布にゃ六ペソ〔コロン〕しか入ってないよ」

「それじゃあ、とりあえず、それだけもらっておくよ。来週の今日、残りを持っておいで。お前さんに教えてやるものは『奇数』だよ。これで勝てるさ」

　Nはニャ・サラテに六ペソ渡した。一週間が過ぎた。ニャ・サラテは時間きっかりに残りの金を受け取りにやって来た。

「残りの十一ペソは持ってきたかい」

「ニャ・サラテ、前にも言ったように私は金回りが悪いんだ。それで提案があるんだが、最低あと二回闘鶏に勝ったら、約束以上の金を払うということでどうだい」

「わかったよ。それじゃあ、これをお取り。びびらないで、かけるんだよ。約束を守らなかったら、どうなるかわかっているね」

　Nは包みを開いて、ジャガーの鉤爪《かぎづめ》の足を革の上に広げた。ニャ・サラテは使い方を聞かれて、

答えた。

「あんたの闘鶏を戦わせようとするとき、ショートコートのポケットの間にしのばせて持っているだけでいいんだよ」

ところが、賭けに勝って儲けたNはそのあと、友人たちと暇つぶしをしていて、ニャ・サラテとの約束を忘れていた。

そこをたまたまタバコ屋の前を通りかかったニャ・サラテに見つかってしまった。

「おや、Nの旦那。まだ闘鶏で儲けていないのかい。ジャガーの鉤爪を探しに世界の果ての山奥まで入り込み、手に入れるのに三日もかかったんだよ」

「いや、ニャ・サラテ、ほかの奴らは騙せても、私は騙されないよ。あんたはしこたま稼がせてくれるといったじゃないか。だけど、そんなことはなかったよ」

「それはお気の毒さま。このひげもじゃのインチキ野郎。今に見ておきな。このしみったれが」

ニャ・サラテはNに背を向けた。Nはその土曜日、十一時過ぎまで友人たちと酒を飲み続けた。ところが、家（トーレスの町外れにある）に帰って、闘鶏の様子を見に行くと、雄鶏の中の強い方から四、五番目までの雄鶏が首から血を流して倒れていた。天敵にでもかまれたようで、胸のところが半ば食いちぎられていた。

Nは怒って、料理女の不注意のせいだといって、ひどく叱責した。しまいには家の前で仕事をしていた靴屋をつかまえて聞いた。

「ああ、わしは黒い大きな獣を見たよ。表門の下から中庭に入っていったよ。あれはタイラ〔イタチの仲間〕じゃないかな」

Ｎはニャ・サラテの捨て台詞を思い出して、不安になって、大声を上げた。

「わかったぞ。だれが雄鶏を殺したのか」

Ｎは警察署にすっ飛んで行って、署員一人一人を前にして訴えた。あのアセリの女祈禱師が自分の家の中庭に入り込み、魔法で四羽もの闘鶏の首を切ったのだと。そして、先ほどの靴屋を証人として挙げた。

名士ドン・Ｎのこととあって、所長は張り切って、夜勤番に命令を下した。

「レアル広場に行って、ニャ・サラテだか、ママ・サラテだかをしょっ引いてまいれ」

ものの十五分と経たないうちに、その警官はニャ・サラテを従えて戻ってきた。ニャ・サラテは肩に革袋をかけていた。そして、尋問に答えた。

「私が魔女だったらよかったよ。そうだったら、こんなに貧乏していないさね。そんな話はそいつのでっち上げだよ。十一ペソの借りを払いたくないだけなのさ。広場の物売り連中に聞いてごらんよ。私はそこから一歩だって動いちゃいないよ」

「この魔女め、お前が火あぶりにされるところを見たいもんだ」

と、ドン・Ｎは毒づいた。

「おい、そこの警官、ニャ・サラテを八号室に連行して、鍵はお前のズボンのポケットに入れておけ」

と、判事は命じた。

ところが、そのフアン・ロメロという名の警官の妻はニャ・サラテに丹毒を治してもらっていたのである。警官はニャ・サラテについてくるように合図した。それを見て、Ｎの旦那は安心して昼

食に出かけた。警官は判事に死んだ雄鶏の値段は一羽につき四分の一オンス（四・二五コロン）だと明言した。

それから、午後五時まで留置場に放り込まれたニャ・サラテのことを気にとめる者はだれ一人としていなかった。ロメロと交代して、後を引き継いだ警官がおずおずと署長殿に言った。

「ニャ・サラテが留置場に収監されておりますが、明日はちょうど日曜日であります」

すると、署長殿は大声で言った。

「そうだ。ニャ・サラテを出して、連れて来い」

署長殿は葉巻に火をつけ、袖に糊をつけてピンと伸ばし、帰り支度を始めた。いつも定時に勤務を終えていたのである。

警官がびっくり仰天して、戻ってきて、署長に告げた。

「八号室にニャ・サラテがおりません」

「ほかの部屋も調べたのか」

「いいえ、ロメロが八号室に放り込んだと言ってましたので」

署長と書記と警官と、はては、ニャ・サラテの件がどうなったのか気になってやって来ていたN本人までもが建物中くまなく探したが、何も見つからなかった。

Nが驚きの声をあげて、みんなに教えた。

「ほれ、できたばかりの穴があるぞ。サラテはここから逃げたんだ」

ネズミの足跡があるかどうか、埃を調べてみた。

「ニャ・サラテはネズミに姿を変えて、脱獄したんだから、いよいよこれでニャ・サラテが魔女で

あることは間違いない」

　と、確信して言った。

「こうやって正義を馬鹿にしているんだ」

　署長は威儀を正して、ただちにアセリの治安裁判所判事あての文書の口述を始めた（ニャ・サラテがアセリの大岩のそばの洞穴に住んでいることは周知の事実だったからである）。何とかいう警官に個人的な援助をしてやって、何としてもニャ・サラテを捕らえるようにという旨の文書である。翌朝の明け方、アセリ目指して、ミゲル、またはマヌエル・ハラという男が徒歩で出かけた。新しい縄紐を二本持っていたが、魔女に岩やガマガエルにでも変えられやしないかとびくびくしていた。だが、ハラはデサンパラドスに差し掛かると、自分の名付け親を訪ねて行き、窮地を救ってもらうために同行をお願いした。そして、神父の祝福を受けたろうそくの燃えさしを持って行った。洞窟に入るときに火をつけて、魔女サラテから守ってもらうためのものであった。たまたまミサに来ていたアセリの治安判事が岩の方に向かった。例の署長と秘書と警官もそれに続き、さらには野次馬も六人続いた。

　洞穴の入り口に着くと、名付け親はナイフで行く手を遮っている蔓を切った。その間、ハラと治安裁判所判事は無事に中に入れるように十字を切っていた。彼らはやっとのことで、ろうそくに火を点《つ》けることができた（火打石を金輪に打ち付けたのである）。壁とごつごつした岩の天井を照らすと、蝙蝠の大群がすぐそばを通り抜けて、外に出て行った。

「少しずつ行けよ、おまわりさん。下の方を照らせよ。魔女がヘビに化けて、嚙みついてきたらいけないからな」

と、治安裁判所判事が言った。

「そうだな」と警官は言った。

「あんたも強いかもしれないが、俺の神様はもっと強いぞ。至高の三位一体……」

と、警官は祈りを始めた。祈りが終わりそうになった時、後ろから来ていた名付け親が洞窟の奥の方を指し示すと、ギャーっと恐怖の叫び声があがった。大きな突き出した岩の上をフクロウが一羽飛んでいたのである。

「ああ、マリア様」

勇気を奮ってやってきた男たちが同時に叫んだ。フクロウは鳴き声をあげて、羽で追手の顔を打ち、さらに短くなったろうそくにも当たった。ろうそくはどこに行ったか分からない。外のやじ馬たちもおびえて叫んでいた。

「山のねぐらにまっすぐ飛んで行ってるぞ」

フクロウになったニャ・サラテはエル・タブラソ〔「板で殴りつけること」の意〕と呼ばれる丘のてっぺんの方へ行ってしまい、二度とそこから出てくることはなかったと言われている。その後、その丘はセーロ・デ・ラ・ビエハ〔「老婆の丘」の意〕と名付けられた。そこは魔法がかかっているので、入ることができない。*

＊（原註）この話の著者は一八九三年に、ニャ・サラテが生涯を通じて住んでいた粗末な家を訪れた。その家は村のはずれの通りの右手を東の方から入って、ずっと西へ行ったところにあった。ニャ・サラテは一人っきりで暮らしていた家からいなくなっていた。山を渉猟しているときに、崖から落ちてしまったのか、時々そのあたりを縄ばりにしているジャガ

ーに遭遇して、食われてしまったのかは分からない。ニャ・サラテの脱獄については、フアン・ロメロが恩あるニャ・サラテを自由にして、逃亡の手助けをしてやったのだと考えられている。

私が書いたこの伝説の原文は長く、さまざまなバリエーションがある。われわれコスタリカ人にこんなに素晴らしい伝説を残してくれたアセリの先住民、ニャ・サラテの功を讃えるにはいくら言葉を尽くしても尽くしきれないのだ。

# 横暴な主人とチンゴ・ネグロ（悪魔の黒牛）

これから述べる話はずいぶん前にグアナカステで最も古いアシエンダ〔牧場〕の一つである、オロシで起きたことである。

それは聖金曜日〔受難の金曜日。復活祭の日曜日の二日前〕だった。その日の早朝のことである。カウボーイたちの主人は暴君と言ってもよく、宗教をばかにしていた。その主人がカウボーイたちに命令を下した。オロシ火山の裾に広がるマタ・レドンダ〔「丸い灌木」の意〕と呼ばれる地域に行って、牛を取りまとめなければならないので、全員、馬の準備をせよというのである。

カウボーイたちはみなキリスト教の信仰の篤い謙虚な人間だったので、びっくりしてお互いを見やった。そして、主人に言った。

「旦那様、そりゃいけませんぜ。今日は聖金曜日の大事な日でさあ。急ぎの用事でもないのに、こんな日に馬に乗ったりすると、罰が当たりますぜ」

主人は怒って、カウボーイたちを「エセ信者」だの「それでも男か」だのと言って、なじった。

主人は言った。

「俺はスカートなんか穿《は》いていない、立派な男だということを見せてやる。一人でも行くぞ。お前らみたいな臆病者とは違うんだ」

こうまで言われて、カウボーイたちはプライドを傷つけられたので、情け容赦のない主人に言った。

「俺たちも旦那様に負けない立派な男だということを見せてやりましょう。俺たちも一緒に行きますよ。だけど、何かあったら、旦那様の責任ですからね」

一行は馬の準備をして、マタ・レドンダに向けて出発した。カウボーイたちは草原へ行くときはいつも楽しく陽気に、満ち足りた気分で、口笛を吹いたり、歌を歌ったり、馬を後ろ足で立たせたりしていたのだが、その日は恐怖に気圧《けお》されたようで、冗談も言わず、ただ黙りこくっていた。牛が放牧されているところに着いて、牛を群れにまとめあげた。正午も過ぎたころ、アシエンダまで牛の群れを追い立てる準備を始めたが、そのとき山の方から牛が一頭、うめき声を上げながら降りてきて、カウボーイたちの牛の群れに近づいてくる音が聞こえた。平地までやってきて、牛はカウボーイたちの前にその姿を現した。それは黒くて巨大な牡牛だった。尻尾がなく、目は真っ赤に燃える炭火のようだった。牛の群れのすぐそばまでやってきて、そこで止まり、挑みかかるような様子で、前足で地面を掻いた。迷信深いカウボーイたちの体に戦慄が走った。本能的に十字を切る者が一人ならずいた。カウボーイたちは長年、牧場で働いてきたので、牧場の牛は一頭一頭ほとんどすべてを知っていたが、こんな牡牛は見たことがなかった。ただ一人主人だけがこの世にも稀な牛を見ても動じることなく、この牡牛も群れに加えるようにカウボーイたちに命じた。しかし、今度ばかりはだれも命令に従わなかった。主人は怒り心頭に発し、またカウボーイたちを女々しいだの、

エセ信者だのと言って罵ったが、やはり命令に従う者はいなかった。そこで主人は言った。

「わしが自分であいつを群れの中に追い込んでやる。わしは怖くなんかないんだ。悪魔が牡牛に化けて出てきたんだとしてもな」

カウボーイたちは主人を何とか思いとどまらせようとして言った。

「旦那様、おやめください。あいつには手を出さないでください。あいつはまともなやつじゃありませんよ。悪霊ですよ」

だが、主人は聞く耳を持たず、その牡牛を牛の群れに追い込もうとした。しかし、牡牛は主人が近づいてくるのを見て、ぷいと横を向いて、山の方へ逃げていった。主人は馬の向きを変え、牡牛を追って、山に入っていった。

主人の姿は見えなくなってしまった。ただ、牡牛のうめき声と、牡牛を追い回し続けている主人の叫び声が聞こえるだけだった。カウボーイたちは悲嘆にくれて、主人の帰りを待ったが、主人は姿を見せず、日暮れが近くなってきた。チンゴ・ネグロ〔悪魔の黒牛〕が現れてから、だれもその場を動かなかったので、牛の群れは平原に散り散りになっていたが、そのままにしておくことにした。カウボーイたちはみな心のうちに恐れを抱いていた。押し黙ったまま、悲しみに打ちひしがれて、元の牧場へと帰っていった。

日暮れ時に家に着いたが、みな一言もしゃべらなかった。馬の鞍を外し、馬を牧場に放した。そして、台所でその日の出来事について話した。その夜は一晩中、主人の帰りを待ったが、その夜も、また次の夜も過ぎていった。何週間も過ぎたが、アシエンダの方にも姿を見せなかった。主人についてはそれっきり何もわからなかった。

カウボーイたちみなの考えるところによると、イエスの受難を偲ぶ大切な聖金曜日にカウボーイたちに仕事を強いたので、その罰として悪魔がチンゴ・ネグロの姿を借りて、主人の肉体も魂も永遠に葬り去ったというのである。

　草原の銀色の月明かりの元でアシエンダのカウボーイたちがドゥエンデ〔小人〕や幽霊の話をするとき、この昔話も語られる。セマナ・サンタ〔「聖週間」。復活祭の週〕に、マタ・レドンダの平原のすぐ前にあるエル・アチャ〔「斧」の意〕牧場を通りかかった者が数名、聖金曜日の午後三時ごろ、影が二つ、一つの影がもう一つの影を追って山に入っていくのを見たという。そのとき、牛の群れを追い立てる一人のカウボーイの叫び声と、牡牛のうめき声も聞こえたという。

　影のうちの一つは主人の魂で、不信心と冒瀆《ぼうとく》の罪により天から下された罰として、永遠にチンゴ・ネグロを追いかけるけれど、決して追いつくことはないということだ。

# 青いお化け

それは十月の暗くて寒い夜のことだった。外では大粒の雨が音を立てて降っていた。みな暖かな台所に集まっていた。私はトウモロコシが焼けて、チーズ入りのトルティーヤがホットチョコレートと一緒に出されるのを待っていた。

みな昔話などが聞きたくて、話を始めた。そんな話の輪にラモンさんが加わってきた。

「『青いお化け』の話をしてちょうだい」

「坊主、そいつの名前は言わんといてくれ。そいつの名前を聞くだけで身の毛がよだって、わしの体から魂が抜けていきそうだ」

とラモンさんは答えた。

「ねえ、話してよ」

と、みな口をそろえていった。

「そこまで言うなら、話してあげるとするか。あれは一八八五年ごろのことじゃった。コーヒーがカレータでパライソ〔「天国」の意〕の駅まで運ばれておったが、わしらはカチから五十台ぐらいで

行く途中じゃった。カレータにはこれ幸いと子供たちが乗っておった。子供らにはちょっとしたお祭りじゃった。

さて、わしの父親はディオニシオ・ケサダという名前で、ウハラスの遺跡のそばで農園を営んでおった。その農園を通りかかったとき、わしの乗っておったカレータのグリースが切れて、変な音を立て始めた。スペイン統治時代にウハラスの町が作られたころ、農園の中に家が建てられておる。その家に行ってグリースを取ってこようと思って、わしは仲間たちに大声で言った。

『おい、みんな。わしはあの家に行って、グリースを取ってくるから待っとれ』

わしは柵を通り抜け、それから、パエス川を渡り、くぐり戸を抜け、やっと家にたどり着いた。口で言うと簡単じゃが、実際は大変じゃった。真夜中の十二時で、狭い道は真っ暗闇じゃったからな。ドアを開けて、部屋をいくつも通り抜けて、かまどのところへ行った。そこには他の物といっしょにグリースの箱も置いてあったんでな。しゃがんで探しておったら、台所が急に明るくなって、びっくりした。何だろうと思って振り向くと、わしの後ろにすごいのっぽの男がおった。色は青くて、あっちこっちに火をつけて回っておった。勇気を出して、マチェテ〔山刀〕を取った。そいつの体を真っ二つに切り裂いたと思ったとき、わしがどれほどびっくりしたか分かるか。そいつの体は元のとおり一つになっておった。わしは何もできず、外に走り出た。水があふれそうになっている川を跳び越え、柵も跳び越し、カレータのところに戻ってくると、意識を失って倒れてしまったが、仲間が助けてくれた。後で聞いたところによると、カレータの牛はみんな驚いて、坂を駆け上がっていったそうじゃ。仲間たちは、滝のところにやってきたときも、まだそのできごとについて話しておった。農園中火事になっているが、火の色は青いのだと、目を剥いて言っておった。

それ以来、カレータ曳きはみんな、青いお化けがわしにしたように自分たちを脅かすんじゃないかと恐れて、そんな時間にそのあたりを通らないように気をつけておる」

# 平原の幽霊

平原は眠っていた。平原は息吹《いぶ》いていたが、その息吹きは天空をうっとりと眺め、神にもっと寄り添うために至高の祈りを唱えたあとで、静かにまどろむ行者の息吹きではなかった。秘密めいた謎の怪物の巨大なはらわたから沁みだす恐怖の予感のような不安があった。その夜は暗く寒かった。ただ、時折、空気を震わせて、行くあてもなく飛び、甲高い声であざけるように鳴くフクロウの鳴き声が聞こえるだけだった。蛍がたくさん淡い光を放って飛び、光の饗宴とでもいえる様相を呈していた。それがあらゆる人の心を不安にする、神秘の深遠に沈んだ冬〔雨季、四月から十一月〕の夜のわびしさとよい対照をなしていた。

アシエンダ〔大農園〕の労働者たちは大部屋の階下に集まって雑談をしていたが、それはいつものような楽しい冗談ではなかった。いつもなら、自然と話が盛り上がって、笑いが絶えないのだが。普段は遠慮なく気晴らしができる時間だったが、その夜は重苦しい雰囲気だった。突然、アシエンダのすぐ近くを通る道の曲がり角あたりで、人影がやってくるのが見えた。それはこの上なく美しい馬に乗った上品な紳士のシルエットだった。みな呆然となった。だれかがつぶやいた。

「あいつだ」

他の者も同じように言った。

「そうだ。あいつだ」

みな独り言のようにつぶやいたが、その目には恐怖の色があった。

「そうだ。あいつだ」

その紳士は家から七十五バラ〔約六十三メートル〕のところにある小さな木の方へゆっくり進んでいった。馬から下り立つと、うつむいて何やらぶつぶつ言っている。祈りの言葉でも唱えているのだろう。そして、また馬に乗って、寒い夜の闇の中に、その謎めいた姿を消していった。みな、その謎の姿が遠ざかっていくのを、あたかも魔法で石にされたかのように、身動きもできずに見ていた。


アシエンダの主人はだれもが知る有名な大邸宅の廊下で、アシエンダのみなとも親しくしている、ある著名な客と商談をしていたが、主人もまた、その謎の紳士が遠くへ歩き去っていくのに気がついた。客人もまた少し気になって、謎の人物についてもっと知りたいと思い、主人にあれはだれかと尋ねた。

主人は、ドン・チョンという、そのアシエンダで半世紀の間、暮らしてきた年寄りの労働者を呼んで、謎の紳士について知っていることを語らせた。

「喜んでお話しします。旦那様」と、その老人は答えた。

「わしの爺様はもうとっくに天国に行っちまいましたが、わしがほんのガキのころ、爺様からこんな話を聞きました。

ずいぶん昔、このアシエンダはドン・エルメネヒルド・コントレラスという立派な方のもので、その方を知る人にはみな、特に雇い人にはたいそう好かれておりました。ドン・エルメネヒルドは娘のマルガリータお嬢様、自分の兄弟のドン・ビダル、そしてその息子のドン・アルフォンソと一緒にここで暮らしておりました。このドン・アルフォンソがアシエンダの管理をしておりました。サンホセ市で経営の勉強をしておりましたので、ドン・アルフォンソが大事なアシエンダに関することすべてを任されたわけです。アルフォンソはとてつもない美青年でしたが、気まぐれで、性格も悪うございました。欲しいものがあれば、後先のことは考えず、何でも手に入れねばすまない人でした。姪〔原文ママ。「いとこ」の誤り〕であるマルガリータお嬢様にぞっこんほれ込んでしまいましたが、お嬢様の方は恋心を抱くことはなく、家族の一員としてアルフォンソを大事に思われていました。このことはアルフォンソもわかっていたので、二人一緒にいても面白くありませんでした。しかし、そんなことにはお構いなく、マルガリータお嬢様はアルフォンソにはとても愛想よくしておりました。

さて、人生にはよくあることですが、マルガリータお嬢様の様子が何か変わってきました。アシエンダの現場責任者の息子のマヌエルに恋をしたのです。この若者は謙虚でしたが、とても気品があり、またとても男らしくもありました。カウボーイたちに困ったことがあったら、いつでも喜んで助けてやりました。懐具合はそれほどいいというわけではありませんでしたが、仕事仲間には金も力もいつでも貸してやりました。二人の恋は秘密でした。週に二日、夜の間、パパトゥロ〔小さな白い実がなる〕の小さな木の下で愛をささやく二人が愛と希望に酔いしれていたことを知っているのは神様と当の二人だけでした。マヌエルはマルガリータに、たとえ父親の承諾が得られなくても、

お金が十分貯まったら結婚しようと約束していました。マルガリータは愛する男の言葉を信じて待ちました。

銀色に輝く月が広い平原を煌々と照らし、星も二人の大いなる純愛を讃えるかのように光り輝いていた、ある夜のこと。二人は、自分たちの夢を知る小さな木の下で甘美な愛に酔いしれていたとき、思いがけず、茂みの中からアルフォンソが現れました。どうやってそこまでやって来たのか、そこにマヌエルとマルガリータがいることをだれが教えたのか、それはだれにもわかりませんでした。確かなことはアルフォンソが怒りと嫉妬に狂った形相で恋人たちの前に現れて、二人が立ち上がる間も与えず、拳銃を取り出したことでした。マヌエルはアルフォンソとマルガリータの間に割って入りましたが、銃声が一発轟きました。そして、もう一発。死体が二つ地面に転がりました。希望に満ちた若い二人の命はこうして、はかなく草原の露と消えたのです。銃声を聞いて、アシエンダの主人以下、みんな目を覚ましました。そして惨劇が起きたところにみんな向かいました。しかし、その場に着いたときには、犯人は逃げたあとでした。夜遊びに出かけて行ったカウボーイがたまたま現場を通りかかり、一部始終を目撃して、主人に見たことを話しました。すると、ドン・エルメネヒルドは愛する娘の遺体を抱きしめて、心は悲しみに打ちひしがれながら、立ち上がりました。平原の果てを憎悪に満ちた目でにらむと、アルフォンソに呪いの言葉を放ったのです。サムエルの嘲りの言葉に対して、イエスが放った呪いの言葉のように。『お前はこれから先、永遠にこの平原をさ迷い歩くのだ』と」

老人はそれっきり口をつぐんだ。人のよさそうな顔には感極まった様子が見て取れた。瞳には涙がにじんでいて、平原をじっと見つめ、何か考え込んでいたが、客の問いかけの声によって現実に

引き戻された。

「それで、ドン・チョン、その謎の客人はドン・アルフォンソで、おじさんの呪いの言葉どおりに、さまよっているのかね」

「ええ、そうですよ。旦那。間違いありません」

まさにその男なのだ。あの恐ろしい事件の後、平原中の噂になっていて、月明かりに照らされた夜、そよ風がふざけるように木のてっぺんを楽しそうに揺らすときも、冬〔雨季〕の真っ暗闇の夜、コヨーテやコオロギが風の中で奇妙な鳴き声をあげているときも、馬に乗った人が一言も口を利かず、だれにも挨拶せずに通りすぎていくのが見られるようになった。ドン・アルフォンソの魂が自分の犯した罪を悔いながら、永遠にさまよい続けているのだ。

それゆえ、人々はその謎の紳士を「平原の幽霊」と呼んでいるのである。

# サバンナの幽霊

その年、アシエンダ・ラ・パルマ〔「椰子農園」の意〕の中のサポタルのカウボーイたちは格段変わったこともなく、野良仕事を終えた。確かにラス・パルマスの先住民の遺物が出土するところには、所有者のいない牛が何頭か残っていた。しかし、カウボーイたちにはそんなことはどうでもよく、彼らにとって興味のあることはマドリガルの低地にいる野生の牡牛、エル・エスコルピオン〔「サソリ」の意〕を捕らえることだった。アシエンダはそのころ、ラモン・ルナ〔ルナは「月」の意〕という若者に頼るところ大だった。このバガセス〔グアナカステ州の郡〕の若者は平原児そのものといってよく、いつも命の危険を顧みず、子馬を飼い馴らしたり、飼育場で闘牛をしたりしていた。野生の動物との戦い方をよく知っていたので、牧童頭は、今度こそエル・エスコルピオンはカウボーイたちの投げ縄によって捕らえられるだろうと期待を寄せていた。

すがすがしく、穏やかな朝で、ワタボウシキヌザルやグイリグイレス〔動物名〕が木立の間で鳴いていた。遺物が出土するあたりでは、牡牛たちは牝牛をめぐって、うなり声を上げて争っていたが、ちょうどそのとき、池で馬がパチャパチャと水音を立てていたので、サポタルのカウボーイた

ちがマドリガルの低地で、エル・エスコルピオンを探しているのが知られた。

家畜の集合場所や遺物出土地帯を回った。サバンナの囲い場も回った。だが、エル・エスコルピオンは姿を現さなかった。カウボーイたちは集まって話し合った。ヘルバシオ・ルイスが馬の前髪に足を乗せて話していたとき、遠く、ラス・ルエダス〔「車輪」の意〕の丘の方からエル・エスコルピオンが長くいななく声が聞こえてきた。

カウボーイたちは心躍らせ、勇躍、その方向へ向かって進んだ。ラモン・ルナは馬の脇腹に拍車をあてて、叫んだ。

「この馬と革紐があれば、エル・エスコルピオンと立派に渡り合えるぞ」

恐るべき馬、エル・エスコルピオンは首をもたげ、カウボーイのリーダーが命じた布陣を見て、とっさに自分の置かれている状況を悟った。そして、ねぐらを捨てて、ちょうどラモン・ルナのいる方へ逃げ出した。ラモン・ルナはというと、手に投げ縄を持って、エル・エスコルピオンの逃げ道をふさいで、サバンナの真っ只中で投げ縄をかけようとして突進した。しかし、その目論見は失敗した。エル・エスコルピオンは森の中に逃げ込んでしまった。

ラモン・ルナは馬を止めなかった。それどころか、繁みの中でエル・エスコルピオンを踏み敷いてやろうと、馬にいっそう拍車をかけた。雄叫びを上げ、大きな音を轟かせながら、死に物狂いで追っていく様子は、森の繁みの中を荒れ狂う南風のようだった。他のカウボーイたちはどこかサバンナの開けた場所に出ようとして、あちこちの道へと散っていった。と、ラモン・ルナの叫び声が止んだ。けたたましい音を立てて追っていたのに、その音が遠くに消えてしまったのだ。

太陽がゆっくり空を真赤に染めながら傾いていった。そのとき、サポタルにカウボーイが五人到

着したが、みな悲しそうに、もの思いに沈んでいた。ラモン・ルナはその中にいなかった。リーダーは一生懸命、彼を探したのだと説明した。こうして、一晩過ぎた。翌日、捜索が再開された。だが、その甲斐なく、ラモン・ルナの影も形も見えなかった。

　悲報がアシエンダ中を駆け巡った。三日後の朝早く、事件の捜査をしていた者から新たな知らせがアシエンダに届いた。迷路のような森の中の、ある小川の近くで悲運のカウボーイとその馬の死体が発見された。そこにはエル・エスコルピオンもいた。両の角に縄をかけられ、革紐が体中にからまった状態で茂みの中にひっくり返って、モーモーとうなっていた。

　ラモン・ルナの遺体は鼠径部から胃にかけて、無残にも角で突き刺されていた。馬の胸も角で突かれていて、傷は心臓にまで達していた。

　アントニオ・マイレナという最年長のカウボーイによる事件の見立てはこうであった。エル・エスコルピオンは馬に蹴られ、疲労困憊《こんぱい》だったが、怒りのあまり、ラモン・ルナに立ち向かった。ラモン・ルナは投げ縄をかけるチャンスだと思ったが、エル・エスコルピオンの攻撃から馬を守る時間がなかった。馬が転がされたので、ラモンはさっと飛び降りた。そして、手に革紐を持ち、エル・エスコルピオンの突進を、闘牛の要領でうまいこと体を動かすことなく、数回かわした。だが、蔓に絡まれて、次の突進をかわせず、致命傷を負ってしまった。エル・エスコルピオンは怒り狂って、それだけでは満足せず、さらに攻撃をしたかったのだが、ぴんと張った革紐に邪魔されて、それ以上のことはできなかった。

　アシエンダの近くの砂洲にラモン・ルナは埋葬された。夏〔乾季、十二月から三月〕の月が明るい夜、風が池のキイチゴの繁みと近道の間に息を潜めているようなとき、何かに驚いた牛たちがモー

モーと鳴いて、早足で飼育場の避難場所を探していることがある。牛を驚かせたのはサバンナの幽霊である。そのあたりで、ラモン・ルナのおぼろな影が幽明の間をさまよっているのである。それはいつも楽しく歌を口ずさみながら進んでいたカウボーイ、ラモン・ルナの魂である。だが、今度の歌は平原に己の遺骸を捧げた、悲しい嘆きの歌で、小鳥たちにその悲しい調べをいつまでも聴いてもらいたがっているのである。

# ラ・リマの幽霊

二百年以上前のことである。

ラ・リマ山脈中に位置するエル・モリノ〔「製粉所」の意〕地区から東へ、ケブラディージャの方向へ進み、アレニージャの小村を過ぎ、さらに、小石を敷き詰めた狭い通りを過ぎて、サンタ・マルタにやって来るよそ者がいた。これはスペイン王室の徴税吏、フェリペ・デ・アルバという男であった。狭い通りは迷宮のように入り組んでいて、家々の壁は漆喰で塗り固められていた。フェンスの中は草の匂いがしていて、菜園にはオレンジやレモンの木に花が咲き、タイムが植えられている。庭には緑の作物がたくさん植えられているが、中でもとりわけ目立つのはサトウキビである。また、緑と鮮やかな対照をなすゼラニウムとバラが真赤に咲き誇っていた。家は低く、窓には大きく廂《ひさし》がせり出している。通路は白っぽい廂で覆われ、ベンチが置かれていた。広いパティオ〔中庭〕のからっからに乾いた土の間に散在している平石が日に当たっていた。そこは農夫たちのお気に入りの場所である。格好のいい農夫たちが昼下がりに、かごを腰につけ、顔に笑みを浮かべて、早く家に帰っておやつにありつきたい一心でコーヒー園から急いで下りてくるのだが、そこまでやって

来るとほっと一息つくのだった。

ラ・リマ山脈はさらに西の方で果てるが、山脈の西の果て近くの支脈の山腹にフェリペ・デ・アルバが居を構えた。

地平線は赤紫色に染まっていて、空は菫《すみれ》色で、ところどころ、クローム鍍金《めっき》されたように青かった。明けの明星が出ているころ、フェリペは先住民の姫が逃げているのを見た。それは見目麗しきスルカイで、フェリペはもちろん彼女を知っていた。

フェリペはスルカイの姿を目で追った。ヤマネコが獲物を狙うような目で。

伝説では次のように言われている。

美しきスルカイはフェリペのライトブルーの瞳にきらめく光に気づいた。逃げているうちに、疲れ切った年頃の姫はだんだん意識が遠のいてきた。遠くでアタバル〔大型バスドラム〕や火のはぜる音やキホンゴ〔楽器として使われる大弓〕の音が聞こえた。火は姫を追跡する先住民を招集する合図として燃やされているのだ。

姫は疲労困憊《こんぱい》して、すでに意識は朦朧《もうろう》としていたが、低地に近づいていった。そこには穏やかに流れる小川があり、川床はエメラルドの層になっている。冷たい水は草木に潤いを与え、生き返らせている。姫はまた先へ進むべく、また顔を上げたが、その美しい髪はぼさぼさに乱れていた。目はじっと先を見すえていた。まさにそのとき、どこからか毒矢が飛んできて、胸を射られたのである。

瀕死の姫は立ち上がって、両腕を高く上げた。そして、真赤な血に染まりながら、急流のエメラルドの川床に倒れた。

昼が夜になり、ラ・リマとラ・カルピンテラの二つの山の頂の上に立派な寺院の柱が浮かび上がった。山々の頂や、淡い緑柱石のような緑の海を照らしているのはその光だった。

　時間が経ち、日陰になった谷はすっかり静まり返った。フェリペ・デ・アルバは家を捨て、切れ味鋭い剣を帯び、スペイン風の大きなマントに身を包み、小川の方へ一路向かっていった。川床の淵に赤みを帯びた光が見え、彼の注意を引いた。フェリペは少しずつ、近づいていった。川の方へ歩を進めるにつれて、その炎は大きくなり、不思議な女の形になっていった。すると突然、彼の目の前に幽霊が現れたのである。フェリペは剣を抜いた。一歩前に進んだが、すぐに退いた。炎に包まれた幽霊はスルカイの姿をしていた。フェリペはしばらく恐怖のあまり身動きできず、口も利けなかった。前に出ようにも、恐ろしくて出られなかった。退くこともできず、その場で石のように硬くなってしまった。朝になってもそのままだった。カルタゴからベラグアスに向かっていた先住民たちも同様であった。

　昨日は、この伝説について、それ以上は聞けなかった。話をしてくれた老婆はここで打ち切ったのである。その後、夕方六時ごろ、旅人が柳の木が植えられた道を通って川にやってくると、炎が大きくなって、旅人を包み込もうとするのだ。そこに近づこうとする者は徴税吏フェリペのように死んでしまうのである。チコ・ガリータ、セラピオ・アクーニャ、そして、コリス〔カルタゴ市西郊〕の小学校とタブロン〔カルタゴ市西郊〕の小学校の先生も同じ運命をたどったのである。

# 金の小馬

川の両岸には立派なカーニャ・ブラバ〔イネ科の草、ススキのようなもの〕がまっすぐに立って、鮮やかな緑色が誇らかにずらりと並んでいる。カーニャ・ブラバの穂先が風に揺られて作るアーチの下をティリビ川が流れている。流れをさえぎる大きな石のような邪魔ものはなく、波はお互いを優しく押し合っている。川べりには白い苔が生えていて、艶《つや》やかな大きな石が一つへばりついているところがある。その石はこの日の朝、田舎の少女、マグダレーナの腰掛けになっていた。

この娘は鄙《ひな》には稀な絶世の美女で、何かの魔法の中から現れ出た完璧な芸術作品のようだった。瞳は黒く、聖母マリアの目のようだった。髪はトウモロコシの穂のような黄金色をしていて、長い髪は胸まで届き、左右に分かれていた。

全裸であったが、娘に害を及ぼすようなものはなく、緑あふれる森から漏れる光のシャワーを浴びていた。

膝をついて、右手の人差し指と親指を川の水に浸し、それから、二本の指を額につけて、十字の形になぞり、続いて、胸元で十字を切り、最後に大きな声で言った。

「神様、どうかお守りください」
娘は川に入ると、仰向けに浮かび、木の葉のように軽やかに、優しく波に流されていった。唇は半ば開き、目には活気が満ちていて、顔には笑みを湛えていた。どこか遠くに行って、日の光を思う存分に浴び、さわやかなそよ風に吹かれたいと思っていた。砂地の岸辺に着くと、マグダレーナはうつぶせになった。柔らかい砂は娘の体の重みでめり込み、体の輪郭をくっきりと写し取った。蝶が数匹、娘の脚に止まろうとしているかのようにひらひらと舞っていた。

暖かな日差しと大地のひんやりとした感触の何と心地よいことか。

腕を枕にして、空に向かって広がっている木の葉をパラソル代わりにして、そのまま無為に時を過ごすはずだった。だが、水の上を飛んでいる何か不思議なものが気になった。

トンボがソワソワと落ち着かない様子で飛んでいるのだろうか。だが、娘は、トンボではなく、他の何かを見たと思ったのだ。

小石の上で金の小馬が、いかにも気を引くような様子で躍っているのが見えると、思わず、捕まえようとして川の流れに飛び込んだ。両肩からバチャンと水しぶきが上がった。

だが、捕まえることはできなかった。その馬は好んで、娘たちの前に姿を現すのだが、いつものようにひらりと身をかわし、他の小石の方に飛んでいった。マグダレーナはがっかりした。顔に落胆の気持ちをありありと浮かべ、小馬をものほしそうな目でじっと見た。

それから、マグダレーナは川に入り、仰向けに浮かんで、水の流れに身をまかせた。不意打ちを食らわして、小馬を捕まえてやろうと思ったのである。だが、小馬は身を翻し、ここまでおいでとでもいうような仕草をした。

「水に潜って、捕まえてやろう。魚になったつもりでいるわ。水の中じゃ見つからないだろうから」

と、マグダレーナは石の上に座り、爪をかんで、独り言を言った。逃げられた獲物を早く捕まえたい気持ちが顔中に現れていた。水に潜るとすぐに、小馬があちこち、踊るように飛び跳ねているのが見えた。マグダレーナは突然、飛び出して、飛び跳ねている小馬を捕まえようとしたが、またしても獲物は姿を消した。逆にマグダレーナが渦の中に呑み込まれてしまった。渦から逃れようとしたが、かなわなかった。川に足をつかまれてしまったかのように、マグダレーナは沈んでしまった。数分後、ごうごうと音を立てて逆巻く川の中にマグダレーナのふさふさとしたブロンドの髪が流されているのが認められただけである。

私は中学生のころ、この伝説について幾たび語り合ったことか。この話の奥底には人間性の真実が潜んでいる。求めても決して得ることの出来ない何か、言ってみれば「黄金のトンボ」のようなものを求めて、人は浅はかにも、つい幻想を抱いてしまうのである。

## コーヒー農園の現場主任

ロス・カルメネスの脇に農園がある。これは、ある金持ちの農園主の遺産だが、当人の名は伏せておこう。コーヒー園では今頃が草取りや畝《うね》づくりの時期で、月明かりのすがすがしい夜、コーヒー農園の現場主任が働くショベルの音が絶えず聞こえるという話である。この現場主任は邪悪な心の持ち主だったが、天から下された罰として、ショベルが手から離れなくなったのだという。事実かどうかはともかく、この伝説には人間性の深い真理が含まれているので、教訓として心に留めておくことは決して悪いことではない。徹夜でセレナータ〔気に入った娘の気を引くために家の前で演奏して歌うこと〕をしたその帰路、ギターを背に、その農園のまん前を通りかかる連中には事欠かないが、連中のだれもが、罪人がショベルで畝を掘る音が間断なく聞こえてきたので、あわてて逃げ出したと、口をそろえて、こわごわと自嘲的に語るのである。水と休息を願いながら、窒息して死んでしまった罪人の間断ない叫び声も聞こえる。自分が生きている間は仕事仲間に対して決して休息を許さなかったくせに。

背中が曲がった、白い口ひげの男たちが田舎家の回廊で素足のまま、過去の出来事を語っている。

その間、若者たちはこっそりお互いを盗み見て、薄暗がりの中に座っている娘たちの足を軽くつねっている。娘たちは柄物のエプロンをピンク色の腕に巻きつけ、寒さをしのいでいる。その寒さは一つには夜の寒気ゆえだが、もう一つは昔話が生み出すぞっとする寒けのせいである。

さて、現場主任の生前の名前はこの際、重要ではない。物語の語り手によってさまざまなのである。この現場主任は筋骨隆々の日焼けした大柄の若者で、自惚れが強く、残虐でもあった。この若者の雇い主はノルマに厳しく、コーヒーの木の土寄せ仕事のコストを最小限に抑えようとしていた。金色の頬と鋼鉄の筋肉を持つこの若者はサディストで、自分の力がだれにも負けないことを見せつけられるチャンスがあると、嬉々としてやってのけた。農園主はこの若者がいたく気に入り、体力のない者、病弱な者にも全員、彼と同じ分の土寄せ仕事をさせるようにと、主任の若者に命じた。慣例に従って、ショベル作業員は全員、近くの農業加工施設の笛が鳴る午後二時には、主任と同じだけの仕事を終えていなければならないという契約だった。主任が自分の力を見せつけられる、これほど格好のチャンスはまたとなかった。ここぞとばかりにいつにも増してコーヒー園の畝作りをがむしゃらにやって、それから、じっくりと残虐行為を楽しもうというのである。さほど遠くないパティオ〔中庭〕の二時を知らせる笛が鳴ると、他の者とは比べ物にならないほどの仕事を終えていた。他の者たちはショベルを手にまだまだ仕事を続けなければならなかった。腰が痛くなっても、空に星が出る時間になるまで働かなければならなかった。主任に、もうこれ以上できないと、いくら頼んでも許してもらえなかった。主任は生い茂ったクアヒニキル*の木陰に腰掛けて、疲労困憊《こんぱい》している者たちを嘲り笑っているのだ。彼らは命に代えて農園の富を増やしてくれているというのに。

労働者の中に二人の兄弟がいた。赤貧洗うがごとき兄弟だったが、お互いをこの上なく大事に思

い、二人で力を合わせていた。彼らは貧乏のせいでこんな仕事をしなければならないのだと常々思っていた。兄弟のうちの一人は寄生虫による胃炎と貧血のために、重労働に耐えることができなかった。それで、ある日の午後、嵌頓《かんとん》ヘルニアが原因で、ショベルにだらりと凭《もた》れかかり、そのまま死んでしまった。兄弟のもう一人の方は小柄だが、元気旺盛だった。ヤスリでうぬぼれ屋の主任を突き刺して、殺してしまった。主任は強いとうぬぼれていたが、口ほどでもなかったのである。ヤスリは主任の体を突き抜け、地面にまで食い込んでいた。彼は、主任を罵り、死体をそのままクアヒニキルの木陰に放ったらかしにした。

話がここまで進むと、老人たちは口ひげをピンと立たせて、このように語るのである。

コーヒー園の畝作りの時期になると、毎晩、ショベルで掘る音が聞こえてくる。そのショベルは主任のもので、罰として悪魔が指図したとおりに仕事をしなければならないのだ。主任が畝の上で体を折り曲げている間、悪魔は、例の話に出てくるクアヒニキルの木の下に座って、主任の仕事ぶりを嘲り笑っているのである。

＊　グアナカステ州に多く見られる大木。大きな細長い豆のような実がなる。さやの中の種は綿のようなものに包まれており、綿は甘くておいしい。

# ピタ地区の轍《わだち》の伝説

昔々、スペイン人がまだコスタリカにやってくる前のこと。先住民たちはケポスの海岸からドタの山岳地帯まで、ピタ〔「リュウゼツラン」の意〕地区の長く続く丘陵地帯を登っていた。だが、ここを上るには十人から二十人が丈夫な蔓でみなを結びつけて、一列になって進まなければならなかった。そうやって魔法の力で坂を登ることができたが、それでも、毎回、必ずだれか一人いなくなっているのである。いつ、どのようにして消えたのかはだれにもわからなかった。これが魔法の坂登りの代償であった。

この悲劇は何年も続いた。常に長い行列を作って進まなければならなかったので、ピタの街道をますます山奥深く分け入らねばならず、街道はますます狭くなっていった。

さて、ある時、先住民を改宗させるべく、高徳の神父が可愛いラバに乗って、カルタゴから伝道の旅に出た。ピタの街道を下ると、七面鳥が現れ、道をどこうとしなかった。実は、これは魔法使いだったのである。それで、神父は立腹して、ラバを下りて、神の祝福を与えておいたロープで七面鳥を縛り、坂を下って、アルト・デ・ロス・コトスまでしょっ引いていった。そこで呪いをかけ

た杭に七面鳥を縛りつけて、言った。

「お前は最後の審判の日まで、ここにこのままでいるのだ」

それ以降、人々が魔法で苦しめられることはなくなった。

ただ一人、カリカント〔「石壁」の意〕低地にラバと牛の大牧場を持っているドン・ペドロ・カスカンテとかいう者が自らの強欲に取りつかれ、結局、そのために自分の魂を失ってしまったのである。


カスカンテは良質のチーズを生産し、サン・マルコスにまで販路を延ばしていて、財を成していた。そのチーズはバガセス地方のものよりも需要があった。チーズは自分の牧場で作っていて、他にもいろんなものを生産していた。だが、財をなせばなすほど、カスカンテの欲は膨らむ一方だった。


ある日、ロス・ゴディネスのきつい坂を登っていると、突然、ラバが一頭、姿を消した。カスカンテは馬を跳び下り、剣を手に森を駆け抜け、平地に出た。そこには男が一人いて、先ほど道に迷っていなくなったラバの鞍を外していた。カスカンテはとても腹を立てて、何が何でも泥棒をとっちめてやろうと思った。ところが、泥棒はこう言ったのである。

「争いはよそうぜ、相棒。剣を収めて、目隠しをして俺の家までついておいで。あんたのラバの体重と同じだけの金でも銀でもくれてやるよ」


結局、ラバを盗まれたはずのカスカンテは泥棒の言に従い、剣を手にしたまま目隠しをされ、どこかへ連れて行かれた。やがて、目隠しが取られた。すると、そこは家の中で、金銀であふれていた。泥棒というのは、実は魔法使いで、カスカンテに好きなだけ持って行ってもいいと言ってくれ

た。カスカンテはラバたち全部に金銀を背負わせた。

それからというもの、カスカンテは魔法使いとしばしば関係するようになり、老妻までもおこぼれにありついた。

老妻はプラタノ〔調理用バナナ〕を家まで運ばせるためにバクを捕まえていたり、とても細い蔓で山に住む猛獣を縛ったりしていた。猛獣がおとなしく言うことを聞かないときは、杖で叩いたりしているのが目撃された。老婆はジャガーを集めて、鞭で打つために蔓で杭に縛りつけた。もし、反抗するようなら、尻尾をつかんで、木に打ちつけた。

カスカンテは大きな黒いラバに乗って、同じく真っ黒の犬を連れて、夜移動するのが常だった。ラバも犬も暗闇の中で目から火花が散っていた。ラバと犬の首にはよく響く小さな鈴がかけられていた。道中、彼らに遭遇した者はみな、びっくり仰天して、跪いて祈るのだった。そうすると、魔法のようにぴたっと、鈴の音が止み、ドン・ペドロが大声で言うのだった。

「やあ、みんな、驚くでない。わしじゃよ。カスカンテじゃよ」

ドン・ペドロたちが行き過ぎたあとでまた、物音が聞こえ出した。馬車行列は大慌てで走り去った。カリカントを夜九時に出て、朝の三時にはサン・マルコスに着いたほどだった。

カスカンテが亡くなったとき、親戚の者たちは棺にろうそくを一本立てたが、三回も息を吹き返した。四度目には灯りをたくさん点《とも》して寝た。ところが、目が覚めてみると、灯りはすっかり消えていて、真っ暗闇になっていた。棺はもぬけの殻だった。ドン・ペドロは魔法によって連れ去られたということだが、魔法というのは実は悪魔自身だったのである。

# エル・ビエホ・デル・モンテ（山男）

午後三時ごろだっただろうか。私たちはアシエンダ・カタリーナ〔カタリーナ大農園〕の中の牧場の一番奥にいて、私がライフルで仕留めた数羽のハトを焼いていた。仕事がうまくいったので、大満足だった。ちょうどそのとき、数百メートル後ろの木や雑草を刈り取ってきれいになったところから大声が聞こえた。それはこのあたりの農夫にはお馴染みの声で、「おおい、牛よ、おおい」という声だった。グアピノール〔オオイナゴマメ〕やグアナカステ〔マメ科の熱帯植物、エンテロロビウム〕の大木の下でまどろんでいた牛たちは、この大声で夢を破られたかのように跳び起きて、いきなり大音響を響かせて走り出した。

その様子は尋常ではなかった。かつてこんな大暴走はどこのアシエンダでも見たことはなかった。私たちは最初びっくりしたが、すぐさま恐怖に襲われた。初め、トニート・レシオとビセンテ・サンタマリアは地震かと思った。だが、それまで経験した地震よりも範囲は狭く、それほど恐ろしいものでもなかった。私は間違って、彼らを外に出した。それから私たちは柵の方に向かって駆け出した。柵のところでゲートに登って、どういうわけでこんなことになったのか、そのわけを知りた

くて、牧場の隅々まで見渡した。だが、諸君、私たちはこのあとも、まだまだ走らなければならなかったのだ。すぐそのあと、さっきの姿を見せなかったカウボーイの大声がまた聞こえた。さらに、猛スピードでこっちに向かって突進してくるような牛の大暴走のすさまじい音が数秒間、聞こえた。私たちは再び恐怖に襲われ、フィデリート・カラバカ〔カラバカは「牛の顔」の意〕は恐怖のあまり、「お母さん！」と、ビクトル・アラゴンは「お父さん！」と叫びだす始末だった。みんな私に何とかしてくれと言って、私をじっと見た。私たちは途方にくれて、ゲートから降りた。それから一キロ近く歩き、他のゲートにやっとの思いでたどり着き、よく茂ったタマリンド〔マメ科の熱帯植物〕の木の根元に倒れこんだが、みんなおびえきっていた。

　私たちは木に登ったが、そんな勇気と力がどこから湧いて出たのかわからない。木を展望台にして眺めてみると、驚いたことに、牛の大暴走は鉄条網をも突破し、スピードを緩めることなく、私たちのほうに向かって走り続けていたのである。

　そのタマリンドの木は丈夫だったので、樹上にいた方が安全だということがわかった。だが、私たちからわずか五十メートルばかりのところを牛の群れが通り過ぎたのである。牛は二百頭ぐらいだっただろうか。不思議なことに牛の群れのすぐあとをカウボーイが一人、革鞭を振り回して、大声で「ヘイ、ヘーイ、ヘイ、牛どもよ」と言って、牛を驚かせていた。だが、そのカウボーイは、藁《わら》作りの靴を履き、このあたりの農民がかぶる椰子の葉の帽子をかぶってはいたが、普通のカウボーイではなかった。顔が隠れてしまうほどの顎ひげをもじゃもじゃと生やし、髪が肩まで伸びているカウボーイなど、私たちは見たこともなかった。まさに破天荒そのもののカウボーイだった。牛の群れの後ろで、仕事に夢中で、私たちの方を見向きもしなかった。あれはエル・ビエホ・デル・

モンテ〔山男〕じゃないかという考えがみんなの心の中をよぎっていった。あの異様な風体と、突拍子もない行いからすると、疑う余地はなかった。

そのあとは、どうやって逃げたか、よく分からない。とにかく、またそこから動いたことは確かである。力の限り、ゲートを次々と乗り越えていったが、一体いくつ乗り越えたのか分からない。やっと狭い通りに出ると、どっと疲れが出て、倒れこみ、オイオイと大声を上げて泣いた。私たちがほっと一息ついていると、山男の大声がまた聞こえてきた。最後の力を振り絞って、すぐに起き上がって走り、アシエンダの最後の柵にたどり着くことができた。私たちはみんな疲れきった体でゲートによじ登ったが、すっかり望みも絶たれ、泣き喚《わめ》き続け、最後の時を待った。が、その化け物は私たちから五十メートルほどのところを、飴色の馬に乗って、ものすごいスピードで駆け抜けていき、川まで続く木立の茂みの間に姿を消してしまったのである。

そのあと私がどうなったのかは分からない。気がついたときは、体中、毛布で包まれて、ベッドの上にいた。四十度ぐらいの高熱も出ていた。母親は私が今にも死ぬのではないかと思って、私のそばで泣いていた。父親はすっかり意気消沈して、自室にこもり、ぶつぶつ独り言を言いながら、部屋を歩き回っていた。

幸い、私はすぐ元気になった。仲間たちも同様に元気を回復した。だが、その後、二度と牧場には戻らなかった。あの事件のあと、私の性格はすっかり変わってしまった。

歳月が過ぎ、私は大人になり、ちょっとした農場を持つようになったが、うまくいかず、あるアシエンダで牛の世話をすることになった。アシエンダの中には牧場がいくつもあり、それぞれかなり離れている。仕事柄、牛を牧場から牧場へと移動させるのだが、山男に遭遇すること

は二度となかった。

あれはすべて夢だったんじゃないかと思うことがときどきある。だが、諸君、山男は一度はバガセスのあたりに現れたのだ。それにしても、いい勉強になったよ。

## テラバにかけられた呪いが恐怖の現実に

事実はこうである。一八〇〇年十二月三十日締めの国勢調査によると、テラバにはグアダルーペの集落とあわせて三百五十人、先住民がいた。徒歩三時間のところにあるボルーカには先住民が二百五十人いた。一九三八年には十二軒の家が空き家になっていた。明らかに村を捨てて出て行ったのだ。それらの家族は他の場所でまとまって暮らしていた。テラバには教会さえも残っていなかった。そこが先住民の生活の中心地であったことを思わせるものは何一つなかった。だが、その後、その同じ場所に僧院が作られ、その中の教会は豪華絢爛な像で飾り立てられることにはなるのだが。それらの像のうち十二体は現存している。

その土地を出て行こうとする先住民はまことに悲惨な生活を送っていた。彼らはテラバの地には呪いがかけられていることを知っている。もし、呪いが現実になったら、恐ろしいことにエルサレムのように徹底的に破壊しつくされてしまうのだ。

この話は、ある先住民の老婆が語ってくれた。この老婆は先住民の伝説については生き字引とでもいえる存在であった。だが、ある日、この宝物ともいえる伝説とともに墓に入ってしまったので

ある。文明化される以前の先住民の不幸な過去の出来事はこうして忘却の彼方に消えていった。老婆の名前はマグダレーナ・ビジャヌエバといって、「マミータ・エウラリア」〔エウラリアおばあちゃん〕、つまりエウラリア・ビジャヌエバ・デ・ゴメスとは姉妹であった。姉妹の方は生誕百年を祝ってから何年も後のことではあるが、この前の八月の初めに亡くなっている。

伝説については「ブレロ」殺しが原因で、ホンジュラスのグラシアス市にかけられた呪いを連想させられるが、ここコスタリカでは、廃墟になってしまったカルタゴの教区の呪いが連想される。神の家である教会において人の血が流されたために呪われてしまった廃墟を。

この事件の正確な日付はわからない。時が経つにつれて記憶も曖昧になってくる。とにかく、Jという若い司祭が、自らの軽薄な行いを咎められ、その罰としてテラバに飛ばされてきた。このうら寂しい山村では目立った存在であった。かつての教区民の目の届かないところに来るとは思ってもいなかった。四十人もの者に付き添われて村にやってきたのだが、この村では司祭が住み着いてくれることを望んでいた。というのは、そこは以前、伝道のためにやってきた修道士たちの中心地だったからである。旅の困難についてはここでは述べない。わずか四半世紀前までは旅出ちに当たり、熟慮しなければならず、万一に備えて、遺言状まで用意しておかなければならなかった。

J神父は古い僧院に居を構えた。司祭用の質素な家だったが、真っ先に考えたことは飲み物だった。「司祭はチリキから大型ガラス瓶〔五～二十リットル程度の容量のものがある〕を持ってきていた。チリキでは酒がとても安く手に入るのだ。雑役婦を中央祭壇の後ろに控えさせ、毎日そこで決まった量の酒を飲んだ。

万事順風満帆だった。だが、守護聖人の日、聖フランシスコの日〔十月四日〕がやってきた。植民地時代の一種名状しがたい思い出の品である、「サント・ネグロ」〔エスキプーラの黒いキリスト像〕の祭壇の飾りつけのことを考えなければならなかった。

その日、伝統行事である仮装行列があった。人々は町に繰り出し、農場の方にも立ち寄り、歌を歌ったり、先住民の太鼓を叩いて音楽を奏でたりした。先住民は葦笛の音にあわせて踊ったり、チチャ酒を飲んだりしていた。

仮装行列は教会のそばの農場を通りかかっていた。教会ではJ神父がミサを執り行っている最中だった。外はどんちゃん騒ぎだったので、少しの間静かにしてくれるように使いをやった。だが、みんなチチャ酒を一晩中飲み明かして、すっかり酔いが回っていたので、司祭の頼みを聞き入れず、使いの者にこう答えた。

「司祭は教会の中にすっこんでおれ。俺たちゃ、お祭り騒ぎをさせてもらうぜ」

仮装行列の喧騒は続き、あたりは笑い声や叫び声であふれていた。太鼓代わりにテーブルをたたいて大きな音をさせたり、椅子を床にひっくり返したりした。J神父の方はというと、怒り心頭に発し、説教壇に登り、アルコールくさい息を吐きながら、手に負えない者どもに痛罵を浴びせていた。これが外にいる先住民の騒ぎに拍車をかけ、火に油を注ぐことになり、神父は騒ぎの真っ只中に躍り出たので、大混乱になった。

「何か用か。教会へとっとと戻りな。俺たちのことはほっといてくれ」

と、仮装行列の者たちは言った。彼らの周りには他にも人が大勢いて、音楽や踊りや冗談を楽しんでいた。

善良なる司祭の体の中にも酒が回ってきて、恐ろしい力を及ぼし始めていた。司祭はそこにいた女たちのうちの一人の腕をつかみ、一緒に踊るように言った。

これに先住民たちは腹を立て、革紐を探し出してきて、神父の首を絞めようとしたが、邪魔が入った。このどんちゃん騒ぎに加わるつもりでやってきたボルーカの人々、ビルヒニア・ディアス、フアン・ディアス、そしてパブロ・ノゲラによって止められたのである。怒り狂った先住民たちの手から神父を救い出すのは一仕事だった。司祭の平服は擦り切れ、体には殴られてできたあざが一つならずあった。

神父はカンカンに怒って、ボルーカへ向かった。自分を愚弄したその村には二度と戻らないつもりだった。高台に着くと、そこからテラバの集落が見えた。また怒りがこみ上げてきて、怒鳴った。

「私を絞め殺そうとした挙句、服をびりびりに破った三人の者は神によって無慈悲に命を奪われるがよい。三人の蛮行を見て楽しんだあの村の者どもも破滅するがよい」

神父は天の助けを請うように腕を空高く伸ばして、言った。

「わが願いを叶えたまえ」

J神父はサンホセに戻ったが、その後の消息はわからない。

各家庭ではこの事件の話題で持ちきりだった。平穏が戻り、フランシスコ会の修道士の情熱によって篤い信仰を持つに至った人々は、この事件を心から悲しみ、これからどうなるのか、心配でたまらなかった。

十一月になった。十月四日の聖フランシスコの日の悲劇のことはほとんど忘れられていた。ひど

い目にあわされた神父の呪いの言葉は森の奥深くに跡形もなく消えてしまっていた。

神父に暴行を加えたあの三人は狩りに行く準備をしていた。彼らの姓はメンデスとモラレスで、同姓の二人は兄弟だった。川を渡り、ボートを太い木に結わえつけ、リオ・グランデ・デ・テラバ〔「テラバの大川」の意〕の南にある、チャンゲーナの山の中に入っていった。山奥深く入ったとき、雨が激しく降ってきた。狩りをするどころではなかった。木の下で雨宿りをしたが、雨はますます激しくなり、骨身にしみるほどだった。食糧はボートに残したままだったので、川岸まで戻る必要があった。雨音はまるで猛獣の咆哮のようなすさまじさだった。天空に地獄絵を思わせるほどの恐ろしく大きな稲妻が走った。木の幹に雨滴が叩きつけられる音は単調で、自然が奏でる葬送曲のような響きだった。恐怖は募る一方だった。

川岸までの道のりは難儀を極めた。道はかき消され、茂みの中に閉じ込められたようで、蔓や棘《とげ》が絡み合って、柵のようになり、とても通り抜けられそうになかった。それでも進んでいったが、そのうちに服はずたずたになり、寒さと雨のためにふやけた皮膚に棘が肉にまで食い込んできた。どうにもならない悲惨な状況に陥っていた。彼ら先住民は自分たちの領域の猛々《たけだけ》しい自然を前にしても決してひるむことはなかったが、今度ばかりは恐怖と不安にとらわれ、生きて森から出られるとは思えなかった。

それでも、やっとのことで、川岸にたどり着いた。だが、ボートは消えていた。何年も風雨にさらされ、洪水にも耐え抜いてきた老木までも根こそぎ倒されてしまったようだった。雨は降り続けた。それは新たな大洪水のようであった。

絶望的な状況の中でも、彼らは椰子の葉で小屋を作り始めた。向こう岸に渡るすべはなかった。

だが、風のためにたちまち小屋は吹き飛ばされてしまった。また、最初からやり直さねばならなかったが、結局、同じことの繰り返しだった。雨露をしのごうとする目論見は、何か見えざる手のせいですべて水泡に帰した。

翌日は雨も止んで、空にはきれいな虹がかかるだろうと期待して、その夜は大きなセイボ〔アメリカデイコ〕の木の下で過ごすことにした。だが、彼らの魂が穢《けが》れていることを考慮に入れることを忘れていた。

十一月の夜がこんなに陰鬱だったことはない。夜の間、一時間が一世紀にも思われるほどだった。夜が明けると、筏《いかだ》作りに着手した。川を渡って、こんな恐ろしい山からは一刻も早く逃げ出したかったのである。材木は蔓で固く結わえつけた。太い枝をてこ代わりにして、筏を水に浮かべた。筏を操る腕には自信があった。川は増水していて、対岸の小道もわからなくなっていた。彼らは本能に導かれるままに進んだ。水の色はますます茶色く濁ってきて、木の幹や枝が無数に押し流されていた。動物の死骸までも次々と流されてきた。その様子は、濁流が奏でる陰鬱なミゼレーレ〔「主よ、哀れみ給え」の楽曲〕にあわせて、死骸が大岩、小岩にぶつかりながら、死の舞踊を舞っているかのようだった。

突然、巨木が枝や根っこごと、恐ろしい勢いで向かってきて、急ごしらえの筏にぶつかって、筏は木っ端微塵になった。筏を作っていた丸太が次々と流されていった。彼らは激流の真っ只中にいて、川に跳び込んで泳ごうと考える暇さえなかった。木の枝は流れに弄ばれ、彼らにもぶつかり、三人とも濁流に呑み込まれてしまった。彼らの体は何度も何度も岩に叩きつけられ、体中、血まみれになった。こうして、体が少しずつ引き裂かれていき、地獄の苦悶の中で生を終えようとしてい

た。

ただ一人、この水難事故から逃れることができた。神がかり的な力で枝にしがみつき、激流から逃れることができた。体は傷だらけだった。意識朦朧としているところをパルマールの先住民に発見された。この先住民こそがその夜の悲劇の全貌を明らかにしてくれたのである。

こうして、司祭の第一の呪いが現実のものとなった。

テラバの伝説によると、ティエル師という偉い司祭は辺境の地に信仰と文明を根付かせるのに多大な努力を惜しまなかったのだが、その師自身が最後の伝道の旅の中でフランシスコ・ナバスに、子や孫の世代にもかけられている呪いの届かないところに移るように忠告している。ナバスはその忠告に従い、カラコル・デ・ブエノス・アイレスに去っていった。

テラバの教会は、その辺りでは最も美しい教会の一つだったが、今ではその礎石さえ残っていない。雨露によって傷んだ小屋には像が九つ残っているが、衣服はぼろぼろと削げ落ちてきている。テラバの住民は家族ぐるみで出ていってしまった。新たに移り住んできた人たちのために、テラバの中心に学校が建てられ、先住民の子供たちが遠くから通ってきた。週のうち六日、テラバで過ごす子もいたし、山の暮らしの方を好んで、毎日、川を渡って通学する子もいた。呪われた土地ということで、そこに住むことをわけもなく恐れる者もいる。

J神父の第二の呪いは日々、現実のものになりつつある。いついつまでも神父の声が神の声であることを思い起こさせるために。神父がこの世に残した言葉が天国にも残っていることを思い起こさせるために*。

「マミータ・エウラリア」は百年以上生きたので、この悲劇のことを知っている。だが、胸に秘めた秘密を明かすことなく死んでいった。また、父祖の地を捨てることも望まなかった。時が経つにつれて、体も衰え、見る影もなくなり、すっかり諦観してこの世を去った。見知らぬ土地で死ぬよりは、何があろうと自分の地で死ぬ方を選んだのである。

＊　新約聖書マタイ伝第十八章十八にある以下の文のもじり。
「よく言っておく。あなた方が地上でつなぐことは、天でもみなつながれ、あなた方が地上で解くことは、天でもみな解かれるであろう」

## プンタレーナスは神意により二〇〇〇年に消滅する

発展したプンタレーナスの町がある、細長い砂洲は西暦二〇〇〇年には消えてなくなる、という話がプンタレーナスの高齢者の間で広まっている。というのは、ある言い伝えによると、ちょうどその年にペルーの伝説のカリャオ〔「小石」の意〕港が海から現れることになっているからである。プンタレーナスの年寄りが信じている、この不吉な予言は先祖代々伝えられてきており、これからも世代から世代へと伝えられていくだろうが、この話の真実は次のとおりである。

伝承によると、何世紀も前にスペイン人がペルーを支配下に置いたとき、カリャオ港を築き、スペインの他の有名な町や港を理想郷にしてきたのと同じように、そこを理想郷にしようと考えた。

こうして、ペルーのリマの港、カリャオに、あの伝説に彩られた麗しい時代に、あらゆる階層を代表する人々が集まってきた。そして、そこが娯楽にも、放蕩の限りを尽くすのにもぴったりで、道義的にも社会的にも宗教的にも法的にも何の制約もないことが確かめられると、彼らはこの天国のような土地に永住することに決めた。

カリャオはこうして、世界中の美女が集まる一大中心地となった。勇猛果敢な兵士たちも軍団ご

と住み着いた。当然のことながら、やくざ者どもも住み着いた。だからといって、カリャオに正直で、高潔な市民がいなかったというわけではない。だが、悪貨が良貨を駆逐するように恐ろしい社会的腐敗が始まり、良風は瞬く間に消えうせた。

　カリャオの住民は考えられる限りの乱痴気騒ぎを始めた。数年のうちにカリャオ港の腐敗ぶりは旧約聖書にあるソドムとゴモラの呪われた町をもしのぐほどになったと、伝説では語られている。

　これほどの悪行を目の当たりにした神の怒りは頂点に達し、神罰としてこの呪われた町を破滅させるべく、ペルーの海岸に大天使たちの軍団を派遣した。カリャオに行く途中に遭遇したものすべてを天の炎で焼き払うのが大天使たちの使命であった。

　炎の雲がカリャオの町に舞い降り、欲望をほしいままにしていた住民を生きたまま呑み込んだ。だが、悪党どもはそれに驚くこともなく、悪魔に取りつかれたような笑みを浮かべて、神を愚弄し続けた。

　悪人どもを懲らしめるために、泡立つような白い雲に乗ってやってきた大天使たちは、カリャオ港の住民の不信心と数限りない背徳行為に立腹して、雲の上から怒鳴った。

「カリャオは燃える。じりじりと焼けていく。火に呑みつくされ、消えていくのだ」

　一方、雲の下のカリャオの住民たちは乱痴気騒ぎを続けることの他に心を砕くことはなく、なお大天使たちを愚弄して言った。

「燃えろ、燃えろ。水が火を消してくれるさ」

　神の命令はただ町を焼くことだけであったが、大天使たちは彼らの不信心と神への思いのなさがこれほどまでにひどいことを知ると、怒りが増し、一撃で町を水浸しにすることを独断で決定した。

そして、陸地を襲うように大海原に命じた。宮殿も、家も、悪の巣窟も、財宝も、動物も、女子供も、罪人もそうでない者もみんな海に呑み込まれてしまった。こうして、カリャオは大天使たちの怒りに触れ、また、神の命令によって、広大な濁った湖になってしまったのである。

だが、聖書の時代同様、この放蕩の巣窟の中にも神の慈悲を受けるに値する一家があった。神の正義は広大で、その正義の及ばぬところはないが、人間にはとても理解できるものではない。その日、神はその一家を港の外に散策に出かけさせて、災難にあわないようにしておいた。神は彼らを救いたかったのである。彼らはとても善良であったことがその理由の一つで、もう一つはすべてをしろしめす神の存在を人間が忘れてしまったときに下される神罰を世界中に伝える証人が必要だったからである。

全能かつ厳正なる神は、善と正直の種子が他の大きな港町で芽吹けるように、その御手でこの一家をはるか遠くの地へ導いた。そして、カリャオに対して無情な判決を言い渡した。

「汝の罪を洗い流すには長い年月がかかる。その間、腐敗し、呪われた町は大海原の底に沈んだままであろう。その代わり、大陸の均衡を保つために、はるか彼方のコスタリカという地に、ニコヤという名の湾を作ろう。そして、その地にはいつか町ができて、人もたくさん増えるだろう。そこにこの善良で正直者の一家を住まわせよう。彼らはいわば『アメリカのロト*』となるのである。そして、そこで子孫も繁栄し、彼らの道徳的、宗教的な徳がアメリカ大陸の平和のために広まっていくのだ」

伝説によれば、天の裁きのくだりはここで終わっている。

さて、時が下って、われわれの先祖たちはこの裁きのくだりの正しい解釈を知りたく思った。先

祖たちの解釈はこうだった。プンタレーナスには将来不吉なことが起こるのではないかと。

古くから言い伝えられている考え方によると、はるか彼方ペルーのカリャオは近い将来、海から姿を現すということだ。どちらか一方が大海原の暗い神秘の底に沈むと、もう一方がその代わりに姿を現すのではないかというのである。

わが太平洋の港町、プンタレーナスの年寄りたちが言うには、プンタレーナスは神様に対して何の借りもないので、借りを返す必要はないし、住民は善良で正直で、勤勉なので、カリャオの住民のように放蕩をほしいままにしているのではない。

プンタレーナスの冬〔雨季、四月から十一月〕、激しい海鳴りの音がする陰鬱な夜、炎のような稲妻を伴い、耳をつんざくような雷鳴で住民は目を覚ます。そんなとき、多くの人がこの伝説を思い出し、カリャオが地上に現れる代わりに、プンタレーナスが予言どおりに最後の時を迎えて、大海原の底に沈んでしまうのではないかと考えるのである。

言い伝えによると、神罰は二〇〇〇年に下るらしい。それで、プンタレーナスの住民は嵐の夜は恐怖で震え上がるのである**。

＊　旧約聖書中のエピソードに、ロトはソドムとゴモラが滅ぼされるとき、神意により脱出できたとある。

＊＊　ペルーのカリャオ港は現存している。一七四六年に津波による被害があったので、そこからこのような伝説が生まれたものと推測される。二〇二二年現在、プンタレーナスの町は海に沈むことなく、存在し続けている。

# 訳者あとがき

一九七九年に青年海外協力隊員としてコスタリカ大学に派遣され、日本語教育に従事したことが、私がコスタリカと関わり合いを持った発端である。その後、縁あってコスタリカ女性と結婚し、何度もコスタリカに行き、いろいろな場所を訪れることになった。

そもそも『コスタリカ伝説集』の原本は家内が子供に読み聞かせる目的で購入したものだが、原本はもともと大人向けに書かれた作品を編纂したもので、とても子供に読み聞かせできるような代物ではなかった。大人が読んでも難解なので、二十年近く我が家の本棚に鎮座していたのだが、何かが降りてきたのか、急に翻訳しようと思い立ち、七か月で下訳を終えたわけである。

コスタリカ独自の言い回しや俗語などは旧来の辞書には掲載されておらず、家内に逐一教えを請うた。家内にもわからない点がいくつかあり、兄弟や知人にも聞いてもらったが、それでも動物名など不明なところがいくつか残ってしまった。話の本筋の理解には影響がないので、そのようなところは単なるカタカナ表記にしておくにとどめた。読者諸賢のご教示を得られれば幸いである。

メキシコ勤務時代の友人で、現在は作家としても活躍している速島實（本名：神矢秀樹）氏が下

訳をチェックしてくださり、よりよい訳ができあがった。

底本には挿絵もついていたが、そちらは掲載の許諾が得られなかったため、本書には別途独自にイラストを用意した。家内の義弟のウィリアム・モリーナ氏が無償で描き下ろしてくださったものである。

家内のビクトリア・エリソンドをはじめ、これらの方々のご協力がなければ、本書が世に出ることはなかったことだろう。ここにご協力いただいた方々にあらためてお礼の言葉を申し上げる。また、国書刊行会編集部の清水範之氏と永島成郎氏、そして本書の装幀を担当してくださったＳＴＯＲＫの土生はづき氏にもお礼申し上げたい。

最後になったが、本訳書はコスタリカ・スポーツ局で六年間、水泳・水球の指導に携わり、コスタリカをこよなく愛した、よき友人かつ恩人である故廣川俊男氏（元新潟産業大学学長・理事長）に是非とも読んでもらいたかった。だれよりも喜んでくれたことだろう。謹んで墓前に報告したい。

二〇二二年二月　新潟の冬空の下、コスタリカの澄み切った青空を思いつつ

山中和樹

# 出典一覧

## 第一部　土地の伝承


スルキの伝説　“La leyenda del Zurquí”. *La Nación*, martes 20 de enero de 1981, p. 4 c.

タペスコ　Céspedes Marín, Amando. “La leyenda de Tapezco”. *Crónicas de la visita oficial y Diocesana al Guatuso*, pp. 172–173.

バルバの伝説　Fernández Guardia, Ricardo. “La leyenda del Barva”, *Nuestro país*, pp. 23–24.

ブタの王様　Pittier, Henry. “La leyenda del rey de los chanchos”. *Materiales para el estudio de la lengua Brunca, hablada en Boruca, recogida en los años de 1892–1896*, p. 95.

バクの王様　“El Rey de los Tapires”. *Costa Rica de Ayer y Hoy*. Año 10, julio-agosto, 1956, Nº 39, p. 44.

マタサノの木と蛇とバルバの湖　“El árbol matasano, la serpiente y la laguna del Barva”. *Nuestro país*, pp. 34–36.

生贄の泉　Rodríguez G. Rafael. “La fuente del sacrificio”. *Costa Rica de Ayer y Hoy*. Año 8, enero-febrero 1957, Nº 4, p. 4.

魔法の岩の伝説　“La leyenda de la piedra del encanto”. *La Nación*, 9 de enero de 1975, p. 14 c (Suplemento Gentes y Paisajes).

イスタルの伝説　Gómez, José Alberto. “La leyenda de Iztarú”. *Gentes y Paisajes*, julio de 1978, p. 16 B.

サン・ラモン郡サン・イシドロの岩　Salas Guzmán, Emel. “La leyenda de la Piedra de San Isidro de San Ramón”. *La Nación*, 31 de enero de 1974, p. 10 c (Suplemento Gentes y paisajes).

ムエラ族　Céspedes Marín, Amando. “Los Muerras”. *Crónicas de la visita oficial y Diocesana al Guatuso*, pp. 82–83.

セロ・デ・トレメダル(トレメダルの丘)の伝説　Rodríguez de Carvajal, Dora. “Leyenda del Cerro del Tremedal”. *Album de Granados*.

セロ・デ・ラス・クルセス(十字架の丘)の伝説　Pittier, Henry. “Leyenda del Cerro de las Cruces”. *Bambi*, Nº 32 (1959), p. 6.

花嫁の滝　Castro, Guillermo. “La cascada de la novia”. *Diario de Costa Rica*, 12 de setiembre de 1959, p. 18.

カジュレのヒカロ(ひょうたん)の木　Gómez, Inés de. “El jícaro del Cayure”. *Costa Rica Ayer y Hoy*. Año I (1950), Nº 6, p. 1 p. 36.

一夜にして年を取った母親　Céspedes Marín, Amando. “La madre que envejeció de la noche a la mañana”. *Crónicas de la visita oficial y Diocesana al Guatuso*, pp. 166–167.

イラス火山　Castro E. Guillermo. “El Irazú”. *Brecha*, Año I (1957), Nº 5, pp. 20–21.

トゥリアルバの伝説　Salas, Arnoldo. “La leyenda del Turrialba”. *Diario Nacional*, 10 de agosto de 1954, p. 51.

ロマ・デル・サポ(ヒキガエルの丘)　Fernández Soto, Belizario. “La loma del sapo”. *Repertorio Americano*. Tomo XLIX (1956), Nº 12. pp. 188–189.

ウイビン　Fernández Soto, Belizario. “Huibin”. *Repertorio Americano*, 1956, Nº 11, p. 157.

トゥレ・ウア　Fernández Soto, Belizario. “Ture-Huá”. *Repertorio Americano*, 1956, Nº 11, pp. 154–155.

リオス・ヘメロス(双子の川)　Sur, Ciro del. “Los ríos Gemelos”. *La Prensa Libre*, 18 de abril de 1961, p. 2 A.

ルアルドの犠牲　“El sacrificio del Rualdo”. *Enciclopedia Uthea para la Juventud*. Tomo VII, pp. 159–160.

エスカメカとテノリ　Ramírez Saiza, J. “Eskameca y Tenori”. En su libro: “*Folclor Costarricense*”, pp. 65–69.

ヤンダリの犠牲　Núñez, Francisco M. “El sacrificio de Yandarí”. *Diario de Costa Rica*, 11 de junio de 1961, p. 117.

森の乙女　Rafael Morales. “La doncella del bosque”. En su libro “*Leyendas del Caribe*”, pp. 54–63.

牡牛の坂　Chavarría, Trino. “La cuesta del toro”. *Album de Granados*.

プラヤ・デ・ラ・ガルサ(サギの浜辺)　Carlos Luis Sáenz. “Playa de la Garza”. En su libro “*Las semillas de nuestro Rey*”, pp. 44–68.

イスラ・デ・ロス・ネグリートス(黒人の島)の伝説　“La leyenda de la isla de Los Negritos”. *Cuentes y Leyendas Costarricenses*, pp. 106–111.

リモン波止場のメロの伝説　Spinach, Viriato. “Leyenda del mero del muelle de Limón”.

プエンテ・デ・ピエドラ(石の橋)の伝説　Salazar, Marco Aurelio. “Leyenda del Puente de Piedra”. *La Nación*.

## 第二部　宗教伝説

ウハラスのマリア像出現の伝説　Prado, Eladio. “Leyendas de la aparición”. En su libro: ‘*La Orden Franciscana*’, pp. 226–229.

奇跡の聖母マリア　Vargas Coto, Joaquín. “La Virgen de los Milagros”. *La Nación*, 13 de mayo de 1961, p. 23.

ビルヘン・デ・ロス・アンヘレス(天使たちの聖母マリア)出現の伝説　Víctor Lizano. “Leyenda de la aparición de la Virgen de los Angeles”. En su libro: “*Leyendas de Costa Rica*”, 1941, pp. 78–79.

牝馬　“La Yegüita”. Suplemento ‘La Yegüita’. *Excelsior*, 9 de setiembre de 1977.

牝馬の伝説　Stone, Doris. “Leyenda de la Yegüita”. *Apuntes sobre la fiesta de la Virgen de Guadalupe, celebrada en la ciudad de Nicoya*. San Ramón: Museo Nacional, 1954.

その男、聖ヨセフが戦った時　“Cuando San José, El Viejo, peleó”. *La Nación*, 13 de mayo de 1961, p. 22.

イエスの幻　Peralta, Francisco. “La visión del Nazareno”. *La Revista Nueva*, pp. 102–104.

聖者の丘の伝説　Arauz Aguilar, Pedro. “La leyenda del Cerro de los Santos”. *Costa Rica de Ayer y Hoy*. Año 8, junio-julio de 1957, Nº 43, p. 10.

噴き出した水　Prado, Eladio. “La erupción de agua”. *Costa Rica y su folclore*, pp. 371–373.

サン・ホセ・カベカルの伝説　Lemistre Pujol, Annie. “Leyendas de San José Cabécar”. *Orosi*, pp. 15–18.

エスキプラスの黒いキリスト像　“El Cristo Negro de Esquipulas”. *La Nación*, jueves 23 de enero de 1975, p. 7 c (Suplemento Gentes y Paisajes).

聖なる船乗り　Quirós, Teodorico. “El Divino Navegante”. En su libro: ‘*Ujarrás*’, pp. 29–30.

カンデラリア(浄め)の聖母マリアの奇跡　Granados Chacón, Jaime. “Un milagro de la Virgen de la Candelaria”. *Album de Granados*.

宿命の廃墟　Granados Chacón, Jaime. “Ruinas que son una sentencia”. *Costa Rica de Ayer y Hoy*. Año I (1950), Nº 3, pp. 2 y 8.

ある伝説　Peralta, Hernán. “Una leyenda”. *Revista de Costa Rica*, pp. 27–28.

黄金の鐘　Paniagua, Rafael L. “La campana de oro”. *Album de Granados*.

ビスコチョ爺さんとバイオリン　Núñez, Francisco M. “Bizcocho y su violín”. *Diario de Costa Rica*, 11 de junio de 1961, p. 17.

芋虫とわたし　González Feo., Mario. “Yo y la larva”. *María de la Soledad y otras narraciones*, pp. 185–212.

妖怪ども　Coto, Rubén. “Espantos”. *Repertorio Americano.*

首なし神父　Núñez, Francisco María. “El padre sin cabeza”. Víctor Lizano. *Leyenda de Costa Rica*, pp. 125–129.

首なし海賊　Rodríguez, Virgilio. “El pirata sin cabeza”. Víctor Lizano. *Leyendas de Costa Rica*, pp. 39–40.

ラ・トゥレ・ビエハ　Sánchez, José J. “La Tule Vieja”. *Revista de Agricultura.* Tomo IV (1942), Nº 3, pp. 381–383.

ラ・トゥレビエハ　Núñez, Francisco María. “La Tulevieja”. *La Hora*, 14 de julio de 1972, p. 5.

ラ・ジョローナ (1)　Margarita Castro Rowson. “La Llorona”. *El Costumbrismo en Costa Rica*, pp. 438–445.

ラ・ジョローナ (2)　González Rucabado, Claudio. “La Llorona”. *Páginas Ilustradas.* Año III (1906), Nº 85, pp. 1354–1357.

ドゥエンデたち (1)　Víctor Lizano. “Los duendes”. *Leyendas de Costa Rica*, pp. 180–182.

ドゥエンデたち (2)　“Los duendes”. *Tico Tales.*

バシンのドゥエンデたち　Gulliver. “Los duendes del bacín”. *La Nación*, 13 de mayo de 1961, p. 5.

タラスの山々を跋扈するドゥエンデ　Muñoz Valverde, Juan. “En montañas de Tarrazú abundan los duendes”. *La Nación*, jueves 22 de marzo de 1975, p. 4 (Suplemento Gentes y Paisajes).

サルディナルにやって来たドゥエンデたち　Rodríguez G., Rafael. “Una vez los duendes visitaron Sardinal”. *Costa Rica de Ayer y Hoy.* Año II, abril-mayo 1957, Nº 42, p. 4.

世話焼きドゥエンデ　Núñez, Francisco María. “El duende servicial”. *Diario de Costa Rica*, 9 de noviembre, 1960, p. 3.

フロール・デ・マリアの守り神のドゥエンデ　Núñez, Francisco María. “El duende protector de Flor de María”. *Diario de Costa Rica*, 8 de noviembre de 1960, p. 2.

きよしこの夜　Núñez, Francisco María. “Noche de amor, noche de paz”. *Diario de Costa Rica*, 13 de diciembre, 1960, p. 24.

黙って家から出ていっちゃいけないよ　Núñez, Francisco María. “Niño, no salgas de casa sin permiso”. *Diario de Costa Rica*, 13 de diciembre, 1960, p. 24.

牛なしカレータ (1)　González Feo, Mario. “La carreta sin bueyes”. Constantino Láscaris. *La Carreta Costarricense*, pp. 114–115.

牛なしカレータ (2)　“La carreta sin bueyes”. *Album de Granados.*

牛なしカレータ (3)　“La carreta sin bueyes”. *La Escuela Costarricense.* Año IV (1936), Nº 85.

カデホス（妖犬）(1)　Baudrit, Fabio. “Cadejos”. Pesdata, Suplemento del *Excelsior*, 5 de junio de 1976, p. 6.

カデホス（妖犬）(2)　出典記載なし

ポアス火山のセグア（馬女）　Alvarez Navarro, Guido. “La Cegua del Poás”. *La Nación*, jueves 31 de julio de 1975, p. 30 C (Suplemento Gentes y Paisajes).

ラ・ツェグア（馬女）　Soto Hall, Máximo. “La Tzegua”. *La Nación*, 6 de mayo de 1961, p. 22.

カルロスとラ・セグア（馬女）　“Carlos y la cegua”. *Tico Tales*, pp. 20–23.

ペニョン・デ・ラ・ビエハの伝説　Quesada Ch., William. “La leyenda del Peñón de la Vieja”. *La República*, 17 de junio de 1956, pp. 44–45.

ペニャ・ブルハ(魔女岩)の伝説　Castillo de Briceño, Lupe. "Leyenda de la Peña Bruja". *La Nación*, 2 de agosto de 1959, p. 67.

黄金の鍵と馬上の人　Bonilla Ch., Jesús. "El caballero de la llave de oro". *Educación*, mayo-julio 1959, Nº 14, año 5, p. 61.

ラ・カルピンテラの魔法の岩　Quesada, R. M. "La Piedra del Encanto de La Carpintera".

オロンテス　Bustamante C., José. "Orontes". *La Nación*, 24 de agosto de 1958, p. 14.

ノサラの財宝　Vidaurre, Miguel Angel. "El tesoro del Nosara". *Garzaleide*, pp. 41–44.

ナンシテ・ドゥルセに現れたナザレ人イエス　Quintana, Odilí. "El Nazareno de Nancite Dulce". *Educación*, mayo-junio de 1959, Nº 14, año 5, pp. 64–65.

マタパロの花　"La flor del Matapalo". *Revista de la Universidad de Costa Rica*, Nº 38, p. 102.

コスタリカに現れた悪魔　J. Ramírez Saízar. "En Costa Rica salió el cuijen". *Folclore Costarricense*, pp. 65–69.

サン・ミゲルの岩　Bustamante, José. "La piedra de San Miguel". Víctor Lizano. *Leyendas de Costa Rica*, pp. 29–33.

アセリの大岩　Quirós, R. "La piedra de Aserrí".

アセリの魔女、ニャ・サラテ　"Ña Zárate o la Bruja de Aserrí". *Album de Granados*.

横暴な主人とチンゴ・ネグロ(悪魔の黒牛)　Centeno Ruiz, Saray. "El mandador y el Chingo Negro". *Educación* mayo-junio de 1959, Nº 14, año 5, pp. 64–65.

青いお化け　Coto Rodríguez, Haydée. "El Espantajo Azul". *Costa Rica Ayer y Hoy*. Año III, Nº 11, 1952, p. 20.

平原の幽霊　Bonilla, Jesús. "El fantasma de los llanos". *Costa Rica Ayer y Hoy*. Año III, Nº 11, 1952, p. 20.

サバンナの幽霊　Vidaurre, Miguel Angel. "El fantasma de la sabana". *Educación*, mayo-junio 1959, Nº 14, Año 5, pp. 62–63.

ラ・リマの幽霊　Zavaleta, J. Antonio. "El fantasma de La Lima". *Album de Granados*.

金の小馬　García Monge, Joaquín. "*El caballito de oro*".

コーヒー農園の現場主任　Barcala y Casimiro. "El puntero". *La Nación*, 16 de abril de 1950, p. 5.

ピタ地区の轍の伝説　Pittier, Henry. "Leyenda de los Canjilones del Pita". *Materiales para el estudio de la lengua Brunca, hablada en Boruca recogidas en los años de 1892 a 1896*, pp. 90–97.

エル・ビエホ・デル・モンテ(山男)　"El viejo del monte". *Cuentos y leyendas de Costa Rica*.

テラバにかけられた呪いが恐怖の現実に　"La maldición que pesa sobre Térraba se va cumpliendo fatalmente". *Album de Granados*.

プンタレーナスは神意により二〇〇〇年に消滅する　"Puntarenas desaparecerá en el año 2000 por sentencia divina". *La Prensa Libre*, viernes 17 de enero de 1969, p. 24 (Suplemento Gentes y Paisajes).

訳者略歴


**山中和樹**（やまなか　かずき）

一九五〇年、岡山県生まれ。一九七三年、一橋大学商学部卒業。一九七七年、岡山大学大学院文学研究科（英語・英文学専攻）修了。一九七九年から一九九三年まで国際協力事業団（現・国際協力機構）や日本国文部省より、コスタリカ、パプア・ニューギニア、シンガポール、ペルーおよびメキシコに派遣。主に日本語教育に従事。一九九四年から二〇〇三年まで、新潟産業大学人文学部講師、助教授、教授。日本語教育担当。二〇〇三年から二〇一五年まで福井大学国際交流センター教授。二〇一六年より新潟産業大学経済学部非常勤講師。

［著書］

『スペイン語とともに考える　英語のラテン語彙の世界』（開拓社）



**コスタリカ伝《でん》説《せつ》集《しゅう》**

編者　エリアス・セレドン
訳者　山中和樹
挿画　ウィリアム・モリーナ

発行者　佐藤今朝夫
発行所　株式会社国書刊行会
〒一七四―〇〇五六
東京都板橋区志村一―一三―一五
電話　〇三（五九七〇）七四二一
ファックス　〇三（五九七〇）七四二七
URL: https://www.kokusho.co.jp
E-mail: info@kokusho.co.jp

装幀　土生はづき（STORK）
印刷　創栄図書印刷株式会社
製本　株式会社ブックアート

ISBN 978-4-336-07348-8 C0098